吉林财经大学马克思主义经济学研究中心资助出版

易经与生态经济

——国学生态文明思想探源

刘静暖 孙媛媛 杨 扬 著

中国农业出版社

图书在版编目（CIP）数据

易经与生态经济 / 刘静暖，孙媛媛，杨扬著 . —北
京：中国农业出版社，2013.12
ISBN 978-7-109-18641-5

Ⅰ.①易… Ⅱ.①刘… ②孙… ③杨… Ⅲ.①《周易
》-研究②生态经济-研究 Ⅳ.①B221.5②F062.2

中国版本图书馆 CIP 数据核字（2013）第 283492 号

中国农业出版社出版
（北京市朝阳区农展馆北路 2 号）
（邮政编码 100125）
责任编辑 赵 刚

北京中科印刷有限公司印刷 新华书店北京发行所发行
2013 年 12 月第 1 版 2013 年 12 月北京第 1 次印刷

开本：720mm×960mm 1/16 印张：20.5
字数：356 千字
定价：38.00 元
（凡本版图书出现印刷、装订错误，请向出版社发行部调换）

　　人类社会发展之初，人紧紧依赖于大自然，以便从中获取生存与发展的机会。那时的经济规模尚小，处于生态系统承载限度之内，人与生态的关系是和谐的。然而，工业革命以后，随着科技的进步，生产力水平大幅度的提高，经济规模迅速膨胀，逐渐超过了生态承载的限度，导致生态系统严重失衡，导致生态危机的爆发。20 世纪下半叶，全球性生态危机愈加严重，威胁经济发展安全。表现在：其一，天时不济。臭氧层空洞的扩大，增强了紫外线的杀伤力，严重威胁生物安全。全球变暖与极端气候灾害，导致淡水缺乏、疾病肆虐，洪涝、干旱、高温、极寒频发，威胁粮食安全，引起世界粮食价格剧烈震荡。其二，地力匮乏。采矿造成的陆地塌陷在我国分布广泛，年经济损失达 3.17 亿元。过量的地下水超采，使华北平原成为世界上最大的"漏斗区"。过度耕垦造成土地肥力递减，石油资源短缺引发滞胀危机。其三，人和缺失。在人与自然的对立中，出现了疑难杂症及亚健康人数不断增加、体质下降的健康问题。空气污染，使呼吸系统疾病增加；地下水污染，使癌症屯、癌症村涌现。由资源短缺引发的生态战争频繁爆发，造成人与人之间关系紧张。

　　20 世纪 60 年代，西方绿色环保运动风起云涌。自然科学家、经济学家们致力于解决生态环境问题。美国经济学家鲍尔丁发表了一篇题为《一门科学——生态经济学》的文章，标志着现代生态经济学的产生。联合国环境规划署将"生态经济"做为 1981 年《环境状况报告》的第一项主题，有力推动了生态经济学的发展。生态补偿、生物多样性保护、低碳经济概念等的提出，丰富与拓展了生态经济学的内容。然而，现代生态经济学尚属年轻的科学，需要不断丰富与创新。

事实上，上述谈及的生态危机问题：天时不济、地力匮乏、人和缺失，早在7000~10000年前，我国古代先贤就在《易经》中做出过类似的描述，警示后人要遵天道、地道、人道，避免引发危机。易经是中国古人通过仰观天文、俯察地理、观鸟兽之文，与地之宜，近取诸身，远取诸物，即在长期的生态经济实践中创造出来的，具有朴素的生态文明思想。易经的天人合一思想、阴阳思想、节约思想、革旧立新思想等，不仅对远古生态经济建设起到了重要的指导作用，对我国当前抵御生态危机，促进生态文明建设同样具有重要理论意义。

刘静暖教授，是吉林财经大学人口、资源与环境经济学专业硕士生导师，吉林省学科领军型教授。她长期致力于生态经济理论与应用研究，取得了很多创新性研究成果。她曾不止一次表示，中国国学易经，绝不止于占卜那么简单，一定蕴藏着惊人的生态经济"大道"（自然规律），发掘出来，对丰富与发展生态经济理论具有划时代意义。这个想法，令她着迷。后来，她就带领她的学生孙媛媛、杨扬，也是两位作者，进行了辛勤的研究。从生态经济学视角，对易经64卦卦象，64卦卦辞、大象，384条爻辞及小象，逐一进行了深入而大胆的解析。难能可贵的是，经过系统梳理，将易经64卦划归成生态经济周期篇、愿景篇、规律篇、资源篇、预警篇、危机篇与政策篇，完成了《易经与生态经济》专著。

《易经与生态经济》一书，是国内外首部从生态经济学角度对《易经》做出的大胆而又具有多处创新的开创性研究。

易经是以伏羲氏、周文王、孔子等先贤为代表的广大劳动者智慧的结晶，其生态经济思想来源于古人长期的生态经济实践。《易经与生态经济》指出，中国古代先贤，早就将生态系统与经济系统融成生态经济巨系统，用其独特的语言揭示生态经济运行规律，以悲悯的情怀指给后人生态保护与经济发展并重的路径。在生态危机不断深化，资源短缺制约经济发展的大背景下，该书作者积极探索易经生态经济维度，发掘其生态经济思想，对夯实现代生态经济学国学基础，丰富生态经济理论做出了重要的理论贡献。

2012 年中共十八大报告，提出了要坚持"三个自信"的政策主张，即道路自信、理论自信与制度自信。中国特色社会主义道路，是在生态文明思想指导下的绿色可持续发展道路，不是高碳、资源浪费式的黑色发展道路。绿色经济发展之路，需要具有中国特色的、易于被国人理解与接受的生态经济理论作指导。《易经与生态经济》从易经中挖掘出了古代生态文明思想及生态经济理论框架，适于指导中国生态经济实践，其天人合一、阴阳平衡思想、好家长思想等，易于被国人接受。该书的出版，有利于树立中华民族的生态经济理论自信，有利于促进生态经济发展道路自信与体制自信。

作者提出了易经是一部应对经济危机对策宝典的观点。因为，"上古结绳而治，后世圣人易之以书契，百官以治，万民以察，盖取诸夬。"该专著不仅详细解析了家人卦、解卦、节卦、鼎卦、革卦等卦的生态内涵，还在易经指导下，结合中国生态经济实践，提出了具体的对策建议，如 5S 消费原则，5G 绿色政府采购原则等。该书的出版，对于我国生态经济建设，实现美丽中国梦，制定生态保护政策具有重要参考价值。

《易经与生态经济》对易经生态思想的探索，尚处于起步阶段，难免有不尽如人意的地方。但不管怎样，能走出关键性一步，令人喜悦。深切希望他们以及后来者，能克服困难，继续进行国学生态经济思想研究，为建设美丽中国做出应有的理论贡献。

纪玉山

2013 年 10 月 6 日

　　著名心理学家荣格曾说过，如果人类世界有智慧可言，那么中国的易经应该是唯一的智慧宝典。中国易学家秦贵森先生指出，易经是揭示太阳系、地球形成的天文学典籍。笔者认为易经是一部中国人自己的生态经济学。尝试发掘易经生态经济学科学框架，确立易经在生态经济学领域的学术地位，正本清源，并不是笔者一时的心血来潮，而是机缘与使命使然。

　　少年时期，常见祖父与舅父用筹策为愁眉紧锁的母亲与邻居占卜解疑，便对易经产生了崇拜之情，萌发探究想法。但当时恰逢文化禁锢年代，苦于找不到文本。随着岁月的流逝，人到中年，许多少年轻狂的想法逐渐淡出，但对易经的研究激情始终没有磨灭。也是机缘巧合，读博士期间，我的导师指给我一个极具挑战性的毕业论文选题：自然力经济学研究。为了阐释自然力内涵，概括自然力运行规律，除了温习高中地理、历史、生物、化学、物理知识，自学大学物理、大学化学课本外，还读了霍金的宇宙星云团理论，读了圣经的生命起源篇章，虽获启发但仍不透彻。偶然得到道德经，老子以寥寥数语、轻描淡写的方式阐明了"道生一，一生二，二生三，三生万物""万物负阴而抱阳，冲气以为和"的宇宙理论，让我豁然开朗。恍然自己就坐在先祖的讲堂之中，脉搏挑动频道、频次与先祖琴瑟合璧，振奋之情难以言表。猛然想到，道德经的源头——易经里面一定含有不止于占卜的大智慧，一定蕴藏着生态规则与宇宙运行密码。压抑久远的研究热情喷薄而出，遂买了若干易经书籍，刻苦研读。易经的"易与天地准"，古八卦图给我以深刻的启发，如临父母，扶助我顺利完成博士学业。感激之余，不免心生惭愧。曾几何时，我们的时代，一度把国学当糟粕抛弃，另一度又唯西学独尊，包括我在内的学者一味攀爬西方的经学书山，苦苦寻觅生态之道却不得要领。殊不知，我们的先祖早就给我们留下了文化瑰宝，早就深刻地阐释了自然生态之大道，而典籍却被束之高阁蒙上尘垢。尤其是群经之首易经，至今还受到主流学界排斥，斥之为迷信之书，孩提文明，用蔑视的眼神覆盖了先祖的大智大慧。可喜的是，随着文化禁锢的解除，少量学者已开始了科学解读易经尝试，看来，还易经以公道，发掘易经的科学价值为时不远。

又一个机缘。博士毕业后，学校安排我带人口、资源与环境经济学专业硕士研究生，主抓生态经济学学科建设。这一安排，使我有更多时间、更多理由、更强的使命感从生态经济学视角研究易经，大胆发掘。

众所周知，生态经济学是生态学与经济学的重要分支，是从经济学研究生态系统与经济系统耦合而成的生态经济巨系统结构、功能及其运动规律的边缘性交叉性科学。当代流行理论认为，现代生态经济学的家园在西方，是 20 世纪后半叶产生的年轻学科。因为，生态学（ecology）一词是由德国学者 E. H. Haeckel 提出的，生态学的框架也是由西方学者建构。如数家珍的是，达尔文自然选择学说的提出，促进了生态学发展。Lorens 和 Tinbergen 在行为生态学的研究方面获得了诺贝尔奖。70 年代，卡尔逊夫人《寂静的春天》、鲍尔丁《宇宙飞船理论》、罗马俱乐部《增长的极限》的出版，西方绿色环保运动的汹涌澎湃，促进了生态经济学从生态学中分离出来。尤其是鲍尔丁的《一门科学——生态经济学》，E. Odum 的《生态经济学基础》是生态经济学产生的标准等。可见，无论是从生态学渊源，还是生态经济学学界，都没先祖的一席之地。

　　然而，仅就易经先天古八卦图而言，它是伏羲氏在仰观天文、俯察地理，研究草木、鸟兽的生活习性，根据宇宙万物变化规律创作出来的，教化民众在天人合一、天地人三才和谐下发展经济的做法凸显了生态经济学内核。易经用八卦符号代表天、地、水、火、山、泽、风、雷的无机界；牛、马、猪、羊、鸡、狗、龙、雉的生物界；父、母、三个儿子、三个女儿的经济界，说明先祖早就积极主动地将经济系统纳入生态系统框架之中，是站在生态经济巨系统高度进行生态经济实践，超越了现代经济学唯经济利益思想。更值得一提的是，周文王的易经六十四重卦揭示的生态经济系统发生发展、周期性波动机理，描绘的生态经济美好愿景，绘制的生态资源构造图，提出的经济行为约束在承载力阀限内理论，生态预警理论，以及应采取资源节约、体制变革政策等无不闪烁着尊重自然，顺应自然规律办事的科学光辉。研究表明，易经理论、易经思想，甚至易经很多卦名都与现代生态经济学出奇的吻合。种种事实无可辩驳地说明，易经是一部中国先祖创建的生态经济学宝典，早于现代西方生态经济学达八千多年之久。

　　在当前极端气候灾害频发、流感疫情肆虐、雾霾笼罩的生态环境日益恶化背景下，笔者更觉得从生态经济学视角研究易经，拨开迷雾，发掘易经生态文明深刻思想、生态经济理论，恢复易学科学原貌，能够夯实生态经济学国学基础，确立易经在生态经济学界的学术地位，对促进中国生态文明建设具有重大的意义。

　　于是，笔者带领研究生孙媛媛与杨扬潜心研究，辛勤写作。今将不成熟的研究心得——《易经与生态经济》斗胆捧出，以飨读者，若能起到抛砖引玉作用，会更感欣慰。

刘静暖

2013 年初冬 竞蔓书屋

目 录

第七章　生态经济危机篇 ······································· 210

第一章　易经与生态经济概要

伴随着工业革命带来的经济繁荣，自然资源约束趋紧、环境污染严重、生态系统退化愈加严峻。为此，在党的十八大报告中，特别强调了建设生态文明，是关系人类福祉、关乎民族存亡大计的战略意义。提出了树立尊重自然、顺应自然、保护自然的生态文明理念，把生态文明建设放在突出地位，努力建设美丽中国，实现中华民族永续发展的政策主张。制定适合中国国情的生态政策，需要适宜于中国生态经济实践、易于被中国民众接受的生态经济理论。易经作为中华文化的源头和中华文明的基石，有着极其丰富的内容，对中国的政治、经济、文化等领域都产生了极其深刻的影响。中国古代重要的学说如孔孟之道、老庄学说及黄帝内经等，无不渊源于易经。然而，易经是什么？可谓仁者见仁智者见智，众说纷纭。有学者认为易经是哲学，有学者将易经看作社会关系学，有大胆者把易经当作天文学著作等。

事实上，原汁原味的原生态的易经可以应用到哲学中、社会关系学中、甚至用于占卜中。但是，易经的源头却是先贤以卦象的形式留给后人的一部独具中国特色的生态经济理论宝典。因为，发源于西方的现代生态经济学所强调的水资源、森林资源、矿产资源等，可持续发展理论，代际公平思想，节能减排战略，生态补偿政策，以及低碳理念，地震、水灾、生物灾害、臭氧空洞等天灾人祸均能从易经中找到出处。尤其是，易经以符号形式表述的生态经济系统运行规律，天、地、人，三才和合之道，化解生态经济危机应采取的战略、政策等，足以说明中国先贤们早在几千年前就以更高的站位、更宽广的视野、更加深邃的思想，将生态系统与经济系统融为一个生态经济巨系统，揭示规律，以悲悯的情怀告知后人保护与发展并重的路径。易经是中国的生态经济学，博大精深，适宜指导中国生态经济建设。至于说它是哲学、是社会关系学乃至占卜术，都是基于易经生态经济学原理引申与发展出来的。为此，积极阐释易经的生态元素，探索其天人合一的生态文明思想，发掘其生态经济理论逻辑框架，对于弘扬中国国学，创新易学研究，夯实现代生态经济学的国学基础，促进生态经济学学科发展，树立中华民族理论自信，具有重大理论价值与实践意义。

第一节　易经的主要内容

易经是什么，主要包括那些内容？本文介绍并简单解析被广泛认同的，截止孔子及孔子之前的原生态易经内容。以期拨开笼罩在易经周围的迷雾，还易经以中国生态经济理论的科学真身。

一、易经的构成

史书记载，易经诞生于七千多年前。主要涉及三位先贤：伏羲氏、周文王与孔子。《汉书·艺文志》有"人更三圣，世历三古"之说。

"人更三圣"说的伏羲氏（也称包羲氏）、周文王与孔子三位圣人是易经的三位作者。伏羲氏，生于陇西成纪（今甘肃天水市），是炎帝和黄帝的祖父，女娲的丈夫，华夏第一位皇帝，被后人尊称为人文始祖。伏羲氏根据天地万物的变化，用卦画的方式创造了先天八卦。殷商末年，黄帝的后裔姬昌，继承父亲的西伯之位，大施仁政，给地方百姓带来福利。但后来受奸人所害，被纣王囚禁在羑里（今河南省汤阴县北），释放后，被追称为文王，即周文王。周文王在羑里的七年时间里，潜心研究伏羲氏的"先天八卦"，推演后天八卦图与六十四卦，并做卦辞与爻辞。春秋时期的大教育家，儒家思想的创始人孔子，在周文王卦辞爻辞基础上，根据人们口口相传的易经卦义，在课堂上解说、传授六十四卦，剪辑、修订了卦义，创作了十本易传，简称十翼。

"世历三古"说的是易经经历了夏、殷、周三个朝代，演化出三个版本。《周礼·春官·太卜》的"太卜掌三易之法，一曰连山，二曰归藏，三曰周易"。意思是易经曾经出现过三个版本，即夏朝的《连山易》，殷朝的《归藏易》与周朝的《周易》。据说《连山易》、《归藏易》、《周易》三版本易经的核心内容大体一致，只是卦象排序有所不同。神农氏时代的《连山易》，从艮卦开始，象征"山之出云，连绵不绝"；黄帝时代的《归藏易》，从坤卦开始，表示万物皆生于土地，终又归于土地，一切以大地为始；而殷商末年的《周易》，则从"乾、坤"两卦开始，表示万物出于天地交合。《连山易》和《归藏易》均已失传，只有《周易》流传至今。

笔者猜测，《连山易》与《归藏易》的卦画排序及内容结构，能否更容易让后人了解古人传递的生态经济学逻辑信息？遗憾的是无从考证，笔者只能从现存的易经中发掘。

当今流传下来的周易，即易经，由"经"与"传"两部分组成。"经"就是"卦"，是易经的核心，用卦象表示，已有七千多年的历史；而"传"是对卦的解释，用文字表示，晚于"经"的出现。"经"包括八经卦，六十四重卦，先天八卦图与后天八卦图。八经卦、先天八卦图是六十四重卦与后天八卦图的基础，六十四重卦、后天八卦图是八经卦与先天八卦图的演化与发展。易"传"包括十部，象传上、下，象传上、下，系辞传上、下，文言传，说卦传，序卦传与杂卦传，共十部。具体如图 1-1 所示。

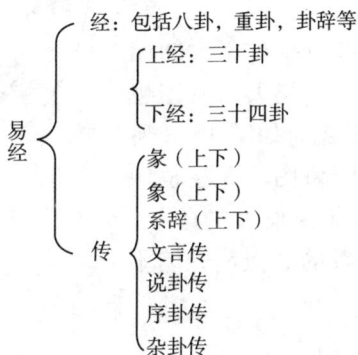

图 1-1 易经的构成：经与传

二、八经卦

相传，八经卦与先天八卦图是中国大智大慧的先祖伏羲氏在文字尚未发明前，为了给后人留下文化遗产，告诉后人天、地、人运行规律，行为处事之道，采用了结绳记事的方式创造出来的。因而，八经卦也叫伏羲八卦。"经"是一个符号系统，是一本由阴爻、阳爻两种符号纵向排列组成的无字书籍。阳爻符号是一长横"—"，即一根长绳；阴爻符号是两个短横"--"，即一根中间打个结的绳。伏羲氏用三根这样的长绳与打了结的绳，或阳爻、阴爻组合创作了先天八卦。先天八卦包括乾、坤、兑、离、震、巽、坎、艮、坤。其中，乾卦☰由三阳爻纵向排列而成，坤卦☷由三阴爻纵向排列而成，而坎卦☵由则由一阴爻、一阳爻与一阴爻顺次排列构成，具体如图 1-2 所示。需要注意的是，原生态的八经卦，是没有文字的，图 1-2 中的文字，只是为了读者认知方便，才在☰、☷、☳、☶、☲、☵、☱与☴

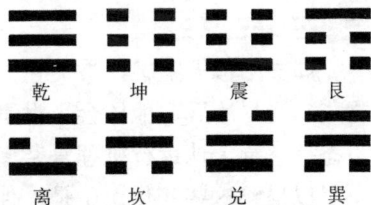

图 1-2 伏羲八经卦

☷、☵卦象下面配上了乾、坤、震、艮、离、坎、兑与巽文字。伏羲氏非常重视八卦的基本符号阴爻、阳爻的作用。为了使阴爻、阳爻的寓意更直观，他把阴爻画成小黑鱼，用小白鱼表示阳爻，于是，阴爻、阳爻符号变成了一个圆圈框架下的两条亲密接触的具有鲜活生命力的阴阳鱼"☯"。将☯放在代表天圆地方的大圆圈中间，再将八经卦☰、☱、☲、☳、☴、☵、☶、☷按照东、西、南、北、东南、西北、东北、西南八个方位排列于大圆圈内，就构成了先天八卦图。先天八卦图也叫伏羲氏八卦图或古八卦图，如图1-3所示。值得注意的是，阴阳鱼图，现在也叫太极图，其作者是谁，有着很大的争议。但笔者采纳伏羲氏为作者的观点，原因不再赘述。

图1-3　伏羲八卦图

三、六十四重卦

据说，周文王，是一位上通天文下知地理的奇才。他认为，古中国疆域南方温度高，属"火"，北方气温低，属"水"，应调整古八卦的方位，才更具中国特色，符合中国版图特征。于是他将代表火的离卦放置在八卦图的正南方，将代表水的坎卦放在八卦图的正北方。其他的卦也做了相应的位置调换，推演出了"后天八卦图"，也就是"周文王八卦图"。如图1-4所示。实际上，先天八卦图与后天八卦图的区别就在于各经卦放置的方位不同。如上所述，先天八卦对应东、西、南、北、东南、西北、东北、西南八个方位的是☰、☱、☲、☳、☴、☵、☶、☷，而后天八卦则是☲、☵、☳、☱、☴、☶、☰、☷。

周文王被人陷害，被关在监狱长达七年之久，受尽凌辱。他体会了世事炎凉、人生百态，感觉天地运行机理复杂多变，八经卦不足以描绘这些变化。于是，他将伏羲氏的八经卦☰、☱、☲、☳、☴、☵、☶、☷两两上下重叠，变成$8^2＝64$，推演出六十四重卦。如将两个伏羲氏的乾卦☰上下重叠，就得到周文王六十四重卦的乾卦䷀，将一个伏羲氏乾卦☰与一个坤卦☷重叠就成为周文王的否卦䷋，反过来放置就

图1-4　周文王八卦图

是泰卦䷊。具体如图 1-5 所示。

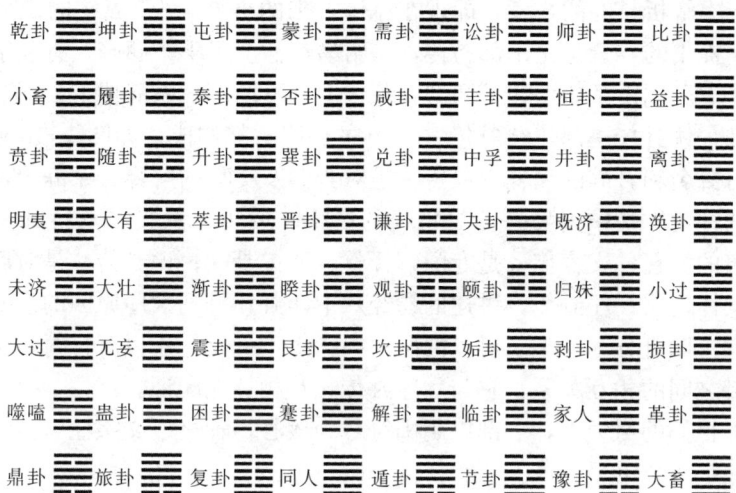

乾卦	坤卦	屯卦	蒙卦	需卦	讼卦	师卦	比卦
小畜	履卦	泰卦	否卦	咸卦	丰卦	恒卦	益卦
贲卦	随卦	升卦	巽卦	兑卦	中孚	井卦	离卦
明夷	大有	萃卦	晋卦	谦卦	夬卦	既济	涣卦
未济	大壮	渐卦	睽卦	观卦	颐卦	归妹	小过
大过	无妄	震卦	艮卦	坎卦	姤卦	剥卦	损卦
噬嗑	蛊卦	困卦	蹇卦	解卦	临卦	家人	革卦
鼎卦	旅卦	复卦	同人	遁卦	节卦	豫卦	大畜

图 1-5　文王 64 卦

　　此时，易经中的"经"不仅包涵伏羲氏的八经卦，古八卦图，文王八卦图，还包含他所创建的六十四重卦。六十四重卦的"经"分为《上经》和《下经》两部分。《上经》有三十卦，《下经》有三十四卦，共六十四卦。六十四重卦，每一卦由六爻构成，从下向上排序，用初、二、三、四、五、上表示，阳爻称九，阴爻称六。六十四卦的卦爻是：$64 \times 6 = 384$ 爻，即三百八十四爻。如图 1-5 所示。

四、十翼

　　易经中的"传"，也叫"易传"。易传的鼻祖据说是周文王，而后是其儿子周公，再后来就是春秋时期的孔子。周文王时期有了文字，他推演 64 卦之后，为了让民众认知方便，为每一卦配上了卦辞，如"刚柔相对，变在其中"等生产生活中的心得体会，放置在卦象后面，从而使易经这本少有人看得懂的无字天书有了少量文字解释，为易经的流传与发展奠定了基础。

　　周文王的儿子"旦"才华横溢，不仅有治国方略，还对易经有浓厚的兴趣。他除了辅佐哥哥周武王夺取天下外，业余时间还深入研究周易。他在周文王所作的卦辞基础上，对六十四卦中每一卦的六爻加以研究，创作了爻辞。从此，易经中的易传部分就具备了卦辞与爻辞两项基本内容。

　　春秋时期的大思想家孔子，50 岁时，开始研究易经。他经常向他的老师老子讨教。研究中，他被易经深邃的思想、博大精深的知识点及大爱无疆的精神所折服。于是，带领他的弟子们对易经资料加以整理、修订、删减、补充，撰写了十本解析易经的文章，即现在流传下来的十翼。"十翼"的说法是由汉代的郑玄提出的，意思是十部易传，是给易经插上了十个翅膀，有利于易经的传播。十翼分别由彖传上、下两部，象传上、下两部，系辞传上、下两部，文言传一部，说卦传一部，杂卦传一部与序卦传一部构成。如图 1-1 所示。彖传，是对卦名和卦辞的注释；象传，是对卦名及爻辞的解释；系辞传，是对易经整体的评说，是中国第一部对易经的产生、原理、意义、及易卦占法等全面、系统的解释；文言传，是专门解释乾、坤二卦的；说卦传，是对后天八卦卦象的具体说明；序卦传，讲述的易经六十四卦，排列次序原因的说明；杂卦传，把六十四卦分为三十二对，两两一组，一正一反，用以解释每一卦的卦义及卦与卦之间的相互关系，它与《序卦传》互相补充印证。

在先祖们的努力下，一部以阴阳符号为核心，辅之以文字注解的完整易经符号、文字系统书籍完成。

流传下来的西汉易经版本，已经将孔子十翼中的彖传、象传加以拆解，直接配在了六十四卦每一卦的下面。由于彖传（上，下）与象传（大象，小象）已经配在各卦的下面，后续章节能直接与读者见面。于是，笔者在下面将独立成文的，读者见不到的系辞传、文言传、说卦传、序卦传与杂卦传六部易传抄录如下，以备读者查阅对照。

（一）《系辞传》（上）

第1章。天尊地卑，乾坤定矣。卑高以陈，贵贱位矣。动静有常，刚柔断矣。方以类聚，物以群分，吉凶生矣。在天成象，在地成形，变化见矣。是故，刚柔相摩，八卦相荡。鼓之以雷霆，润之以风雨，日月运行，一寒一暑，乾道成男，坤道成女。乾知大始，坤作成物。乾以易知，坤以简能。易则易知，简则易从。易知则有亲，易从则有功。有亲则可久，有功则可大。可久则贤人之德，可大则贤人之业。易简而天下矣之理矣，天下之理得，而成位乎其中矣。

第2章。圣人设卦观象，系辞焉，而明吉凶。刚柔相推而生变化。是故吉凶者，失得之象也。悔吝者，忧虞之象也。变化者，进退之象也。刚柔者，昼夜之象也。六爻之动，三极之道也。是故君子所居而安者，易之序也。所乐而玩者，爻之辞也。是故君子居则观其象而玩其辞；动则观其变而玩其占。是以自天佑之，吉无不利。

第3章。彖者，言乎象者也；爻者，言乎变者也；吉凶者，言乎其失得也；悔吝者，言乎其小疵也；无咎者，善补过也。是故列贵贱者存乎位，齐小大者存乎卦，辩吉凶者存乎辞，忧悔吝者，存乎介，震无咎者存乎悔。是故卦有小大，辞有险易。辞也者，也各指其所之。

第4章。《易》与天地准，故能弥纶天地之道。仰以观于天文，俯以察于地理，是故知幽明之故。原始反终，故知死生之说。精气为物，游魂为变，是故知鬼神之情状。与天地相似，故不违。知周乎万物而道济天下，故不过。旁行而不流，乐天知命，故不忧。安土敦乎仁，故能爱。范围天地之化而不过，曲成万物而不遗，通乎昼夜之道而知，故神无方而易无体。

第5章。一阴一阳之谓道，继之者善也，成之者性也。仁者见之谓之仁，知者见之谓之知，百姓日用不知，故君子之道鲜矣。显诸仁，藏诸用，鼓万物而不与圣人同忧，盛德大业至矣哉。富有之谓大业，日新之谓盛德。生生之谓易，成象之谓乾，效法之谓坤，极数知来之谓占，通变之谓事，阴阳不测之谓神。

第6章。夫《易》，广矣大矣！以言乎远则不御；以言乎迩则静而正；以言乎天地之间则备矣。夫乾，其静也专，其动也直，是以大生焉。夫坤，其静也翕，其动也辟，是以广生焉。广大配天地，变通配四时。阴阳之义配日月，易简之善配至德。

第7章。子曰：《易》，其至矣乎！夫《易》，圣人所以崇德而广业也。知崇礼卑。崇效天，卑法地。天地设位，而《易》行乎其中矣。成性存存，道义之门。

第8章。圣人有以见天下之赜，而拟诸其形容，象其物宜，是故谓之象。圣人有以见天下之动，而观其会通，以行其礼，系辞焉，以断其吉凶，是故谓之爻。言天下之至赜，而不可恶也。言天下之至动，而不可乱也。拟之而后言，议之而后动，拟议以成其变化。"鸣鹤在阴，其子和之。我有好爵，吾与尔靡之。"子曰："君子居其室，出其言，善则千里之外应之，况其迩者乎？居其室，出其言，不善千里之外违之，况其迩者乎？言出乎身，加乎民；行发乎迩，见其远。言行，君子之枢机。枢机之发，荣辱之主也。言行，君子之所以动天地也，可不慎乎？""同人，先号啕而后笑"。子曰："君子之道，或出或处，或默或语。二人同心，其利断金；同心之言，其臭如兰。""初六，藉用白茅，无咎"。子曰："苟错诸地而可矣。藉之用茅，何咎之有？慎之至也。夫茅之为物薄，而用可重也。慎斯术也以往，其无所失矣"。"劳谦，君子有终，吉"。子曰："劳而不伐，有功而不德，厚之至也，语以其功下人者也。德言盛，礼言恭，谦也者，致恭以存其位者也。""亢龙有悔"。子曰："贵而无位，高而无民，贤人在下位而无辅，是以动而有悔也。""不出户庭，无咎"。子曰："乱之所生也，则言语以为阶。君不密，则失臣；臣不密，则失身；几事不密，则害成。是以君子慎密而不出也"。子曰："作《易》者其知盗乎？《易》曰：

负且乘，致寇至"。负也者，小人之事也；乘也者，君子之器也。小人而乘君子之器，盗思夺之矣。上慢下暴，盗思伐之矣。慢藏诲盗，冶容诲淫。《易》曰：负且乘，致寇至。盗之招也。

第9章。天一，地二，天三，地四，天五，地六，天七，地八，天九，地十。天数五，地数五，五位相得而各有合。天数二十有五，地数三十。凡天地之数，五十有五。此所以成变化而行鬼神也。大衍之数五十，其用四十有九。分而为二以象两，挂一以象三，揲之以四以象四时，归奇于扐以象闰。五岁再闰，故再扐而后挂。乾之策二百一十有六，坤之策百四十有四，凡三百有六十，当期之日。二篇之策万有一千五百二十，当万物之数也。是故四营而成易，十有八变而成卦。八卦而小成。引而伸之，触类而长之，天下之能事毕矣。显道神德行，是故可与酬酢，可与佑神矣。子曰："知变化之道者，其知神之所为乎"！

第10章。《易》有圣人之道四焉：以言者尚其辞，以动者尚其变，以制器者尚其象，以卜筮者尚其占。是以君子将有为也，将有行也，问焉而以言。其受命也如响，无有远近幽深，遂知来物。非天下之至精，其孰能与于此。参伍以变，错综其数，通其变，遂马天地之文；极其数，遂定天下之象。非天下之致变，其孰能与於此。《易》无思也，无为也，寂然不动，感而遂通天下之故。非天下之致神，其孰能与于此。夫《易》，圣人之所以极深而研几也。惟深也，故能通天下之志；惟几也，故能成天下之务；惟神也，故不疾而速，不行而至。子曰："《易》有圣人之道四焉"者，此之谓也。

第11章。子曰："夫《易》何为者也？夫《易》开物成务，冒天下之道，如斯而已者也"。是故圣人以通天下之志，以定天下之业，以断天下之疑。是故蓍之德圆而神，卦之德方以知，六爻之义易以贡。圣人以此洗心，退藏於密，吉凶与民同患，神以知来，知以藏往。其孰能与於此哉！古之聪明睿知神武而不杀者夫？是以明於天之道，而察於民之故，是与神物以前民用。圣人以此斋戒，以神明其德夫。是故阖户谓之坤，辟户谓之乾。一阖一辟谓之变。往来不穷谓之通。见乃谓之象。形乃谓之器。制而用之谓之法。利用出入，民咸用之谓之神。是故《易》有太极，是生两仪，两仪生四象，四象生八卦，八卦定吉凶，吉凶生大业。是故法象莫大乎天地，变通莫大乎四时，悬象著明莫在乎日月，崇高莫大乎富贵。备物致用，立成器，以为天下利，莫大乎圣人。探赜索隐，钩深致远，以定天下之吉凶，成天下之亹亹者，莫大乎蓍龟。是故天生神物，圣人执之。天地变化，圣人效之。天垂象，见吉凶，圣人象之。河出图，洛出书，圣人则之。《易》有四象，所以示也。系辞焉，所以告也。定之以吉凶，所以断也。

第12章。《易》曰："自天佑之，吉无不利"。子曰："佑者助也。天之所助者，顺也；人之所助者，信也。履信，思乎顺，又以尚贤也。是以自天佑之，吉无不利也"。子曰："书不尽言，言不尽意"；然则圣人之意，其不可见乎？子曰："圣人立象以尽意，设卦以尽情伪，系辞焉以尽其言，变而通之以尽利，鼓之舞之以尽神。"乾坤其《易》之邪？乾坤成列，而《易》立乎其中矣。乾坤毁，则无以见《易》；易不可见，则乾坤或几乎息矣。是故，形而上者谓之道；形而下者谓之器；化而裁之谓之变；推而行之谓之通；举而错之天下之民谓之事业。是故夫象，圣人有以见天下之赜，而拟诸形容，象其物宜，是故谓之象。圣人有以见天下之动，而观其会通，以行其典礼，系辞焉，以断其吉凶，是故谓之爻。极天下之赜者存乎卦；鼓天下之动者存乎辞；化而裁之存乎变；推而行之存乎通；神而明之存乎其人；默而成之不言而信存乎德行。

（二）《系辞传》（下）

第1章。八卦成列，象在其中矣。因而重之，爻在其中矣。刚柔相推，变在其中矣。系辞焉而命之，动在其中矣。吉凶悔吝者，生乎动者也。刚柔者，立本者也。变通者，趣时者也。吉凶者，贞胜者也。天地之道，贞观者也。日月之道，贞明者也。天下之动，贞夫一者也。夫乾，确然示人易矣。夫坤，聩然示人简矣。爻也者，效此者也。象也者，像此者也。爻象动乎内，吉凶见乎外，功业见乎变，圣人之情见乎辞。天地之大德曰生，圣人之大宝曰位。何以守位曰仁。何以聚人曰财。理财正辞，禁民为非曰义。

第2章。古者包牺氏之王天下也，仰则观象於天，俯则观法於地，观鸟兽之文与地之宜，近取诸身，远取诸物，于是始作八卦，以通神明之德，以类万物之情。作结绳而为罔罟，以佃以渔，盖取诸《离》。包牺氏没，神农氏作。斲木为耜，揉木为耒，耒耨之利，以教天下，盖取诸《益》。日中为市，致天下之货，交易而退，各得其所，盖取诸《噬嗑》。神农氏没，黄帝、尧、舜氏作。通其变，使民不倦，神而化之，使民宜之。《易》，穷则变，变则通，通则久。是以自天佑之，吉无不利。黄帝、尧、舜垂衣裳而天下治，盖取诸《乾》、《坤》。刳木为舟，剡木为楫，舟楫之利，以济不通，致远以利天下，盖取诸《涣》。服牛乘马，引重致远，以利天下，盖取诸《随》。重门击柝，以待暴客，盖取诸《豫》。断木为杵，掘地为臼，臼杵之利，万民以济，盖取诸《小过》。弦木为弧，剡木为矢，弧矢之利，以威天下，盖取诸《睽》。上古穴居而野处，后世圣人易之以宫室，上栋下宇，以待风雨，盖取诸《大壮》。古之葬者，厚衣之以薪，葬之中野，不封不树，丧期无数。后世圣人易之以棺椁，盖取诸《大过》。上古结绳而治，后世圣人易之以书契，百官以治，万民以察，盖取诸《夬》。

第3章。是故，《易》者象也。象也者，像也。彖者，材也。爻也者，效天下之动也。是故，吉凶生而悔吝著也。

第4章。阳卦多阴，阴卦多阳，其故何也？阳卦奇，阴卦偶。其德行何也？阳一君而二民，君子之道也。阴二君而一民，小人之道也。

第5章。《易》曰："憧憧往来，朋从尔思"。子曰："天下何思何虑？天下同归而殊途，一致而百虑，天下何思何虑？日往则月来，月往则日来，日月相推而明生焉。寒往则暑来，暑往则寒来，寒暑相推而岁成焉。往者屈也，来者信也，屈信相感而利生焉。尺蠖之屈，以求信也。龙蛇之蛰，以存身也。精义入神，以致用也。利用安身，以崇德也。过此以往，未之或知也。穷神知化，德之盛也。"《易》曰："困于石，据于蒺藜，入于其宫，不见其妻，凶"。子曰："非所困而困焉，名必辱。非所据而据焉，身必危。既辱且危，死期将至，妻其可得见邪？"《易》曰："公用射隼于高墉之上，获之，无不利"。子曰："隼者，禽也。弓矢者，器也。射之者，人也。君子藏器于身，待时而动，何不利之有？动而不括，是以出而有获。语成器而动者也。"子曰："小人不耻不仁，不畏不义，不见利而不劝，不威不惩。小惩而大诫，此小人之福也。《易》曰："履校灭趾，无咎。此之谓也"。"善不积，不足以成名；恶不积，不足以灭身。小人以小善为无益而弗为也，以小恶为无伤而弗去也，故恶积而不可掩，罪大而不可解。《易》曰：履校灭耳，凶"。子曰："危者，安其位者也。亡者，保其存者也。乱者，有其治者也。是故君子安而不忘危，存而不忘亡，治而不忘乱，是以身安而国家可保也。《易》曰：其亡其亡，系于包桑。"子曰："德薄而位尊，知小而谋大，力少而任重，鲜不及矣"。《易》曰："鼎折足，覆公餗，其形渥，凶。言不胜其任也。"子曰："知几，其神乎。君子上交不谄，下交不渎，其知几乎。几者，动之微，吉之先见者也。君子见几而作，不俟终日。《易》曰：介于石，不终日，贞吉。介如石焉，宁用终日，断可识矣。君子知微知彰，知柔知刚，万夫之望。"子曰："颜氏之子，其殆庶几乎。有不善未尝不知，知之未尝复行也。《易》曰：不远复，无祗悔，元吉。""天地氤氲，万物化醇。男女构精，万物化生。《易》曰：三人行，则损一人；一人行，则得其友。言致一也。"子曰："君子安其身而后动，易其心而后语，定其交而后求。君子修此三者，故全也。危以动，则民不与也；惧以语，则民不应也；无交而求，则民不与也。莫之与，则伤之者至矣。易曰：莫益之，或击之，立心勿恒，凶。"

第6章。子曰："《乾坤》其《易》之门邪？乾，阳物也。坤，阴物也。阴阳合德，而刚柔有体。以体天地之撰，以通神明之德。其称名也，杂而不越。于稽其类，其衰世之意邪？夫《易》，彰往而察来，而微显阐幽。开而当名辨物，正言断辞，则备矣。其称名也小，其取类也大。其旨远，其辞文，其言曲而中，其事肆而隐。因贰以济民行，以明失得之报。"

第7章。《易》之兴也，其於中古乎？作《易》者，其有忧患乎？是故《履》，德之基也；《谦》，德之柄也；《复》，德之本也；《恒》，德之固也；《损》，德之修也；《益》，德之裕也；《困》，德之辨也；《井》，德之地也；《巽》，德之制也。《履》，和而至；《谦》，尊而光；《复》，小而辨于物；《恒》，杂而不厌；《损》，先难而后易；《益》，长裕而不设；《困》，穷而通；《井》，居其所而迁；《巽》，称而隐。《履》，以和行；《谦》，以制礼；《复》，以自知；《恒》，以一德；《损》，以远害；《益》，以兴利；《困》，以寡怨；《井》，以辨义；《巽》，以行权。

第8章。《易》之为书也不可远，为道也屡迁。变动不居，周流注虚，上下无常，刚柔相易，不可为曲要，唯变所适。其出入以度，外内使知惧，又明于忧患与故。无有帅保，如临父母。初率其辞而揆其方，既有曲常。苟非其人，道不虚行。

第9章。《易》之为书也，原始要终，以为质也。六爻相杂，唯其时物也。其初难知，其上易知，本末也。初辞拟之，卒成之终。若夫杂物撰德，辨是与非，则非其中爻不备。噫！亦要存亡吉凶，则居可知矣。知者观其彖辞，则思过半矣。二与四，同功而异位，其善不同，二多誉，四多惧，近也。柔之为道不利远者，其要无咎，其用柔中也。三与五，同功而异位，三多凶，五多功，贵贱之等也。其柔危，其刚胜邪？

第10章。《易》之为书也，广大悉备，有天道焉，有人道焉，有地道焉。兼三才而两之，故六；六者非它也，三才之道也。道有变动，故曰爻；爻有等，故曰物；物相杂，故曰文；文不当，故吉凶生焉。

第11章。《易》之兴也，其当殷之末世，周之盛德邪？当文王与纣之事邪？是故其辞危。危者使平，易者使倾，其道甚大，百物不废。惧以终始，其要无咎。此之谓易之道也。

第12章。夫乾，天下之至健也，德行恒易以知险。夫坤，天下之至顺也，德行恒简以知阻。能说诸心，能研诸侯之虑，定天下之吉凶，成天下之亹亹者。是故变化云为，吉事有祥。象事知器，占事知来。天地设位，圣人成能。人谋鬼谋，百姓与能。八卦以象告。爻以情言，刚柔杂居，而吉凶可见矣。变动以利言，吉凶以情迁。是故，爱恶相攻而吉凶生。远近相取而悔吝生。情伪相感而利害生。凡《易》之情，近而不相得则凶，或害之，悔且吝。将叛者，其辞惭，中心疑者，其辞枝。吉人之辞寡。躁人之辞多。诬善之人，其辞游。失其守者，其辞屈。

（三）《说卦传》

第1章。昔者，圣人之作《易》也，幽赞神明而生蓍。参三两地而倚数，观变於阴阳而立卦，发挥于刚柔而生爻，和顺于道、德而理于义，穷理尽性以至於命。

第2章。昔者，圣人之作易也，将以顺性命之理。是以立天之道曰阴与阳；立地之道曰柔与刚；立人之道曰仁与义。兼三才而两之，故易六画而成卦。分阴分阳，迭用柔刚，故《易》六位而成章。

第3章。天地定位，山泽通气，雷风相薄，水火不相射，八卦相错。数往者顺，知来者逆。是故《易》逆数也。

第4章。雷以动之，风以散之。雨以润之，日以晅之。艮以止之，兑以说之。乾以君之，坤以藏之。

第5章。帝出乎《震》，齐乎《巽》，相见乎《离》，致役乎《坤》，说言乎《兑》，战乎《乾》，劳乎《坎》，成言乎《艮》。万物出乎《震》，震东方也。齐乎《巽》，巽东南也。齐也者，言万物之洁齐也。《离》也者，明也，万物皆相见，南方之卦也，圣人南面而听天下，向明而治，盖取诸此也。《坤》也者，地也，万物皆致养焉，故曰致役乎坤。《兑》正秋也，万物之所说也，故曰说；言乎兑。战乎《乾》，乾西北之卦也，言阴阳相薄也。《坎》者，水也，正北方之卦也，劳卦也，万物之所归也，故曰劳乎坎。《艮》东北之卦也，万物之所成，终而所成始也，故曰成言乎艮。

第6章。神也者，妙万物而为言者也。动万物者，莫疾乎雷；桡万物者，莫疾乎风；燥万物者，莫熯乎火；说万物者，莫说乎泽；润万物者，莫润乎水；终万物始万物者，莫盛乎艮。故水火相逮，雷风不相悖，山泽通气，然后能变化，既成万物也。

第7章。《乾》，健也；《坤》，顺也；《震》，动也；《巽》，入也；《坎》，陷也；《离》，丽也；《艮》，止也；《兑》，说也。

第8章。《乾》为马，《坤》为牛，《震》为龙，《巽》为鸡，《坎》为豕，《离》为雉，《艮》为狗，《兑》为羊。

第9章。《乾》为首，《坤》为腹，《震》为足，《巽》为股，《坎》为耳，《离》为目，《艮》为手，《兑》为口。

第10章。《乾》，天也，故称乎父，《坤》，地也，故称乎母；《震》，一索而得男，故谓之长男；"巽"，一索而得女，故谓之长女；《坎》，再索而男，故谓之中男；《离》，再索而得女，故谓之中女；《艮》三索而得男，故谓之少男；《兑》三索而得女，故谓之少女。

第11章。《乾》为天、为圜、为君、为父、为玉、为金、为寒、为冰、为大赤、为良马、为瘠马、为驳马、为木果。《坤》为地、为母、为布、为釜、为吝啬、为均、为子母牛、为大舆、为文、为众、为柄、其於地也为黑。《震》为雷、为龙、为玄黄、为敷、为大涂、为长子、为决躁、为苍筤竹、为萑苇。其於马也，为善鸣为地辉足，为的颡。其於稼也，为反生。其究为健，为蕃鲜。《巽》为木、为风、为长女、为绳直、为工、为白、为长、为高、为进退、为不果、为臭。其於人也，为寡发、为广颡、为多白眼、为近利市三倍。其究为躁卦。《坎》为水、为沟渎、为隐伏、为矫柔、为弓轮。其於人也，为加忧、为心病、为耳痛、为血卦、为赤其于马也，为美脊、为亟心、为下首、为薄蹄、为曳。其於舆也，为丁蹻。为通、为月、为盗。其於木也，为坚多心。《离》为火、为日、为电、为中女、为甲胄、为戈兵。其於人也，为大腹，为乾卦。为鳖、为蟹、为蠃、为蚌、为龟。其於木也，为科上槁。《艮》为山、为径路、为小石、为门阙、为果蓏、为阍寺、为指、为狗、为鼠、为黔喙之属。其於木也，为坚多节。《兑》为泽、为少女、为巫、为口舌、为毁折、为附决。其于地也，刚卤。为妾、为羊。

(四)《序卦传》

有天地然后万物生焉，盈天地之间者唯万物，故受之以屯。屯者，盈也；屯者，物之始生也；物生必蒙，故受之以蒙。蒙者，蒙也，物之稚也；物稚不可不养也，故受之以需。需者，饮食之道也；饮食必有讼，故受之以讼。讼必有众起，故受之以师。师者，众也；众必有所比，故受之以比。比者，比也；比必有所畜也，故受之以小畜。物畜然后有礼，故受之以履。履而泰然后安，故受之以泰。泰者，通也；物不可以终通，故受之以否。物不可以终否，故受之以同人。与人同者，物必归焉，故受之以大有。有大者，不可以盈，故受之以谦。有大而能谦必豫，故受之以豫。豫必有随，故受之以随。以喜随人者必有事，故受之以蛊。蛊者，事也。有事而后可大，故受之以临。临者，大也；物大然后可观，故受之以观。可观而后有所合，故受之以噬嗑。嗑者，合也；物不可以苟合而已，故受之以贲。贲者，饰也；致饰然后亨则尽矣，故受之以剥。剥者，剥也；物不可以终剥，剥穷上反下，故受之以复。复则不妄矣，故受之以无妄。有无妄然后可畜，故受之以大畜。物畜然后可养，故受之以颐。颐者，养也；不养则不可动，故受之以大过。物不可以终过，故受之以坎；坎者，陷也，陷必有所丽，故受之以离。离者，丽也。有天地然后有万物，有万物然后有男女，有男女然后有夫妇，有夫妇然后有父子，有父子然后有君臣，有君臣然后有上下，有上下然后礼仪有所错。夫妇之道不可以不久也，故受之以恒。恒者，久也；物不可以久居其所，故受之以遁。遁者，退也；物不可以终遁，故受之以大壮。物不可以终壮，故受之以晋。晋者，进也；进必有所伤，故受之以明夷。夷者，伤也；伤于外者必反于家，故受之以家人。家道穷必乖，故受之以睽。睽者，乖也；乖必有难，故受之以蹇。蹇者，难也，物不可终难，故受之以解。解者，缓也；缓必有所失，故受之以损。损而不已必益，故受之以益。益而不已必决，故受之以夬。夬者，决也；决必有所遇，故受之以姤。姤者，遇也；物相遇而后聚，故受之以萃。萃者，聚也；聚而上者谓之升，故受之以升。升而不已必困，故受之以困。困乎上者必反下，故受之以井。井道不可不革，故受之以革。革物者莫若鼎，故受之以鼎。主器者莫若长子，故受之以震。震者，动也；物不可以终动，止之，故受之以艮。艮者，止也；物不可以终止，故受之以渐。渐者，进也；进必有所归，故受之以归妹。得其所归者必大，故受之以丰。丰者，大也；穷大者必失其居，故受之以旅。旅而无所容，故受之以巽。巽者，入也；入而后说之，故受之以兑。兑者，说也；说而后散之，故受之以涣。涣者，离也；物不可以终离，故受之以节。节而信之，故受之以中孚。有其信者必行之，故受之以小过。有过物者必济，故受之既济。物不可穷也，故受之以未济终焉。

(五)《杂卦传》

《乾》刚《坤》柔，《比》乐《师》忧。《临》、《观》之义，或与或求。《屯》见而不失其居，《蒙》杂而著。《震》，起也。《艮》，止也。《损》、《益》盛衰之始也。《大畜》时也。《无妄》灾也。《萃》聚而《升》不来也。《谦》轻而《豫》怠也。《噬嗑》食也，《贲》无色也。《兑》见而《巽》伏也。《随》无故也，《蛊》则饬也。《剥》烂也，《复》反也。《晋》昼也。《明夷》诛也。《井》通而《困》相遇也。《咸》速也。《恒》久也。《涣》离也。《节》止也。《解》缓也。《蹇》难也。《睽》外也。《家人》内也。《否》、《泰》反其类也。《大壮》则止，《遁》则退也。《大有》众也。《同人》亲也。《革》去故也。《鼎》取新也。《小过》过也。《中孚》信也。《丰》多故也。亲寡《旅》也。《离》上而《坎》下也。《小畜》寡也。《履》不处也。《需》不进也。《讼》不亲也。《大过》颠也。《姤》遇也，柔遇刚也，《渐》女归待男行也。《颐》养正也

《既济》定也。《归妹》女之终也。《未济》男之穷也。《夬》决也，刚决柔也，君子道长，小人道忧也。

(六)《文言传》

第一章。乾文言。"元"者，善之长也；"亨"者，嘉之会也；"利"者，义之和也；"贞"者，事之干也。君子体仁足以长人，嘉会足以合礼，利物足以和义，贞固足以干事。君子行此四德者，故曰："乾、元、亨、利、贞。"初九曰："潜龙勿用。"何谓也？子曰："龙德而隐者也，不易乎世，不成乎名，

遯世无闷，不见是而无闷，乐则行之，忧则违之，确乎其不可拔，潜龙也。"九二曰："见龙在田，利见大人。"何谓也？子曰："龙德而正中者也。庸言之信，庸行之谨，闲邪存其诚，善世而不伐，德博而化，《易》曰'见龙在田，利见大人'。君德也。"九三曰："君子终日乾乾，夕惕若厉，无咎。"何谓也？子曰："君子进德修业。忠信所以进德。修辞立其诚，所以居业也。知至至之，可与几也。知终终之，可与存义也。是故居上位而不骄，在下位而不忧，故乾乾因其时而惕，虽危无咎矣。"九四曰："或跃在渊，无咎。"何谓也？子曰："上下无常，非为邪也。进退无恒，非离群也。君子进德修业，欲及时也，故无咎。"九五曰："飞龙在天，利见大人。"何谓也？子曰："同声相应，同气相求。水流湿，火就燥。云从龙，风从虎。圣人作而万物覩。本乎天者亲上，本乎地者亲下。则各从其类也。"上九曰："亢龙有悔。"何谓也？子曰："贵而无位，高而无民，贤人在下位而无辅，是以动而有悔也。""潜龙勿用"，下也；"见龙在田"，时舍也；"终日乾乾"，行事也；"或跃中渊"，自试也；"飞龙在天"，上治也；"亢龙有悔"，穷之灾也；乾元"用九"，天下治也。"潜龙勿用"，阳气潜藏；"见龙在田"，天下文明；"终日乾乾"，与时偕行；"或跃在渊"，乾道乃革；"飞龙在天"，乃位乎天德；"亢龙有悔"，与时偕极；乾元"用九"，乃见天则。乾"元"者，始而亨者也；"利贞"者，性情也。乾始能以美利利天下，不言所利，大矣哉，大哉乾乎，刚健中正，纯粹精也。六爻发挥，旁通情也，时乘六龙，以御天也。云行雨施，天下平也。君子以成德为行，日可见之行也。"潜"之为言也，隐而未见，行而未成，是以君子弗用也。君子学以聚之，问以辩之，宽以居之，仁以行之。《易》曰："见龙在田，利见大人。"君德也。九三重刚而不中，上不在天，下不在田，故乾乾因其时而惕，虽危"无咎"矣。九四重刚而不中，上不在天，下不在田，中不在人，故"或"之，或之者，疑之也。故"无咎"。夫"大人"者，与天地合其德，与日月合其明，与四时合其序，与鬼神合其吉凶。先天而天弗违，后天而奉天时，天且弗违，而况于人乎！况于鬼神乎！"亢"之为言也，知进而不知退，知存而不知亡，知得而不知丧，其唯圣人乎！知进退存亡而不失其正者，其唯圣人乎！

第二章。坤文言。坤至柔而动也刚，至静而德方，后得主而有常，含万物而化光。坤道其顺乎，承天而时行。积善之家必有余庆，积不善之家必有余殃。臣弑其君，子弑其父，非一朝一夕之故，其所由来者渐矣。由辩之不早辩也。《易》曰："履霜，坚冰至。"盖言顺也。"直"其正也，"方"其义也。君子敬以直内，义以方外，敬义立而德不孤。"直方大，不习无不利。"则不疑其所行也。阴虽有美，"含"之以从王事，弗敢成也。地道也，妻道也，臣道也。

地道"无成"而代"有终"也。天地变化，草木蕃，天地闭，贤人隐。《易》曰："括囊，无咎无誉。"盖言谨也。君子"黄"中通理，正位居体，美在其中，而畅于四支，发于事业，美之至也！阴疑于阳必战，为其嫌于无阳也。故称"龙"焉犹未离其类也，故称"血"焉。夫"玄黄"者，天地之杂也，天玄而地黄。

值得注意的是：其一，孔子为了把易经制成教科书，对原易经内容进行了大量删减。我们猜测被删减的部分可能包含着更加明晰、更易于理解的生态经济理论内容；其二，十翼中也可能有后人粉饰过的内容，我们只能抓先民的核心生态思想；其三，有学者认为，老子的道德经是一部失传的《规藏易》的易传，一半文字用于解析宇宙自然规律。但限于篇幅，后续研究，未包括道德经内容。

第二节　生态经济学要旨

现代生态经济学，是生态学与经济学的有机融合，产生于 20 世纪 70 年代的西方发达国家。生态经济学属于自然科学与社会科学相互交叉的边缘性科学，属于理论经济学，也是生态学的重要分支。由于产生的年代晚，该科学尚属年轻的、有待不断完善、不断丰富与发展的科学。鉴于生态经济学缺乏中国国学基础的现状，需要理论界结合易经加以研究。

一、现代生态经济学的产生背景

从学科线索上看，生态经济学的理论背景是生态学的大发展。生态学产生于 19 世纪下半叶，德国生物学家恩斯特·海克尔（Ernst Heinrich Haeckel）于 1869 年提出生态学（Ecology）一词，从此揭开了生态学研究与发展的序幕。1935 年英国的 Tansley 提出了生态系统概念，美国年轻学者 Lindeman 在对 Mondota 湖生态系统详细考察之后提出了生态金字塔能量转换的"十分之一定律"，由此，生态学成为一门有自己研究对象、任务和方法的独立学科。生态学，是研究生物与其环境相互关系，及其生态系统运行规律的科学。随着研究内容的丰富，生态学不断分化。按所研究的生物类别，生态学分为微生物生态学、植物生态学、动物生态学、人类生态学等；按照生物栖居地，生态学分为陆地生态学、水域生态学、森林生态学、草原生态学、荒漠生态学、土壤生态、海洋生态学、湖沼生态学、流域生态学；随着生态环境问题的出现，农业生态学、医学生态学、工业资源生态学、环境保护生态学、环境生态学、生态保育、生态信息学、城市生态学、生态系统服务、景观生态学相继从生态学中独立出来。到 20 世纪 70 年代，生态学的研究触角延伸到经济学领域，将生态学与经济学相结合，诞生了生态经济学。

从实践角度看，生态经济学是在经济系统发展运行中遭遇了前所未有的生态环境制约，发生了空前的生态危机背景下产生的。

经济系统与生态系统本来就不是彼此分割的两个系统，而是一个相互交织的庞大复合系统——生态经济系统。有些经济学家站在更高科学平台看到了这一点。在 18 世纪末，随着西方社会人口出生率的不断提高，总人口数的不断加大，被誉为忧郁经济学家的马尔萨斯于 1798 年发表著名的《人口论》。在该书中，他提出了人口按几何级数增长、生活资料按算术基数增长的生态危机理论，极富预见性地指出，未来经济的增长最终会因资源匮乏而受到制约，限制人口增长。

此后，在发达国家发生的世界八大公害，引起了环境主义者的警惕。到了 20 世纪，经济的高速发展，资源的大量消耗，垃圾的无度排放，化肥、农药的大量施用，使生态系统受到极大破坏。美国海洋学家、环保主义者卡尔逊夫人针对美国农民为了高产，大量使用农药，杀死了鸟儿，破坏了生物链的严峻现实，于 1962 年出版了《寂静的春天》一书，首次从经济视角开展了对生态经济巨系统的研究，引发了西方绿色环保运动，为现代生态经济学的诞生奠定了舆论及前期理论基础。

针对生态环境对经济发展的制约问题，以及汹涌的环境运动，促使旨在研究生态经济系统问题的罗马俱乐部成立。来自一百多个国家的不同领域的科学家，利用数学模型和系统分析方法，按照现有的发展模式，将人口、工业化、粮食、自然资源和环境污染五个因素的数据输入模型，最终得到一个显示未来污染、人口增长、人均粮食产量、人均工业产品等的发展轨迹图，如图 1-6 所示，于 1972 年出版了《增长的极限》报告。此书对人类未来发展将面临的严重生态环境问题提出了警告，提出了改变现有经济发展方式，减少生态赤字，经济系统才有望正常运转的观点。

几年后，美国经济学家肯尼斯·鲍尔丁在《一门科学——生态经济学》一书中正式提出"生态经济学"的概念，标志着生态经济学的

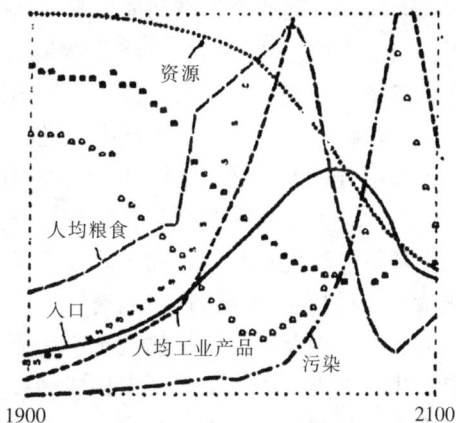

图 1-6 罗马俱乐部描绘的五要素增长曲线图

诞生。继而，鲍尔丁又提出了宇宙飞船理论，即循环经济理论。循环经济理论的提出，为制定生态保护政策提供了路径。

1980年，联合国环境规划署召开了以"人口、资源、环境和发展"为主题的会议。会议在对人类生存环境的各种变化进行观察分析之后，确定将"环境经济"（即生态经济）作为1981年《环境状况报告》的第一项主题。由此表明，生态经济学作为一门既有理论性又有应用性的新兴的科学，开始为世人所瞩目。

美国另一经济学家列昂惕夫是第一个对环境保护与经济发展的关系进行定量分析研究的学者。他使用投入—产出分析法，深入研究了污染对工业生产的影响。此后，他将处理工业污染物单独列为一个生产部门，除了原材料和劳动力的消耗外，把处理污染物的费用纳入产品成本之中，从而有效实现了外部问题内部化，丰富了生态经济学理论。

二、现代生态经济学的研究对象

由上述论证可知，现代生态经济学是一门在20世纪70年代之后产自于西方发达国家的，由生态学与经济学融合而成的一门边缘性、交叉性的新兴经济理论科学。其研究对象是：从经济学角度，研究生态经济系统的结构、功能、运动规律，促进该系统和谐发展应设计的生态经济机制、采取的生态经济政策等的科学。

首先，生态经济学的研究客体是生态经济系统。生态经济系统是经济系统与生态系统融合而成的巨系统，其中，经济系统处于生态系统之中，是生态系统的组成部分。生态系统是地球表面从地下11千米到地上分布的岩石圈、水圈、大气圈（延伸至外空间的广义大气圈）和生物圈构成的充满生机活力的系统。由于能量流动与转化，将生物圈与岩石圈、水圈及大气圈紧密联系在一起。能量的主要来源是大气圈中的太阳能。太阳能经过传导被生物圈的绿色植物吸收，转换成化学能贮存起来；动物取食植物吸收植物存储的化学能；太阳能绝大部分被大气圈、水圈和岩石圈吸收，增加温度，造成风、潮汐和岩石的风化裂解，为生物圈提供生存所需的条件。生物在长期进化过程中，形成了对周围环境——生物环境、物理环境及化学环境，如生物、空气、光照、水分、热量和无机盐类等的依赖。同时，其生存、发展及消亡的生命过程对岩石圈、水圈、大气圈及自身的生物圈也产生了影响。经济圈是在人的主导下，由人、自然生产要素、人工生产要素构成的投入、产出、消耗、排放系统。经济系统的发育、发展依赖生态系统直接、间接提供的自然生产要素、人工生产要素，以及直接间接提供消纳其废弃物排放空间，可以说，没有生态系统，经济系统就无法存在。反过来，经济系统又不断以正能量或负能量输出方式影响生态系统。经济系统与生态系统的能量交换使二者耦合。如图 1-7 所示。

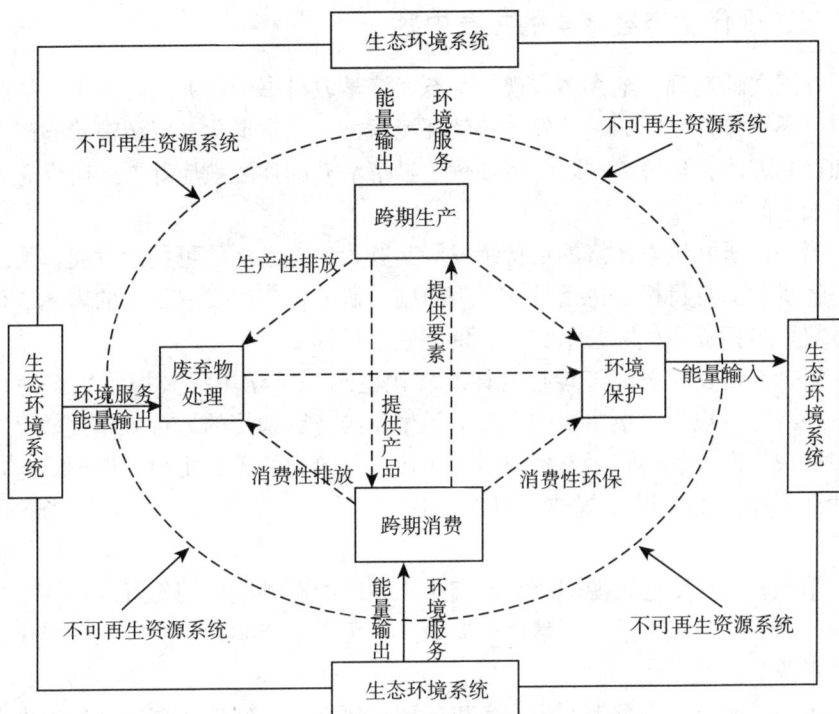

图 1-7 生态经济巨系统能量循环图

其次，生态经济学是从经济学角度对生态经济巨系统所进行的研究。以经济学为视角研究生态经济系统，意味着站在经济系统的立场，抑或说站在人的经济利益的立场研究生态经济系统，是一种以人为本的人本主义思想的体现。

最后，生态经济学研究目标是整体最优。生态经济学是以自然科学同社会科学相结合来研究经济问题，从生态经济系统的整体上研究社会经济与自然生态之间的关系。从纵向来说，包括全社会生态经济问题的研究，以及各专业类型生态经济问题的研究，如农田生态经济、森林生态经济、草原生态经济、水域生态经济和城市生态经济等。从横向来说，包括各种层次区域生态经济问题的研究。生态经济问题具有明显的地域特殊性，生态经济学研究要以一个国家或一个地区的国情或地区情况为依据。社会经济发展，不仅要满足人们的物质需求，而且要保护自然资源的再生能力；不仅追求局部和近期的经济效益，而且要保持全局和长远的经济效益，永久保持人类生存、发展的良好生态环境。

生态经济研究的目标是使生态经济系统整体效益优化，从宏观上为社会经济的发展指出方向，因此具有战略意义。

三、现代生态经济学的主要内容

查阅文献发现，绝大多数现代生态经济学教科书的研究内容除了包括经济发展与环境保护之间的关系外，还就环境污染、生态退化、资源浪费的产生原因和控制方法、环境治理的经济评价、经济活动的环境效应等展开研究。集中关注如下问题：

第一，研究生态经济的可持续发展问题。生态经济的可持续发展，是现代生态经济学的总目标，也是总的行为原则。研究可持续发展目标的内涵，目标的分解，包括资源代际公平目标、资源效率目标等。

第二，研究生态经济运行规律。现代生态经济学不仅要揭示生态运行规律，经济运行规律，更主要的是要揭示生态经济巨系统的运行规律。如生态平衡规律；生态位规律；生态资源运行规律，如热力学第二定律，即熵定律，也叫沙漏定律；生态退化规律（自然力递减规律）；生物多样性的一些运行规律等。

第三，研究生态资源问题。研究生态系统中有哪些可用的资源，性质与特征是什么，如阐释石油、天然气资源属于不可再生资源；森林、太阳能属于可再生资源等问题。

第四，研究生态预警、生态危机问题。研究生态经济系统运动过程中发生的种种主要问题，如土地退化导致的粮食供给问题，气候变化导致的海平面上升问题等。

第五，研究促进生态保护与经济可持续发展的对策问题。在生态经济理论指导下，针对生态经济系统中出现的问题，探寻经济发展与生态保护互动双赢的对策与路径。如经济发展方式的绿色化转型、循环经济战略、低碳经济战略、生态补偿政策、有机农业发展政策等。

第三节　易经：生态经济之源

现代生态经济的思想源头在哪里？在拥有悠久文化历史的中国。这，绝不是抢注商标。现代生态经济学的主旨思想与政策主张，早就埋藏在中国古典典籍之中。

易经是中国古人以特殊视角、特殊语言、特殊表达方式阐释生态经济系统发生机理，揭示运行规律，告示可用的生态资源及如何使用资源避免危机的生态经济思想源头之作，极具前瞻性、科学性、思想的深邃性等特征。

一、易经生态经济系统产生机理

首先，易经用"一"与"二"阐述生态系统产生及其运行机理。伏羲氏作为百姓的统领，要想福泽众人，必先明了生态系统的形成机理。他仰观天文，俯察地理，面对日月星辰、江河山水、鱼鸟猛兽这样一个充满生机与活力的生态系统，研究其是如何产生，如何发展的问题，并进行了认真研究与深入思考，最终得到一个简洁而寓意深刻的答案："易有太极，是生两仪，两仪生四象，四象生八卦"十八字真言。十八字真言包含着破解宇宙生态发生发展秘籍的两个数字："一"和"二"。"一"就是太极。

太极就是宇宙，是未开化之前处于混沌一团状况的宇宙。此时的宇宙，犹如盘古开天神话中所说的，混沌如一只鸡蛋中的蛋黄。然而，太极的"一"不是简单的一，内在包含着"二"个具有生机活力的潜在要素：一"阴－－"与一"阳—"。阴阳在混沌状态下彼此缠绕，用图像表示就是阴阳鱼的组合——☯。阴阳交合终于使这个宇宙太极的"一"爆炸了，将阴与阳分化出来，轻者上升成为天，浊下降成为地，形成了太极生两仪，天地形成景象。两仪就是阴与阳，就是天与地，天为阳，地为阴。"天地氤氲，万物化醇。"天、地二气分化出来以后，再度频繁交融就出现了两仪生四象的景象，即阴阳交合生出老阳，少阴，少阳，老阴。"男女构精，万物化生。"持续的雌雄交配，阴阳相感，生物界动植物繁衍发展生生不息。"四象生八卦"四象交合化生出宇宙生态大系统的万事外物，即☷、☶、☵、☴、☳、☲、☱、☰。如图1-8所示。

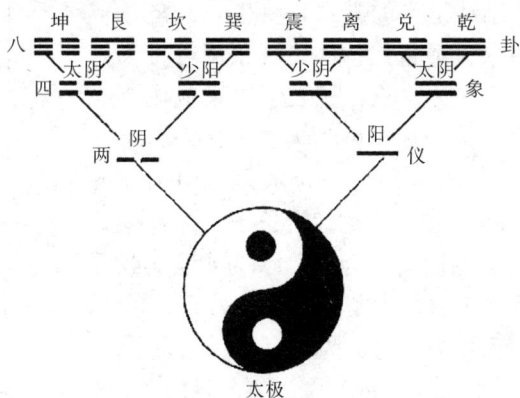

图1-8　易经关于生态经济系统生成机理

第二，用天地人"三"才概括生态经济系统的圈层结构。伏羲氏观察的是包括人在内的生态大系统（图1-9）。且看系辞（下）第2章，"古者包牺氏之王天下也，仰则观象於天，俯则观法於地，观鸟兽之文，与地之宜，近取诸身，远取诸物，於是始作八卦"。说的是伏羲氏为了让百姓了解生态系统的运行原理与规律，他仰头研究宇宙天体太阳系、银河系日月星辰运动轨迹，由此引发

图1-9 天地人分布图

的气候变化，春夏秋冬循环运行规律；低头观察岩石圈、水圈与生物圈中地貌、山川水土分布，鸟兽等动物习性；近距离观察人际圈中人的构成关系，远距离测度自然生态中可用的资源，于是创作出八卦来。

那么他观察到的是什么？伏羲氏看到宇宙天体（广义的天）中太阳、月亮、闪烁的星星交替出现，雷鸣，闪电，风、雨、汽、冷、暖气候不断变化，于是将之笼统地定义为"天"；看到岩石圈山峦矿脉、火、路径、耕地等纵横交错地分布于大地上，生物圈有林木、根茎植物开花结果，马牛羊猪狗鸡等性情温顺的动物栖息在陆地上，鱼鳖虾蟹等水生生物按照自己的生命轨迹繁衍生息，大地上除了广袤的大地，奔跑的动物外，湿地、地下水、阴沟暗渠构成了地球的水圈。于是，将岩石圈、生物圈及水圈定义为"地"；将人从生物圈中剥离出来形成包含经济圈在内的人际圈，笼统地定义为"人"。因而，伏羲氏的天、地、人就是对大气圈、岩石圈、水圈、生物圈与人际圈组成的生态经济系统的高度概括。如图1-10所示。

第三，用"八"代表生态大系统的主要构成要素。伏羲氏采用结绳记事的方式，将生态经济系统具有代表性的八大类自然物体、现象用符号☰、☷、☳、☴、☵、☲、☶、☱表示出来就成了先天八卦。如说卦传记述：乾为天、为父、为玉、为金、为寒、为冰、为马、为木果。坤为地、为母、为牛。震为雷、为龙、为长子、为萑苇。巽为木、为风、为长女，为鸡。坎为水、为次子、为沟渎、为豕。离为火、为电、为中女、为鳖、为蟹、为嬴、为蚌、为龟，为科上槁。艮为山、为径路、为小石、为狗、为少男、为木多节。兑为泽、为少女、为羊。

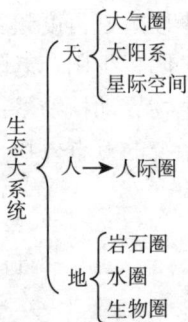

图1-10 易经生态系统框图

伏羲氏用乾、坤、震、巽、坎、离、艮、兑，先天八卦及符号☰、☷、☳、☴、☵、☲、☶、☱表示生态要素及生态现象，以天、地、人概括大气圈、岩石圈、水圈、生物圈与人际圈的生态大系统。在每一个卦象中都含着天、地、人的因素，如图1-9、图1-10，表1-1所示。可见，伏羲氏创作

易经八卦不是凭空杜撰，也不是主观臆想，而是通过对宇宙万物构成的生态系统长期的观察、研究、分析、总结而形成的，通过理论来源于生态实践的方式创作的先天八卦。

表1-1　伏羲氏八卦生态系统

	大气圈	岩石圈	水圈	生物圈	人圈	生态资源	生态灾害
乾☰	宇宙天体	金属	冰川	马	父	太阳能	
坤☷	污染	地球		牛	母	土地资源	
震☳	雷鸣			龙	长子	能源	地震
坎☵	雨水，月		暗流	猪	次子		洪水
艮☶		山峦		狗	少子	矿产资源	火山
巽☴	风，汽			鸡，木	长女	森林、风	
离☲	闪电，日	火		稚	次女	火力	
兑☱			湿地	羊	少女	湿地资源	
	天		地		人		

最后，**用吉凶评价生态经济系统运行状况**。生态经济系统状况如何，怎样评价？在文字尚未出现以前，古人用吉凶、悔吝、忧虞、刚柔等字样，通过口口相传的方式，告示生态经济系统运行和谐与否、丰收还是遭受损失，是风调雨顺还是灾害连连。有了文字以后，周文王、孔子将这些评价体系写入易传之中，结合卦象告示后人。如"圣人设卦观象，系辞焉而明吉凶，刚柔相推而生变化。"意思是先祖创造卦象用以描述宇宙间万事万物的现象，附上卦辞以告知吉凶的趋向。那么吉凶是什么意思？"吉凶者，失得之象也。悔吝者，忧虞之象也。变化者，进退之象也。刚柔者，昼夜之象也。""吉凶"，是对成功或失败现象的概括。"悔吝"，是表示有忧虑顾虑。"变化"，是前进或后退的现象。"刚柔"，即是昼夜，夜尽昼来，昼尽夜来的现象。六爻的动态，就是天地人三才的道理。有曰"悔吝者，言乎其小疵也。无咎者，善补过也。"

二、古人对经济系统的培育

中国先贤深切关注生态环境及其变化，如昼夜、冷暖、四季气候的更替、自然灾害等，其目的是研究分析由此给经济生活带来的影响，宗旨是发展经济，福荫百姓。他们研究生态系统中有哪些可用的资源，怎样合理利用才能既增加经济效益又不影响生态平衡。他们主动观察天的变化，从中发现天道，观察地的变化，发现地道。认识、掌握生态系统运行机理与规律，进而培育经济系统。

第一，发展畜牧业。伏羲氏在生态和谐框架下，培育、管理与壮大经济系统，以期福荫百姓。他用易经的天人合一思想、阴阳和谐思想管理经济。"上古结绳而治，后世圣人易之以书契，百官以治，万民以察，盖取诸夬。"伏羲氏时代，无文字，不得不结绳记事，用以培育经济系统、管理经济系统，以期增加财富。"结绳而为罔罟，以佃以渔，盖取诸离"。伏羲氏发现大自然中，有一些柔韧性好的藤蔓性植物，可以织网。他将这个发现告诉百姓，教授百姓结网捕鱼、捕鸟兽。"弦木为弧，剡木为矢，弧矢之利，以威天下，盖取诸睽。"将柔韧的小木条做成绳索、弓，把木材削成箭，用弓箭捕猎猛兽，发展畜牧经济产业。

第二，发展种植业。畜牧产业的发展，让百姓食不果腹的问题得以有效解决。但是，仅靠采集自然界的果实，用以饮食，远远不能满足生活需要。"包牺氏没，神农氏作。斲木为耜，揉木为耒，耒耨之利，以教天下，盖取诸益。"伏羲氏逝世以后，神农氏继承了伏羲氏发展经济的大业。他砍削树木作成犁头，曲转木材为犁柄，以便耕种和除草，创作许多耕作器具，教导百姓种庄稼，由此促进了种植业的发展。"断木为杵，掘地为臼，臼杵之利，万民以济，盖取诸小过。"用木材制作生活器皿，促进了消费，提高了生活质量。

第三，发展商业。畜牧业、种植业的大发展，使剩余财富增加。互通有无，丰富生活，成了这一时期的发展需要。换言之，需要发展商业了。"神农氏没，黄帝、尧、舜氏作，通其变，使民不倦，神而化之，使民宜之。易穷则变，变则通，通则久。是以自天佑之，吉无不利，黄帝、尧、舜，垂衣裳而天下治，盖取诸乾坤。"神农氏逝世以后，皇帝、尧帝、舜帝大力发展商业。"日中为市，致天下之货，交易而退，各得其所，盖取诸噬嗑。"规定中午为买卖时间，召集天下的人们，聚集天下的货物，互相交换所需要的货物，满足个人的需要。

第四，发展交通运输业。"刳木为舟，剡木为楫，舟楫之利，以济不通，致远以利天下，盖取诸涣。"商业的发展遇到了障碍性因素，那就是道路、交通工具跟不上商业的发展。于是，先祖将木材凿成舟船，削锐木头做为船楫，发展水路交通。水路交通，使两岸的人，能互相来往，货物可相互交换，促进了旅游业与商业的大发展。"服牛乘马，引重致远，以利天下，盖取诸随。"用牛车、马车做交通工具，促进了陆路交通的发展。

第五，发展建筑业，促进国防建设。"上古穴居而野处，后世圣人易之以宫室，上栋下宇，以待风雨，盖取诸大壮。"上古时候，冬天则藏身洞穴，夏天则在野外居住，后世圣人，为了防止洪水猛兽的侵袭，遂教民建筑宫室，上有栋梁，下有檐宇，以防御风雨，发展建筑业。古人意识到，要时刻防范外敌，保护经济成果安全，生态领地安全。也就是，为了家庭的安全，为了国家的安全，要加强国防建设。"重门击柝，以待暴客，盖取诸豫。"即修建结实的门栏，昼夜巡逻，以防御盗贼的侵入，保障经济系统运行安全。

三、易经的生态文明思想

"是故，易者象也。象也者，像也。"易经，就是描述万事万物的映像。易经卦象，就是用以模拟宇宙间万事万物形象的。"易之为书也，广大悉备，有天道焉，有人道焉，有地道焉。"易经表面上是卦象，但实则阐述的是天道、地道及人道的生态文明的书籍，上至天子，下至百姓都要人手一部，以便明晰生态经济知识，促进生态经济系统发展，得到天地的庇佑。

易经，以天人合一思想为核心。易经，是一部有着严密逻辑性的生态文明思想体系之书。易经生态文明，是以天人合一思想为核心、以对自然的顺应、感恩为行动纲要，以保护生态完整性为己任的生态宇宙观。人类从事经济活动，要顺应生态规律。顺应，不是慑于大自然的威力而不得已的屈从行为，而是心怀感恩之情的自觉自愿的顺应。换言之，是一种积极主动的顺应、和谐的顺应。远古时期，人类与大自然无限接近，充分享受大自然赐予的丰富的自然财富。他们视自然如父母，在感恩之中寻求与自然的合体。易经的最高理想，就是实现人法地、地法天、天法道、道法自然的天人合一理想。易经用乾坤二卦代表天与地，"裁成天地之道，辅相天地之宜"。

易经，通过阴阳平衡阐释生态文明观。《系词》中说："一阴一阳之谓道。"阴阳是事物发展的根本动因，是宇宙形成与发展的大规律，是《易经》生态平衡思想的重要体现。阴阳是对宇宙间具有对立统一关系的两种不同事物和属性的反映，如男与女、刚与柔、强与弱、上与下、左与右、黑与白、雄与雌、寒与暑等。卦象，是建立在阴、阳二爻符号基础上。易经按照阴阳消长的规律，经过排列组合而成八卦、六十四卦，阐释生态经济阴阳交感生万物的道理。

四、易经的生态经济思想框架

如图 1-11 所示，易经是一个由七柱构成的鼎型生态经济思想结构。鼎盖是由古八卦图阐述的生态经济概要，七柱由 64 重卦按不同模块分布构成，顺次包括生态经济系统周期篇、生态经济愿景篇、生态经济规律篇、生态经济资源篇、生态经济预警篇、生态经济危机篇与生态经济政策篇。

```
┌─────────────────────────┐
│      易经与生态经济       │
└────────────┬────────────┘
             ↓
┌─────────────────────────┐
│     易经生态经济概论      │
└────────────┬────────────┘
```

| 生态经济周期篇 | 生态经济愿景篇 | 生态经济规律篇 | 生态经济资源篇 | 生态经济预警篇 | 生态经济危机篇 | 生态经济政策篇 |

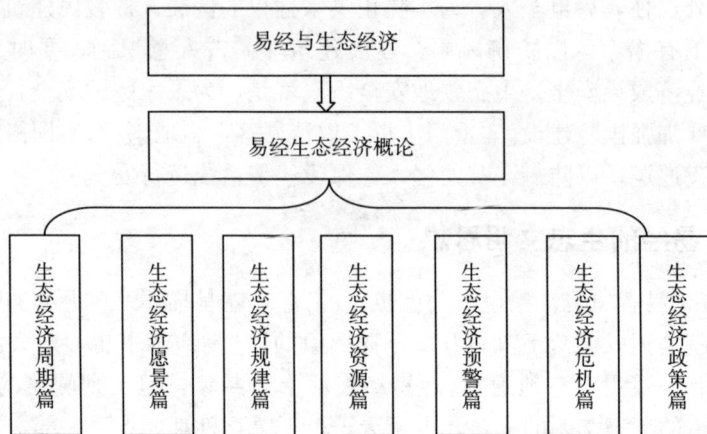

图1-11　易经生态经济思想框架图

第一，**生态经济概要**。易经向我们展示了古八卦图，用其中的八经卦☰，☷，☳，☵，☶，☴，☲，☱简洁地描绘了生态经济巨系统的构成内容。通过太极生两仪、两仪生四象、四象生八卦的论述，明晰生态经济系统的形成机理，揭示天道、地道与人道的生态经济运行规律、阐释了天人合一的中国生态文明思想内核。接着，易经64重卦，通过逻辑布局，易经进入生态经济思想的正文部分，包括七篇内容。

第二，**生态经济系统周期篇**。易经用乾☰、坤☷、屯☵、蒙☶、需☵、讼☰、师☷、比☵、小畜☴、履☰、泰☷、否☰十二卦说明生态经济系统发育、发展、衰落的大周期过程。乾卦告示天的创生力，坤卦地的孕育力；天地交合创生出生态经济系统，顺次经历了屯卦的婴儿期、蒙卦的幼儿期、需卦的少儿期、讼卦的少年期、师卦的青春期、比卦青年期、小畜卦的中年期、履卦的壮年期、泰卦鼎盛期、否卦的暮年期。说明了每一过程将要迎接的机遇与挑战，大周期性规律问题。

第三，**生态经济愿景篇**。易经用咸☱、丰☳、恒☳、益☴、贲☶、随☱、升☷勾画了通过遵循天道、地道与人道，得到生态系统的庇佑，生态经济系统才可能实现的天地人和合愿景、粮食大丰收愿景、可持续发展愿景、经济效益与生态效益双赢愿景、美丽中国愿景、生态资源公平分配愿景及福利增加愿景。

第四，**生态经济规律篇**。易经用谦☷、夬☱、既济☵、涣☴、未济☲、大壮☳、渐☴、睽☲，揭示了生态经济系统运行的主要规律。

第五，**生态经济资源篇**。在遵循生态经济系统规律的前提下，发展经济，增加财富，提高福利水平需要在经济系统输入端投入自然生态资源，我们的祖先用巽䷸、兑䷹、中孚䷼、井䷯、离䷝、明夷䷣、大有䷍、萃䷬、晋䷢九卦，告知可用的资源有哪些。

第六，生态预警篇。生态资源是不是可以肆意使用，经济系统可以无度发展？古人用观䷓、颐䷚、归妹䷵、小过䷽、大过䷛、无妄䷘，阐释了生态经济预警理论。

第七，生态经济危机篇。易经用生态预警卦说明超载利用生态的最可怕的后果是生态经济危机，同时也告知生态系统也有一些非人为的自然灾害。用震卦䷲说明地震灾害，用艮卦䷳说明山体滑坡、火山喷发等山体灾害，坎卦䷜代表水灾，姤卦䷫代表生物灾害如虫灾，剥卦䷖代表臭氧空洞，损卦䷨代表空气污染，噬嗑卦䷔代表生态法制缺失，困卦䷮代表资源短期危机，蛊卦䷑与蹇卦䷦告诉后人，蛊卦显示了生态赤字，蹇卦显示了滞胀危机，困卦䷮则显示了资源枯竭超长波危机。

最后，生态政策篇。化解危机，避免危机需要采取生态经济政策。易经用解䷧、家人䷤、临䷒、节䷻、鼎䷱、旅䷷、同人䷌、革䷰、大畜䷙、复䷗、遁䷠、豫䷏说明了人类应如何采取对策应对生态环境问题。解卦阐释的人与自然和解理论；家人卦说的是资源的利用者应做个好家长，把生态修复后传递给后代；临卦说的是政府应出面制定生态保护与修复战略；节卦讲的是节约使用资源，与当前的循环经济政策相吻合；鼎卦是绿色产业支持政策；旅卦类似当前的绿色低碳出行政策一致；复卦的生态补偿政策；同人卦是碳交易与清洁发展机制；遁卦是防灾经济；革卦体现的是生态保护的体制机制创新；大畜卦体现的是绿色畜牧业；豫卦的意思是实施生态储备战略，才能保持恒久发展。

第四节　弘扬易经生态文明思想

一、摒弃偏见，正本清源

古往今来，下至普通百姓，中至官宦商贾，上至皇帝至尊，绝大多数人都把易经当成预测生活平顺与否、升迁是否可能、经营是成是败、管理是否得当的占卜之书。因而，易经的占卜之名扎根于现代人头脑之中。在新中国建立后，国人在破除迷信的教化下，有人将其当成迷信，形而上学的东西避之、蔑之，也有人悄悄地求之，以解人生诸事疑惑。

易经被当做占卜之书，并不奇怪。首先，易经是以卦象形式出现的。远古时期，人们为了与主宰人类世界的所谓神进行沟通，知晓所行所想之事的成败而去占卜预测。最初用炙烤龟甲或牛骨，观其裂纹形状而断吉凶祸福。到了周朝，人们流行用蓍草按照一定方式得到六爻，然后根据易经中相对应的卦象、卦辞，爻辞占断，进一步塑造了易经占卜之书的形象。其次，历经磨难，易经的占卜身份被强化。易经经历的第一次劫难是秦始皇的焚书坑儒。秦三十四年（公元前213年），秦始皇为了禁止儒生以古讽今，以私学反对朝政，采纳了丞相李斯的建议，焚书坑儒。当时，除了秦史、医书、占卜书而外的书籍资料一律焚烧，在此背景下，易经因其占卜的至高地位而得以保全。第二次劫难发生在20世纪60—70年代，新中国建立后发生了史无前例的"文化大革命"。从意识形态上，"文革"的矛头直接对准了儒家文化，对准孔子。国学被弃，易经被当作迷信书籍遭到焚毁。"文革"虽然已经过去40多年了，但经历过文革冲击的人仍谈易色变。焚书坑儒的冲击，"文化大革命"的影响，从正反两方面加强了易经在人们心中占卜术的印象。最后，易经的传播。易经，作为大智大慧之书，最初只在宫廷之中流传，是天子的专供之书，王公大臣难一睹真容，至春秋末期，才流传民间。西汉时期，汉武帝的罢黜百家独尊儒术政策，使易经成为学堂的教科书，并被推崇为六经之首。孩子进入学堂，就开始学易经。学童不仅学易理，还进行占卜实践。由此，易经占卜地位扎根于人们头脑之中。尤其是，以易经为蓝本，易学家从多种途径探索占卜之术，如奇门遁甲，梅花易数，风水等，奠定了易经的占卜术学术基础。当代，在百花齐放百家争鸣的文化环境下，破除禁锢，中国学者大兴易学研究，每年关于易经占卜方面的研究不断涌现；不仅如此，网络上周易算命火爆，以经营为目的的周易起名、预测等门市房出现，更加夯实了易经的占卜地位。

易经是不是占卜之书？历代象数学派的易学家笃信易经的占卜功能，如汉代的焦延寿、京房，宋朝的陈抟、绍雍，尤其是最具代表性的人物，南宋大学者朱熹，曾将《易经》定义为"易乃卜筮之书"。而义理学派的易学家虽然原则上赞同易经具有卜筮功能，但更倾向于认可易经所具有传输天道、地道、人道的功能，如王弼、胡瑗、程颐、杨万里等。义理派的兴盛，使易经被认为是高层次的哲学书籍。当代学者王春永先生认为，易经有四项功能，即以卦、爻辞的内容指导人的思维和言说；以卦变、爻变的规律指导人们的行为；以卦象作为人们制作器物的依据；以占卜结果稳定疑惑不定者的心思。占卜只是其中的一项功能，排名靠后。更有大胆者认为，易经是科学宝典，是至高至深的哲学书籍，是医书，是兵法等。那么易经到底是不是占卜之书，争论之声从未停止。

但是，稍加思考就能断定，将易经定义为占卜书，实在是对易经的亵渎。因为区区一个占卜之书，不可能对中国传统文化产生颠覆性的影响，成为万经之源，流传至今。易经对中国传统文化的影响是巨大的，包括对道教、儒家思想、中医、文字、数术、哲学、民俗文化等。易经的阴阳学说，天人合一思想，天道、地道、人道规律，对道家影响深远，是道家学说的思想根基，被道家崇为"三玄之一"。易经也是儒家中庸之道、仁义礼智信、三纲五常等思想的重要来源，被儒家尊为"群经之首"。《易经》阴阳学说是中医阴阳学说的基础，中医经典著作《黄帝内经》来源于易经。此外，易经对军事、武术、建筑、天文等多领域方面都非常大的影响。易经的影响无处不在，是世界上传承完整、绵延不绝、生生不息的文化活化石。

二、易经适宜指导中国生态经济实践

随着城市化与工业化进程的加快，中国生态环境持续恶化，制约经济的又好又快的发展。为此，党的十八大把生态文明建设，建设美好中国作为重要内容写入《报告》及党章之中，足见中央领导层对生态环境修复的重视程度。然而，促进生态文明建设，制定适合中国的生态补偿政策，需要一部适宜于中国实践、易于被中国民众接受的生态经济学理论书籍。通常学术界认可的生态经济学，是在西方绿色运动背景下产生的，如可持续发展理论，低碳经济理论，生态补偿理论等，其文化细胞带着西方人固有的色彩，不能生搬硬套地全盘端来。易经中的生态经济运行规律之道，天地人和合之道，以及危机化解之道等，说明它是一部中国人的生态经济学典籍。中国人，具有独特的思维与思考问题、行为处事方式。指导中国生态经济实践需要具有本国特色的生态经济理论，易经是适宜指导中国生态经济实践的生态经济典籍。

易经的天人合一核心思想，天道地道人道思想，以及敬天尊地的行为规范，阴阳和合思想，中国人最熟悉，甚至早已经融入骨髓，生活的方方面面能找到踪迹。即便没正式研读易经，也在有意无意地运用其理论。诚如孔子所言，人们对《易经》是"日用而不知"。更何况，中国对《易经》的研究已经成为一种专学——易学，其历史悠远。易学曾经被当成中国哲学被传播，其完整的哲学体系由易道、易德、易术三部分组成。易道是易学体系的宇宙本体论，即世界观。易德是易学体系的社会人生价值论，即价值观。易术是易学体系的辩证方法论。宇宙观、世界观代表哲学的最高层面，是中华民族智慧的代表。价值观代表道德精神层面，是中华民族道德精神的体现。方法论代表逻辑思维层面，是中华民族辩证思维的结晶。《易经》序中有云："易之为书，卦、爻、彖、象之义备，而天地万物之情见。圣人之忧天下来世，其至矣！先天下而开其物，后天下而成其务，是故极其数以定天下之象，着其象以定天下之吉凶。六十四卦，三百八十四爻，皆所以顺性命之理，尽变化之道也。"告诉人们，把变化之道写成书，是期望人们了解客观事物的变化规律，在人们碰到客观事物变化而形成忧患之时，能够"先天下而开其物，后天下而成其务。"

三、确立易经在生态经济理论中的学术地位

早在七千至一万年前，我们的祖先就用易经古八卦图、64卦的方式，构筑了极具科学性、极具逻辑性的生态经济理论框架。其内容体系中，不仅核心思想与现代生态经济学一致，更令人称奇的是，有些用词竟然与现代生态经济学极其吻合，如节卦的"节"与当代的资源节约，节能减排意思一致，字也一致；革卦的革，竟然是变革旧有规则建立新体制的意思，这与当今倡导的生态保护、补偿的体制改革，机制创新如出一辙；恒卦的核心，与可持续发展理论吻合。我们在拍案叫绝的同时，不免肃然起敬，感叹祖先的智慧，钦佩祖先的前瞻性，更感恩祖先为我们留下的珍贵文化遗产。

可以说，西方现代生态经济学的产生，是在生态危机全面爆发制约了经济系统发展的背景下，为了解除生态约束，实现经济系统的持久发展而不得不进行的开创性研究，具有时间上的滞后性与态度上的被动性等特征。与之不同的是，大智大慧的中国先祖，似乎早就知晓，要促进经济的兴盛发展，需先了解经济圈所依赖的生态系统的运行机理与规律，据此制定经济发展战略，才能促进生态经济系统和谐有序发展。为此，他们前瞻性地将经济系统主动纳入生态系统，站在生态经济巨系统的高度，采用独特视角，独特语言描绘生态经济系统，最后得到的生态经济理论框架竟然与现代生态经济学有异曲同工之妙，令人感叹。

然而，文献表明，易学界却缺乏对易经的生态经济思想的挖掘，从而一方面使现代生态经济学缺乏中国国学渊源，成为国外的专学；另一方面使易经在大多数场合流为占卜之术而受到自然科学及社会科学界的排斥，其生态经济理论的学术价值被埋没。研究发现，易经是先贤通过阴爻、阳爻的组合图阐述天、地、人的生态经济巨系统运动规律，告知人类生态系统有哪些可用的资源，教化人类如何节约使用资源等的一部有着完整逻辑框架的生态经济理论专著。正如中国天文学家刘子华所说，八卦描述了宇宙学理与天文事实；易学家秦贵森先生指出，易经是揭示太阳系、地球形成的典籍。《易经与生态经济》通过64卦的生态解析，还原易经的生态经济学科学原貌，揭示中华生态文明渊源，开拓易经研究新领域，实现易学研究的重大创新。

现代学者对于易经的认知有些已经脱离了玄学的表层，而深入到易经的科学本质，如从天文学、管理学、现代地理学视角展开对易经的研究。德国哲学家黑格尔认为《易经》代表了中国人的智慧，是通过图形勾勒阐述的人类行为理论。瑞士哲学家荣格认为，现代科学所得出的定律常常是短命的，或被后来

的事实所推翻，唯独中国的《易经》亘古常新，相距六千年之久，依然具有价值，与最新的原子物理学有颇多相同的地方。可喜的是，近年来，一些学者尝试性地用易经的理论探索现代生态学理论渊源，如可持续发展理论、生态文明理论等，推动了生态经济学的发展。但是，当前的研究成果不仅稀少，还缺乏研究的系统性，不足以"搬开"罩在易经头上的占卜、迷信的妖魔化帽子，使其成为生态经济学的国学基石。

　　鉴于此，笔者在前人研究的基础上，通过对易经 64 卦的逐卦解析，卦序重组、论证，终于将其逻辑结构严谨的生态经济框架挖掘出来，将古代先贤拟告知后人的生态经济理论文化遗产线路图清晰地勾勒出来，确立了中国易经在生态经济学界的地位。中国有自己独到的生态经济学，有大智大慧站位更高、视角更广的易经生态经济学。

第二章　生态经济周期篇

现代生态经济学表明，生态经济系统的核心是经济系统，经济系统的核心是人。有人，才有经济系统，有经济系统才有生态经济系统。因而，生态经济系统是以经济系统为前提，是经济系统与生态系统由物质能量交换结成的复合系统，有成长历程，并经历周而复始的发展周期。

伏羲氏、周文王等大智大慧的先祖，通过对宇宙自然的长期观察，对人类成长历程的考量，对生态经济系统的周期发展进行了前瞻性的预测。易曰："有天地然后万物生焉"。认为，人是天地的产物，抑或说是生态系统的产物，晚于生态系统的出现而出现。先祖观察，人，作为个体的、抽象的人，从诞生到衰亡，顺次经历婴儿期、幼儿期、少儿期、少年期、青少年期、青春期、青年期、中年期、壮年期与衰落死亡期的生命周期。意识到，由人创建的经济系

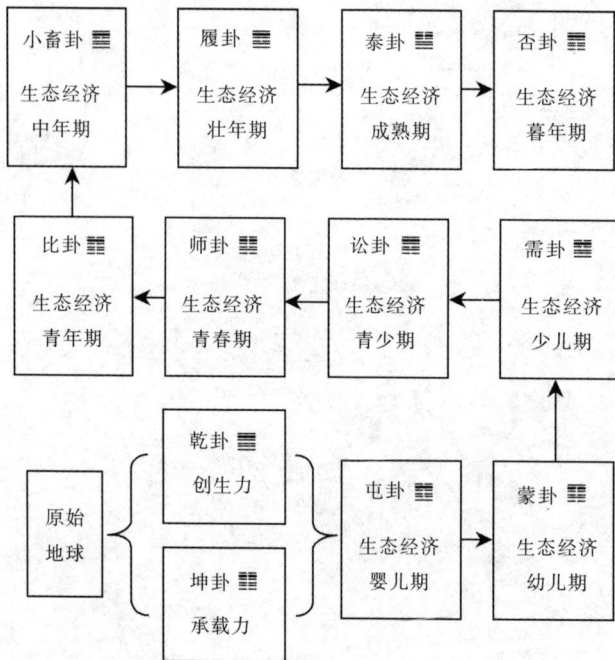

图 2-1　生态经济系统周期演变

统，并耦合而成的生态经济系统，必将与人类的发展历程类似，围绕一个趋势线，经历从创建，到起飞、繁荣高涨、衰落、从再创建，到再繁荣、再衰落的周而复始的周期发展过程。于是，先祖用乾卦、坤卦、屯卦、蒙卦、需卦、讼卦、师卦、比卦、小畜卦、履卦、泰卦、否卦描述生态经济周期发展过程、特征，目的是揭示生态经济发展规律、变化机理，告示后人，处于不同发展阶段，如何顺应自然才能改善境况，趋吉避凶，实现既定条件下最优的道理。如图 2-1 所示。

先祖用 12 卦描述了经济系统由小到大的发展过程，易经生态系统如何从空的世界变成满的世界，超越承载限度可能遭遇的危机。如图 2-2 所示。

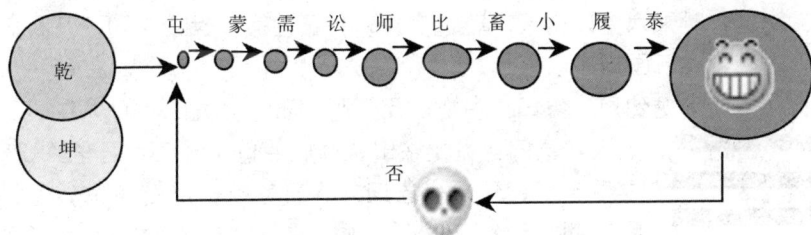

图 2-2　12 卦的生态经济系统周期表示

1. 乾☰——生态之父：天

卦辞：元、亨、利、贞。

象曰：天行健，君子以自强不息。

彖曰：大哉乾元，万物资始，乃统天。云行雨施，品物流行。大明终始，六位时成，时乘六龙以御天。乾道变化，各正性命，保合大和，乃利贞。首出庶物，万国咸宁。

爻辞：初九：潜龙勿用。象曰：潜龙勿用，阳在下也。九二：见龙在田，利见大人。象曰：见龙在田，德施普也。九三：君子终日乾乾，夕惕若厉，无咎。象曰：终日乾乾，反复道也。九四：或跃在渊，无咎。象曰：或跃在渊，进无咎也。九五：飞龙在天，利见大人。象曰：飞龙在天，大人造也。上九：亢龙有悔。象曰：亢龙有悔，盈不可久也。

乾卦六爻的生态内涵

乾：天，大气圈，太阳系，宇宙。乾卦，古人用以告示"天"的形成过程、天在生态系统中巨大的创生力，天的运行规律等问题。乾卦的六爻，古人描述宇宙及太阳系形成过程及演化规律。

初九：宇宙星际气体云，如一条巨龙，正潜伏于水底，蓄势待发。九二：星际气体云在引力作用下，逐渐演化成九大行星，如苍龙般横卧于田野，围绕并仰望着原始太阳（大人）。九三：九大行星在黑暗中整日勤恳运行，时刻保持警惕，规避在自身形成中可能遭遇的各种风险。九四：在太阳未成熟之前，行星在漆黑的深渊里飞行；由于各行其道，不会有相互撞击的危险。九五：太阳终于诞生了，九大行星围绕太阳旋转，形成了稳定的太阳系，宇宙天体有序运行。上九：盛极必衰，一旦太阳系达到全盛期，就会出现拐点，太阳将演变成红矮星，体积不断增大，最后吃掉行星，太阳系解体，灾害来临。

生态原理：天的创生力与天道

乾卦，描述天体的形成，天的巨大创生力，天的运行大道等。乾卦所蕴含的理论与现代生态经济学中天体生态理论相吻合。

天的构成。广义的天，是指地球表面以上的物质，包括大气层、地月系统、太阳系、银河系及河外星系等宇宙空间。大气层，是包裹地球的平流层、对流层、中间层、热层、电离层、外大气层的简称。地月系统，是月亮围绕地球旋转形成的系统。太阳系是以太阳为中心的行星系统，包括水星、金星、地球、火星、木星、土星、天王星、海王星、冥王星等。银河系是太阳系所在的恒星系统。河外星系，就是无数类似银河系的宇宙天体。

天的巨大创生力。天，具有生态系统发生、发展所需的不可或缺的资源，如气候资源、太阳能、大气、臭氧、氧气、二氧化碳等。在生态系统中，太阳为地球提供99％以上的能量，有规律地形成春夏秋冬四季，天与地进行质能交换，产生巨大的无与伦比的创生力，把天推上了生态之父的地位。对流层的气候自然力，使地球生命繁衍生息；臭氧层，使地球生命免遭紫外线的灼伤，起到保护伞的作用；空气中的氧气、二氧化碳为生物圈提供呼吸用的气体。大气中的平流层为飞行提供载荷力；热层为人们提供通讯力。太阳具有能量辐射力、热力和推动力等自然力，它还是绿色植物光合作用的动力。没有天，就没有地，没有地就没有生态系统。天，是生态系统的根本源泉。

天的生态规律。万有引力定律揭示了天体运动规律——银河系、太阳系、地月系统按照固有轨道有序运行。物质与能量交换遵循质能守恒定律等。天的生态规律，在易经中被称为"天道"。天道，主要阐述的思想是：顺天道，得天庇佑；逆天道，受天惩罚。天之庇佑，是天发出来的正向自然力，即巨大的创生力规律；天之惩罚，则是天的报复力规律，表现为气候灾害、陨石灾害、太阳黑子等天灾。

乾卦的生态解析

乾卦的产生背景。乾卦的产生基于古人对宇宙天体的观察、分析与理解，对宇宙天体在生态经济中至高至尊地位的认同，以及对其巨大创生作用的敬畏。古人用乾与乾相叠形成乾卦，告知后人天的生态之父作用，天道，天的形成机理与过程。

乾，天。乾，在生态经济圈中有多种象征，如天、马、雄性物种、金属，在家庭代表父亲，在经济圈则代表至高无上、具有创新精神的领导。乾，在生态系统中代表天。乾卦以"龙"为象，把初九的"潜龙勿用"比喻为幼小的宇宙星云团，经过九二、九三、九四的能量积蓄，最终到达九五，用"飞龙在天"象征星云团大爆炸后形成的宇宙天体格局。

乾，巨大的创生力。天体，有不可或缺的生态资源，如太阳、大气等。这些生态资源有无与伦比的巨大创生力（自然力）。"元亨利贞"为乾之四德，核心就是一个"生"字。《系辞》曰："天地之大德曰生。"乾为天，为阳性，具有主动的创生力。生态系统中的任何物体，由于乾的创生力而留下"乾"的基因。没有乾，就没有万物。元者，万物之始；亨者，万物之长；利者，万物之遂；贞者，万物之成。乾卦整体解析生态经济系统在"乾"的创生力下，从胚胎、到诞生、到发展、到繁荣的过程。乾是生态之父，"夫乾，其静也专，其动也直，是以大生焉"。在经济系统中，"乾"是追求经济发展的拥有百折不挠、自强不息精神的父亲、企业家与高层领导，正如《象》所言："天行健，君子以自强不息。"

乾，天道。乾，作为宇宙天体，有其独特的运行之道，即天道。天道，简言之就是天体运行规律。易经中天道的内涵异常丰富，如主宰、创生、启示，甚至审判等。乾以其自身的运行法则，对宇宙万物起着主宰作用，对生态运行起掌控作用，决定着经济系统的繁荣甚至衰败。乾卦启示，只有"与天地合其德，与日月合其明，与四时合其序"，顺应天的运行规律，遵守天地运行大道，才能得到天的庇佑。"天之所助者，顺也"。天，拒绝忤逆。忤逆，天则实施惩罚，引致经济衰败。

案例与启示：宇宙大爆炸

案例：天是如何形成的？中国自古有盘古开天辟地之说：最初天体为混沌一团，漆黑一片，形如鸡蛋。盘古用巨斧劈向"鸡蛋"，轰隆一声巨响，清者上升为天，浊者下降为地，于是，宇宙生态形成了。与盘古开天辟地神话传说类似的是天体形成假说，即宇宙大爆炸理论。比利时物理学家乔治·勒梅特认为，在大约150亿年前，宇宙物质高度密集，由于高温，不断膨胀。当温度达到一定程度后，宇宙物质"暴胀"，发生巨大爆炸。爆炸使宇宙在刹那间扩大了若干倍，温度随着爆炸迅速下降，能量转换成物质，宇宙空间逐渐透明，形成化学元素。10亿年后，宇宙星系和类星体诞生，星系团和超星系团形成。90亿年后，太阳及天王星、海王星、冥王星、金星、木星、水星、土星、地球陆续形成，于是，太阳系诞生。太阳系的诞生，标志着天的形成。

　　启示：易经用乾卦六爻如"潜龙勿用"，"见龙在田"，"终日乾乾"，"或跃在渊"等所揭示的宇宙天体形成机理，与盘古开天、宇宙大爆炸理论有异曲同工之妙，说明中国古代先贤早就对天体生态的产生做了深厚的研究。不仅如此，他们还深刻总结了天之创生大德、天之运行之道。乾卦，对中国合理运用天的自然力，避免天灾具有重大启示意义。其一，"大哉乾元，万物资始，乃统天"。深刻认识到，"天"是生态经济系统运行的根本动力源泉，要善用天的自然力，敬天、爱天。太阳为地球生态提供99％以上的能量，没有太阳就没有地球生态。没有地球生态，就没有人。没有人，就没有经济系统。我们要深刻认识天的巨大创生作用，要善用天的自然力——提高科技水平；要敬天——补偿天的支付成本；要爱天——不过度利用天的净化能力。其二，"乾道变化，各正性命，保合大和，乃利贞"。遵循天道，坚决杜绝"人定胜天"的错误做法，要制定遵天道框架下的经济机制与对策，减少大自然的报复。其三，"潜龙勿用"。中国作为发展中国家，要低调做事，闷头建设。其四，"天行健君子以自强不息"。天道酬勤，要勤于生态建设，要勇敢面对生态挑战。

乾卦：宇宙的生成及运行规律　天为万物之父

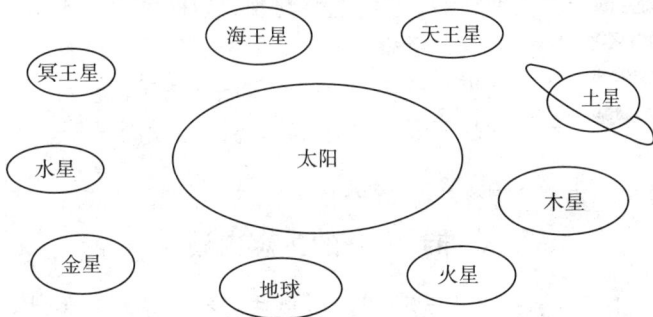

2. 坤☷——生态之母：地

卦辞： 元亨，利牝马之贞。君子有攸往，先迷，后得主，利。西南得朋，东北
　　　　丧朋，安贞吉。

象曰： 地势坤，君子以厚德载物。

彖曰： 至哉坤元，万物滋生，乃顺承天。坤厚载物。德合无疆。含宏光大，品
　　　　物咸亨。牝马地类，行地无疆。柔顺利贞。君子攸行。先迷失道，后顺
　　　　得常。西南得朋，乃与类行。东北丧朋，乃终有庆。安贞之吉。应地无疆。

爻辞： 初六：履霜，坚冰至。象曰：履霜坚冰，阴始凝也。驯致其道，至坚冰
　　　　也。六二：直方大。不习无不利。象曰：六二之动，直以方
　　　　也。不习无不利，地道光也。六三：含章可贞。或从王事，
　　　　无成有终。象曰：含章可贞，以时发也。或从王事，知光大
　　　　也。六四：括囊，无咎，无誉。象曰：括囊，无咎，慎不害
　　　　也。六五：黄裳，元吉。象曰：黄裳，元吉，文在中也。上
　　　　六：龙战于野，其血玄黄。象曰：龙战于野，其道穷也。

坤卦六爻的生态内涵

　　坤，为柔顺，为承载，为地球，为地球生态。易经用坤卦，阐释地球
生态的形成过程，功能以及运行规律，即地道。坤卦六爻，主要描述地球
生态演化从初级到成熟到衰落的过程。

　　初六：原始地球经过散热冷凝，由最初的炙热状态固化成比较稳定并
围绕太阳旋转的行星。至冰河期，地球被冰川包围。六二：地球形成初期，
地面广阔无垠，四处光秃秃的，没有边际，没有生命。六三：顺应天的运
行规律，并与天合德，地球形成了适宜生命存在的岩石圈、水圈、生物圈，
使万物化生。六四：地球无声无息，无怨无悔地孕育并承载万物。六五：
顺天道，承地道，天地和合，地球终于有了黄色金秋。上六：地球发展到
极致，由顺应转为忤逆，与天不交，则地球自然灾害发生。

生态原理：地的承载力与地道

所谓地，就是地球生态。生态经济学讨论的地球生态、地球承载力以及地球生态运行规律，与易经中的坤卦生态理论相吻合。

地球的构成。地球是太阳系的古九大行星之一，是生态经济系统的载体。地球内部有三个同心层：地核、地幔和地壳。地壳分布着岩石圈、水圈与生物圈。地球与天相连，生态经济系统处于天地之间。

地球的承载力，孕育力。在岩石圈、水圈与生物圈之中，有着生态经济系统生成、存在与发展所需的生态要素。岩层圈中有矿物资源，有耕地，有地热资源等，水圈中有淡水资源、咸水资源，有海洋资源等；生物圈中有植物资源、动物资源、微生物资源等。在生态经济系统中，地球自然力可概括为承载力，即大地养育、支撑生态运转的能力。与天体相比，大地具有柔顺的特征，如慈母般哺育儿女，因而其承载力，也叫孕育力。如土地，具有强大的生物生产能力，在经济中形成土地承载力；水，对动植物及人的生命起到强大的支撑作用，没有水的承载力，生命将不复存在；矿产资源中的铁、锰、铜、石油、天然气、煤炭，支撑着经济系统中的工业、农业、服务业的存在与发展，形成矿产承载力。生物圈中的森林、微生物、动物、植物资源，对于医药业、农业、工业发展起到承载作用，形成生物承载力。没有地球承载力，经济系统就不能存在，不能发展。需要注意的是，地球承载力或孕育力的存在，是以与天的紧密配合与合作为前提的，没有天，地的孕育力就将消失。

地球的生态规律。地球的生态规律，在坤卦中被称为地道。地球在生态经济系统中，具有生态平衡规律、生态位规律、自然力递减规律、沙漏（热力学第二定律）规律、自然力报复规律、对立统一规律、盛极必衰规律等。值得一提的是，虽然地球有着强大的承载力，但超越地球承载，地球生态就会发生巨变，不利于经济的发展。洪水泛滥、虫灾、疫情、土地沙漠化、石油枯竭等就是地球生态对经济系统的报复。

坤卦的生态解析

坤卦的产生背景。古人在生态经济实践中，对生态经济的载体，地球是如何产生的，主要作用力是什么，主要规律有哪些，地球与天体之间的关系，对生态经济系统有怎样的影响等问题产生了浓厚的研究兴趣。为了给后人留下科研成果，增强后人保护地球的生态意识，他们用坤卦阐释了有关地球生态的问题。坤，有多种象征。代表地球、牛、雌性物种、母亲。但，坤，主要代表生态系统中的地球及其固有的承载力或孕育力，坤还代表地道，即地球生态运行规律。

坤，地。坤卦，用两爻表示了地球生成线索。把初六的"阴始凝也"比喻为地球初始时星云团凝结在一起的状态；经过能量集聚就到了六二的"直方大"。宇宙大爆炸后，地球成为庞大的独立星球。地球诞生后，她以太阳（乾）为中心，按固有轨道运行，就成了六三的"或从王事"。坤与乾交合后，无怨无悔地孕育着地球生态经济系统，即九四的"括囊，无咎，无誉"。上百亿年的辛苦孕育一朝分娩，最终到达六五，"黄裳，元吉"。元吉，确立了坤，即地球母仪天下的至尊地位。

坤，地球承载力，孕育力。坤，有至柔、至顺、至忍受、至厚德的特征。与乾的刚健、统领、主宰相比，坤的这些特征，使她居于被动、承载的地位。"坤厚载物"，"德合无疆"。坤，用其自身的能量承载着生物圈、水圈、岩石圈及经济圈，使马、牛、羊、鸡、犬、豕，稻、粱、菽，麦、黍、稷等生物世界有序发展，使江、河、湖、海川流不息，使耕地、草原、矿山按照正常规律新陈代谢。地道柔顺，性顺而体厚，含弘以内敛，顺承天道，负载万物，滋养万物，使万物呈现出一片繁荣祥和的景象。尤其是，坤做为地球，做为大地，是以人为核心构成的经济圈家园。没有坤至柔至顺的承载，生态经济圈就不能存在。坤，为生态之母。正所谓"地势坤，君子以厚德载物"。

坤，地道。坤遵循"地道也，妻道也，臣道也"的生态规律运行，"至哉坤元，万物滋生，乃顺承天"。但，地球也有报复性规律。

案例与启示：地球生态发展史

先祖用坤卦描述了地球的形成，地球的孕育力及地道。现代科学以及无数的生态经济学案例验证了先祖的大智大慧。

案例：坤卦用简单的几个爻，描绘了地球的形成。现代科学表明，地球大约形成于46亿年前。初始温度较低，物质处于固态。随着地球内部增温，熔融物质出现，在重力作用下，液态的铁流向地心，形成地核。温度下降，地幔表层凝结为原始陆核，进一步增生、扩大形成地壳，地壳和上地幔顶部组成了地球岩石圈，一个具有分层结构的地球逐渐形成。经过早期分异阶段，原始大陆发育，大气和海洋逐渐形成。地球在经历了太古代、元古代、古生代、中生代和新生代之后，形成生物圈、岩石圈与水圈，如在太古代时期形成了铁矿，中生代时期形成了金属矿藏，古生代和中生代的大量植物和动物遗骸变成了煤田和油田。

启示：坤卦对中国生态经济建设具有重要启示作用：其一，"地势坤，君子以厚德载物"。要深刻认识地球生态的战略意义，以厚德回报地球生态的养育之恩。威廉·配第有一个著名的论断："土地是财富之母"。该论断与易经坤卦主旨思想之一如出一辙。我们要认识到，地球为经济系统提供了大量生产要素，是自然财富与人工财富的源泉。没有地球，就没有经济系统。因而，要保护地球生态，要反哺地球生态。其二，"地道"。要按照生态规律行事。地球生态最大的规律是"柔顺"，即按照天的规律办事，厚德载物。坤卦告示，要得到生态系统庇佑，就要遵循自然规律。利用地球资源，不可拔苗助长，不可耗竭性使用。因为，对于经济系统，从大尺度的地质时间角度，有些资源如石油、煤炭属于可再生资源，但是对于人类而言，没有意义。其三，"括囊，无咎，慎不害也"。要给后人留下青山绿水，不要超越地球承载限度，否则受到地球生态要素短缺的制约，就会引发经济危机。超载利用地球资源，会引发自然力递减规律、自然力报复规律、沙漏规律，也就是熵增加规律、生态位错位规律等发生。

坤卦：地球的生成及运行规律 地为万物之母

3. 屯☰☳——经济婴儿期：生态险境

卦辞： 元、亨、利、贞。勿用有攸往，利建侯。

象曰： 云雷屯，君子以经纶。

象曰： 屯，刚柔始交而难生。动乎险中，大亨贞。雷雨之动满形，天造草昧。

爻辞： 初九：磐桓，利居贞，利建侯。象曰：虽盘桓，志行正也。以贵下贱，大得民也。六二：屯如邅如，乘马班如，匪寇婚媾。女子贞不字，十年乃字。象曰：六二之难，乘刚也。十年乃字，反常也。六三：即鹿无虞，惟入于林中。君子几，不如舍，往吝。象曰：即鹿无虞，以从禽也。君子舍之，往吝穷也。六四：乘马班如。求婚媾，往吉，无不利。象曰：求而往，明也。九五：屯其膏，小贞吉，大贞凶。象曰：屯其膏，施未光也。上六：乘马班如，泣血涟如。象曰：泣血涟如，何可长也。

屯卦六爻的生态内涵

屯，嫩芽，艰难。屯卦，描述经济系统创始时期将面临的艰难险境。告示，不可急躁冒进，要固守，要大搞内部建设，要积蓄力量，努力成长。

初九：生态经济始创阶段，无应对恶劣环境的能力，应固守、闷头搞基本建设。六二：骑乘盘亘不前，婚配受阻，说明经济发展面临重重困难。此时，应坚守正固之道。六三：无向导，追逐小鹿至密林深处，迷失方向。说明，经济发展面临无向导，无路径的险境，与其到外面拓展，不如搞内部建设。六四：乘马徘徊，婚配顺利。说明，经济发展的境况有所改善。九五：经过国内建设，财富小有积累。此时，仍要稳健行事，适度上些小项目，不能冒险上大项目。上六：虽然小有积蓄，但若大张旗鼓地、盲目地到外面拓展，定会碰得头破血流，遭遇大的挫折，不能持久。

生态原理：婴儿期与生态困境

屯卦，揭示经济萌芽期、或婴儿期的特征、处境、出路，是生态经济周期篇的逻辑起点。生态经济婴儿期，是屯卦的主旨思想，与氏族经济萌芽阶段等相关理论比较吻合。

其一，经济规模异常小。 经济发展史表明，处于婴儿期的经济属于母系氏族后期、父系氏族萌芽阶段。所谓氏族生态经济，是指产生于旧石器时代，以血缘为纽带，最初由女性主管经济，而后由男性掌握经济权力组建的经济系统与庞大的生态系统融合而成的复合系统。氏族生态经济初期具有如下特点：氏族生态经济初期，生产工具以旧石器为主，生产力水平异常低下。劳动者以共同劳动、财产均分为特征结成原始共产主义的生产关系。该时期有简单落后的畜牧业及种植业，支撑氏族成员的基础生活。生产规模，在人类经济历史中处于最低水平。

其二，生态足迹异常小。 由于生产力水平低，人类更多地依靠生态系统提供的现成食物及简单自然资源维持生活。这一时期，经济系统小，自然资源消耗非常少，废弃物排放也非常少，生态系统显得异常庞大，人类留下的生态足迹异常小，属于最原始的低碳经济时代。

其三，经济基础异常脆弱，抵御自然灾害的能力极其低下。 生产力水平低，人们创造的财富尚不能满足所有成员的生活，生产性积累几乎为零，因而，经济基础异常脆弱。人类抵御自然灾害能力弱，对生态系统中的自然力充满恐惧，生活异常艰难。氏族公社成员少，对生物圈中飞禽猛兽没有太大的抵御能力，它们的任何袭击，都会严重威胁经济圈的发育、发展，如韩非子所言："上古之世，人民少而禽兽众，人民不胜禽兽虫蛇。"水圈中的海啸、洪水也是人类惧怕的自然力。岩石圈中的地质灾害，如火山喷发、地震都曾带给古代人类以灭顶之灾。大气圈的灾害型气候，小行星陨落是古人类无法躲避的灾害。总之，该时期，经济系统面临险象环生的环境。加强对生态的认识，才可能完成原始积累，扩大经济规模。

屯卦的生态解析

屯卦的产生背景。 没有聘礼婚配受阻、没有向导入密林走失、没有栖身之所狼虫虎豹围追堵截，诸此种种发展中的障碍，引发古人对经济发展初期如何走出困境的思考。古人用坎卦与震卦相叠形成屯卦，告示后人，经济萌芽期，不要铤而走险，要着力发展内部经济，积蓄力量。

屯，经济系统刚诞生。易经用屯卦表示乾坤始交，生态经济系统刚刚降生时柔弱无助，面临严峻的生存困境挑战时的状态。首先，从卦名上看。"屯"的殷墟文字甲骨文为"𡴁"，象征一颗刚刚破土而出，上有小小嫩茎𠂤，下有细细根须𡴁的植物。从序卦传看，"有天地，然后万物生焉。盈天地之间者唯万物，故受之以屯。屯者，万物之始生也"。告知后人，乾坤交合诞下他们的第一个孩子——经济婴儿。再次，从卦象看。屯卦上卦坎，代表水，下卦震，表示雷。预示，春雷滚滚、冰川融化、万物萌生的春天到来。并用"元、亨"，表达对经济诞生的赞赏。

屯，险象环生、危机四伏。屯，表示经济发展面临重重困难、多处陷阱、多处荆棘与多处障碍。其一，"刚柔始交而难生"。乾坤刚刚交合，缺乏磨合，生态系统尚处大震荡之中，经济发展面临火山喷发，地震，海啸，水灾，猛兽袭击等自然灾害，威胁生命及财产安全。其二，"乘马班如"。经济发展面临交通不便利，交通工具不得力的困难。其三，"即鹿无虞，惟入于林中"。缺乏经验、路径与模式，经济发展失去了应有的正确方向。

屯，要静、要守、要搞内部建设、要韬光养晦、要低调成长。外界狼虫虎豹、浊浪滔天，内在缺乏信心、缺乏技能。萌芽期的经济系统，像个手无寸铁、手无缚鸡之力的初诞婴儿，四面楚歌，四面陷阱。此时该做什么？易经告知：一是"动乎险中"。任何的"动"与"进"都会将自己送入"雷区"，是要静下来。二是"勿用有攸往"。不要受眼前利益诱惑，要守住。三是"利建侯"。身处困境，不利于远涉，易收敛内省。不要急于向外拓展，要大搞内部建设，韬光养晦，积蓄力量。四是"以贵下贱，大得民也"。将身段降下来，不要高调，要低调做事，顺乎民意。

案例与启示："三皇"的经济圈

屯卦的主旨是弱小，凶险，闭门建侯。中国经济史表明，父系氏族的经济雏形，是由伏羲氏、神农氏、女娲三皇创建的。包羲氏"仰则观象於天，俯则观法於地，观鸟兽之文，与地之宜，近取诸身，远取诸物"，用易经生态思想指导经济实践，带领百姓创建了人类社会首个经济圈。

案例：包羲氏发现草藤、幼枝韧性很强可以结网、捕鱼，优于渔叉的效率。于是他指导女性织网，带领男性捕鱼，由此开创经济系统首个产业——渔业。之后，他教授百姓捕猎技巧，捕获的动物越来越多。将剩余的动物围养起来，易于驯服的动物逐渐代替人进行劳作，帮助人们捕猎等，由此形成了畜牧业的雏形。神农氏发现，采集来的果实在适宜的环境下能够发芽，长成植物再结果实。于是他教授人们制作木质农具，开垦荒地，进行耕种，形成了种植业雏形。随着剩余农产品的增加，神农氏设立市场，促进易货贸易，形成了商业雏形。女娲补天，为早期经济圈的正常运转，抵御天灾创造了良好的自然条件。

启示：当前，中国的生态经济建设正处于起步阶段，也就是萌芽阶段，屯卦所阐释的理论具有重要启示意义。其一，"刚柔始交而难生"，万事开头难。新中国成立后，经历耗竭性使用资源的粗狂发展阶段后，人们提高了生态保护意识，正在进行改变发展方式，促进发展方式绿色化转型的起步阶段。屯卦告示了万事开头难的道理，让我们不要盲目乐观，要做好充分应对各种困难的思想准备。其二，"动乎险中，大亨贞"。除了资源短缺而外，各种自然灾害频繁发生，地震、水灾、干旱、雪灾、倒春寒等挑战生态经济建设。在大灾大难面前，我们要坚守正固，要坚定生态经济建设的恒心。其三，"利建侯"。中国的生态经济建设要走城市包围农村的发展路径。大力建设生态城市、低碳城市，着力进行老城区的生态改造，促进低碳转型。在低碳城市建设中，要勇敢地面对恶劣环境，积极探索稳定生态经济圈的知识、技能、技术，闷头大搞建设。

屯卦：经济处在婴儿期　适宜固守

我刚出生就遇到这么恶劣的环境，唉！

4. 蒙☷——经济幼儿期：生态启蒙

卦辞：亨。匪我求童蒙，童蒙求我。初筮告，再、三渎，渎则不告。利贞。

象曰：山下出泉，蒙。君子以果行育德。

彖曰：蒙，山下有险，险而止蒙。蒙、亨，以亨行，时中也。匪我求童蒙，童蒙求我，志应也。初筮告，以刚中也。再、三渎，渎则不告。渎，蒙也。蒙以养正，圣功也。

爻辞：初六：发蒙，利用刑人，用说桎梏，以往吝。象曰：利用刑人，以正法也。九二：包蒙，吉。纳妇，吉。子克家。象曰：子克家，刚柔接也。六三：勿用取女，见金夫，不有躬，无攸利。象曰：勿用取女，行不顺也。六四：困蒙，吝。象曰：困蒙之吝，独远实也。六五：童蒙，吉。象曰：童蒙之吉，顺以巽也。上九：击蒙，不利为寇，利御寇。象曰：利用御寇，上下顺也。

蒙卦六爻的生态内涵

蒙，蒙昧、启蒙之意。蒙卦，阐述经济少儿期，人类处于生态蒙昧状态，需进行生态启蒙教育的道理。

初六：对蒙昧之人进行生态启蒙教育，要设立规章制度，使之不恣意妄为。从前，放任自流，导致生态错误与损害。九二：教育者贯彻有教无类思想，远近接纳、愚痴不弃、因材施教。娶妻加以教化，育子加以教化。愚蒙小儿也有治理才能，符合刚柔相济之道。六三：羡慕表面繁华、不守生态本分、不顺应生态教育大潮之人，蒙昧至极，不予接纳。六四：受愚昧思想束缚的原因拒绝生态启蒙教育，不利于长远发展。六五：像懵懂孩童一般渴求生态知识，愿意接受教育，远离蒙昧，有好的前景。上九：对蒙昧者实施生态教育，制定严格的规章制度，规范受教育者的行为无可厚非。但提倡严而不暴，严管慈教，以便融洽教学关系，师生关系。

生态原理：经济幼儿期与启蒙教育

经济幼儿期。经济的幼儿期，时处父系氏族阶段。父系氏族阶段，经济有了一定发展，基本摆脱了屯卦阶段的生态环境困境。但此时，困扰经济进一步发展的最大问题是缺乏对生态系统运行规律的认识，人们处于愚蒙状态，畏惧自然、盲目崇拜自然、破坏自然。这一时期的本质特征是，缺乏生态知识，亟须开展生态启蒙教育。

生态蒙昧的表现。父系时代人们的生态愚昧表现在：其一，痴迷于图腾崇拜。原始人希望自己的部族繁荣壮大，于是对野生动物旺盛的生命力，征战能力产生崇拜。他们与某些凶猛动物建立想象中的血缘关系，并作为自己族群的图腾加以拜祭。其二，古人多以自然食物为食，于是对江河山川给予的原生态食物产生感念情怀。为了表达感恩之情，他们以自然物质为姓，如姓蔡（菜）、米、马、牛、朱（猪）、水、江等，进行姓氏崇拜。其三，由于生态无知，他们不可避免地对生态产生破坏。

教育缺失对经济的制约。父系氏族经济之初，劳动力的更新与壮大推动了经济规模的扩大，如农业由锄耕向犁耕过渡，由动物驯养转变为畜牧业。但是从宏观上来看，扩大经济规模的动力不足，根源在于缺乏对自然生态的正确认识，如人类对动植物迷信式的图腾崇拜，阻碍新知识、新认识的流入而间接影响经济发展；而因认知能力限制导致的生态破坏，则直接影响生态系统平衡，制约经济发展，如竭泽而渔，毁林开荒，一处超载再换另一处等反生态经济行为，强烈干扰自然界本身的物质能量流动，导致局部地区资源枯竭，影响经济发展。

摆脱蒙昧的生态文明教育。生态文明教育是跨越生态蒙昧障碍、发展经济的有效路径。画卦说、结绳说、契刻说和仓颉造字说，是中国教育兴起的标志。伏羲氏是生态文明教育的鼻祖，他将生态知识以卦符的形式表现出来，传给后人，期望人们加强对生态系统的认识。生态知识的传播，使可用资源增加，生态灾害有所减少。

蒙卦的生态解析

蒙卦的产生背景。经济圈建立不久，古人对天、地的认知能力低下、盲目崇拜与止步不前的状况没有改变，严重阻碍了经济发展。针对愚蒙问题，先贤提出来了加强生态启蒙教育的观点，并用艮卦与坎卦相叠形成了蒙卦，旨在告示后人，要摆脱生态蒙昧，唯有走生态教育之路。

蒙，经济幼儿期。蒙与经济幼儿期语境一致。序卦曰："蒙者蒙也，物之稚也"。蒙就是懵，之所以懵，是因为生态经济系统处于稚嫩期，即幼儿期。幼儿期的经济系统，面临的最大问题是：对林林总总的生态现象，生态问题，生态危险处于懵的状态，陷入"山下有险"的困境。山下之险是什么，就是蒙卦之中的蒙。蒙，蒙昧制约经济进一步发展。

蒙，生态蒙昧。蒙的首要意思是蒙昧，即在缺乏生态知识背景下，人的不当思想与不良行为后果。其一，不解生态运行机理，当止不止则为蒙。蒙卦的上卦为艮为山为止，下卦为坎为水，坎是陷阱、是危险的意思。易经告知后人"山下有险"，当止就止则为明，当止而不止则为蒙。其二，亵渎知识为蒙。不好好学习，亵渎知识也属蒙，如象曰："童蒙求我"，"再、三渎，渎则不告。渎，蒙也"。身处蒙的状态，但能"顺"应生态规律，坚守正道，则吉，如"蒙以养正，圣功也""童蒙之吉，顺以巽也"。否则，必将遭遇灾害蒙受损失。

蒙，生态启蒙。先祖用"山下出泉"，告知后人，蒙还有生态启蒙之意。为了避免生态蒙昧而破坏生态，"君子以果行育德"，对老百姓开展生态启蒙教育。蒙卦中上卦艮卦，主外，表明高山阻隔了人类生态文明发展道路。蒙卦下卦为坎，主内，代表人类世世代代积累的朴素的经验逐步汇集成智慧的清泉，促使生态文明产生并加以传承。生态文明教育，使人们能合理利用生态资源，规避生态灾难，顺利度过生态经济幼儿阶段。"利用御寇，上下顺也"，"顺以巽也"。将生态知识运用到经济实践之中，"子克家"。避免不必要的损失，经济才能发展壮大。

案例与启示：狼图腾

案例：蒙卦所阐释的愚蒙的负效应，生态启蒙教育对生态经济发展的积极作用具有普适性，相关案例比比皆是。代表愚蒙的图腾崇拜在中国古代呈现三大发展阶段：第一阶段，氏族直接认同某一动植物，崇拜它们，与它们建立幻想中的血亲关系；第二阶段，在人兽同祖观念上建构半人半兽的图腾形象；第三阶段，图腾被综合化、艺术化，演变成某一民族的文化象征。草原上的霸主——狼，是很多游牧民族崇拜的对象。在文明未开化之时，原始人崇拜狼强大的力量、种群繁衍的能力以及集群而居、团结合作、协同捕猎的精神。他们把狼想象成保护神，于是产生狼图腾崇拜。史料记载，突厥民族有些人把狼当成无所不能的天。有些人认为他们是匈奴公主与狼的后代，视狼为祖先。也有人认为他们是母狼阿史那哺育长大成人的弃婴，敬狼如慈母。

　　启示：当今中国，生态环境恶化趋势明显。根本原因是，人类缺乏生态文明意识，处于高度生态愚昧状态。蒙卦对中国实施生态文明教育具有重要启示作用。其一，"童蒙之吉，顺以巽"。有些人对宗教笃诚、对动植物深切热爱，有童蒙之象。看似缺乏生态知识，但能崇拜自然，顺应自然规律行事，这类蒙昧不仅不会超越自然承载，不会陷入自然报复之中，相反会得到天时、地利。政府不必干预，这类对自然的简单崇拜不会造成对自然的损害。其二，"发蒙，利用刑人，用说桎梏"。促进生态文明，需要进行生态教育机制设计，设计奖罚机制。将生态教育融入教育规划之中，使国人尽快走出蒙昧。其三，"包蒙"。要贯彻有教无类的生态教育理念，设计从幼儿园到小学、中学、大学、到成人的系列生态教育课程，培育生态文明潜质。蒙卦的另一大类佐证案例是教育在经济发展与生态文明中的作用。当代生态经济实践表明，教育越发达的国家，经济越繁荣，生态越好，如美国、日本等，相反，教育资源匮乏的国家，往往经济发展落后，生态环境破坏严重。

蒙卦：经济处在幼儿期　启蒙教育

5. 需☵——经济少儿期：生态需求

卦辞： 有孚，光亨，贞吉。利涉大川。

象曰： 云上于天，需。君子以饮食宴乐。

彖曰： 需，须也。险在前也。刚健而不陷。其义不困穷矣。需，有孚，光亨，贞吉。位乎天位，以正中也。利涉大川，往有功也。

爻辞： 初九：需于郊，利用恒，无咎。象曰：需于郊，不犯难行也。利用恒无咎，未失常也。九二：需于沙，小有言，终吉。象曰：需于沙，衍在中也。虽小有言，以吉终也。九三：需于泥，致寇至。象曰：需于泥，灾在外也。自我致寇，敬慎不败也。六四：需于血，出自穴。象曰：需于血，顺以听也。九五：需于酒食，贞吉。象曰：酒食贞吉，以中正也。上六：入于穴，有不速之客三人来，敬之终吉。象曰：不速之客来，敬之终吉。虽不当位，未大失也。

需卦六爻的生态内涵

需，有弱、待、求之意。需卦，以战争为例，阐释身处少儿期的经济体，面临经济基础不牢、外界险象环生的压力，等待时机、步步为营、挖掘资源、开采资源，满足成长需要的道理。

初九：眼睛瞄准境外，在境外等待与探寻采掘、开垦与捕获生态资源的时机，贵在有持之以恒的精神。九二：在沙滩上等待与探寻石油、矿藏等生态资源的时机，有一定的难度，但只要勇于进取，最终会有好的收获。九三：在湿地中等待、探寻水资源的时机，可能招致危险，谨慎而为，会化险为夷。六四：到生物多样性巢穴中等待机会，面临血雨腥风，凶险无比，顺势而为，就会逢凶化吉。九五：在饮食中获取能量等待机会，坚守正道，就能成功。上六：到资源集中地获得所需资源，遇到了多种意想不到的、陌生的生物，要谨慎、敬重待之，没有灾祸。

生态原理：经济少儿期与生态需求

经济少儿期。生态经济体经历屯卦：人对生态异常畏惧，不外出，闷头"建侯"，蒙卦：人对自然顶礼膜拜，经过生态启蒙教育之后，进入较为快速的发展轨道。随着经济体的膨胀，对生态资源的需求不断增加，于是产生探寻资源，扩展资源渠道，到危险地带寻找资源的刚性诉求。

生态要素。生态要素是指人类生存发展所需要的一切物质的、非物质的生态资源，包括人类生存所需的自然物质，如光、温、水、气、土壤、动植物等，也包括人类发展所需要的各种资源能源，如矿产资源、火力能源等。生态要素具有边界性、稀缺性、动态性、区域性、联系性等特点。生态要素按照存在的形态分为土地要素、气候要素、水要素、生物要素、矿产要素、环境要素等；按照再生性分为可再生要素和不可再生要素；按照产权归属分为公权要素和私权要素。

要素需求。生态要素是财富的源头，更是农业、工业、建筑业、交通运输业以及服务业得以发展的根基。所谓生态要素需求，是指经济体在一定时期内，在各种可能的价格下，愿意且能够购买的生态要素的数量。该需求是建立在经济体购买意愿与购买能力一致基础上的有效需求。包括：消费者对生态要素的需求，即为满足自身需要的直接需求；生产者对生态要素的需求，即以利润最大化为前提，为满足消费者消费需求的间接性需要；政府对生态要素的需求，如政府进行基础设施建设、国防建设等；国外对本国生态要素的需求，如对煤炭、石油、稀有战略性资源的进口需求。因而，一个社会生态要素的总需求，是消费需求、生产需求、政府需求、国外需求之和。在生态经济发展的初期，农业的发展速度最快，规模最大，且对生态要素的需求处于刚性阶段，需要多种多样的生态要素投入，如气候要素、土地要素、生物多样性要素、水要素、环境要素以及人力要素。随着经济的发展，经济体对生态要素的需求有不断增加的诉求。这要求政府要增加要素开采能力，以满足需求。

需卦的生态解析

需卦的产生背景。经济体的壮大，要靠源源不断地投入生态资源做养料。古人发现，刚创建的经济体，非常赢弱，要夯实经济基础，则需大量的生态资源。如何伺机而动，到危险地带探寻、捕获资源？古人用坎卦与乾卦相叠而成需卦，告示后人要静待时机，合理获取生态要素。

生态经济少儿期。在甲骨文中，"需"与"儒"与"乳"字相同。告知后人，生态经济的发展正处少儿阶段，筋骨不强壮，肌肉不发达，需要培育、养育，刚性需求是主旋律，即"物稚不可不养也，故受之以需"。在篆文中，"需"为"雨"与"而"的组合。需，雨而，即"一切需要不过及时雨而已"，表明生态经济属于农耕文明阶段，属于雨养农业。

以需求为主旨。先祖用坎乾组合，勾画了"云上于天""密云不雨"的景象。阐述了人间"需"要雨水，天上"需"要长风摧云布雨的道理。为了进一步强调"需"的核心地位，在爻辞中进一步强调"需"的主旨，如"需于郊"；"需于沙"；"需于泥"；"需于血"；"需于酒食"。

对物质形态生态要素的需求。古人早就了解到，经济系统是一个非闭合的生态系统的子系统。一端对生态要素有刚性需求，以便输入物质能量，进行物质生产；另一端对生态系统代谢的废弃物有消纳的刚性需求。对生态经济少儿期，如先祖用上卦坎表达农业对水的需求，"需者，饮食之道也"。用下卦乾表达对宇宙天体的空气、阳光、风等气候资源的需求，用两个互卦离卦与兑卦表达对火力资源、湿地资源的需求，并隐含着对矿物质、生物资源以及人力资源的需求。

对非物质形态生态要素的需求。少儿期的生态经济系统，经济基础脆弱，经济规模小，对时间、空间、机缘、精神皆有需求。"需于郊"，在郊外等待，贵在恒心；"需于沙"，在沙滩上等待良机；"需于泥"，在沼泽地中等待；"需于血"，在血雨腥风中等待；"需于酒食"，保养身体，合理餐饮，以待良机。另外，古人还教导后人，不能竭泽而渔，要按照生态规律开采资源，满足刚性需要。

案例与启示：雨养农业与李冰治水

需卦所谈及的经济体正处于雨养农业时期，雨养农业对"雨"这种生态要素有着不可替代的刚性需求，古人围绕"雨"大做文章。

案例：最初的雨养农业，是仅靠自然降雨的农业生产方式。随着对生态认识的加深，雨养农业发展成为依赖人工汇集雨水的补偿灌溉型农业，蓄水、治水、防洪涝灾害成了各时代政府的政务。战国时期解决水需求，成为政府的重大国事。李冰是秦国人，是中国古时最负盛名的水利专家。秦昭王时他被任命为蜀郡守，相当于现在的水利部长。李冰上任后，了解到民众为"水"所困的疾苦。应民众水利所需，他带领儿子，兴修水利，畅通沫水航道，促进了水利交通发展。为了防洪灾、防旱灾，李冰父子带领手下，花了大量心血设计图纸，采用竹笼填石法、火烧山岩法等建造了宏大的都江堰水利工程。其中都江鱼嘴、飞沙堰与宝瓶口最具盛名。李冰定制了"深淘滩，低作堰"的清淤沙、筑堤坝原则，编写了治水三字经留给后人。

启示：需卦，对于中国探寻资源，满足经济发展需求有良好的启示作用。其一，"云上于天，需"。古人告知，要兴修水利，发展雨养农业，仅靠自然降雨不足以满足农业发展需要，需要人工蓄水。中国是农业大国，又是水利资源贫瘠国家，因而要兴修水利，夯实农业发展基础。其二，"有孚，光亨，贞吉"。古人告知，经济发展初期，对其他生态要素也有刚性需求。只有想方设法满足需求，经济才能壮大。中国正处于经济发展中期，生态建设的初期阶段，急需大量生态资源。为此，应积极开拓资源尤其是绿色、可再生资源的渠道，满足生态资源诉求，促进经济发展与生态建设目标的实现。其三，"刚健而不陷，其义不困穷矣"。干体刚健，见机而动，不陷于坎险之中，宜其不困穷也。古人告示，走生态发展之路的决心不动摇。但要伺机等待，在资源开发利用路径选择上，要慎重，不要将自己陷于危险的被动之中。

需卦：经济处在少儿期　需求量大

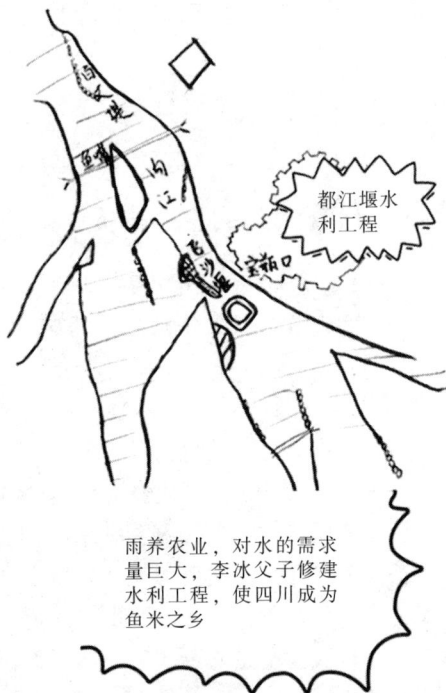

都江堰水利工程

雨养农业，对水的需求量巨大，李冰父子修建水利工程，使四川成为鱼米之乡

6. 讼☰☵——经济少年期：生态诉讼

卦辞： 有孚，窒惕，中吉。终凶。利见大人，不利涉大川。

象曰： 天与水违行，讼。君子以做事谋始。

彖曰： 讼，上刚下险，险而健，讼。讼，有孚窒惕，中吉，刚来而得中也。终凶，讼不可成也。利见大人，尚中正也。不利涉大川，入于渊也。

爻辞： 初六：不永所事，小有言，终吉。象曰：不永所事，讼不可长也。虽小有言，其辩明也。九二：不克讼，归而逋。其邑人三百户无眚。象曰：不克讼，归逋窜也。自下讼上，患至掇也。六三：食旧德，贞厉，终吉。或从王事，无成。象曰：食旧德，从上吉也。九四：不克讼，复即命，渝安贞，吉。象曰：复即命渝，安贞吉，不失也。九五：讼，元吉。象曰：讼，元吉，以中正也。上九：或锡之鞶带。终朝三褫之。象曰：以讼受服，亦不足敬也。

讼卦六爻的生态内涵

讼，为官司、诉讼之意。讼卦，由乾卦与坎卦相叠而成，有过于刚健，陷阱多多之象。古人用讼卦描述处于少年期的经济体，为了争夺生态资源而进行的诉讼。

初六：不可长久纠缠于生态诉讼之中。因为，诉讼浪费时间，还伤了和气。不可避免的诉讼，虽然小有损失，但终究会辨明是非，结局良好。九二：与位高、权重者发生生态争执进行诉讼，可能会失败。最好的办法是主动撤回诉讼，全身而退。六三：坚守固有的生态资源占有原则，最初可能困迫，但后续吉祥。九四：生态诉讼失败。要承认失败的现实，坚守和合正道，吉祥。九五：为了维护自己应有的生态权益不受侵害，所发起的诉讼是正当的，该诉讼能够取胜。上九：为了侵占别人的生态资源，而发起的诉讼，属于非正义的诉讼，不会得到社会的支持。古人告诫，最好不要诉讼，浪费财力，名誉受损。

生态原理：经济少年期与生态诉讼

讼卦，阐释经济体在少儿期，为了争夺生态资源而产生的诉讼问题。其生态原理，部分与现代生态经济学中的生态诉讼一致。

经济少年期。上卦说到，当经济体处于少儿期（需卦）时，对生态资源生态要素就产生了刚性需求。随着经济体一天一天地壮大，成长为少年的时候，对生态要素的需求进一步攀升，资源的稀缺性凸显。为了得到生态资源的所有权、使用权，经济体之间产生纠葛，在争议未果的情况下，生态诉讼产生。随着经济的快速发展，资源稀缺程度的加剧，生态诉讼的对象不断拓宽、频率上升、时间缩短，如为水域所有权的诉讼，为矿产资源、为岛屿归属、为污染排放权而提起诉讼。诉讼不仅在国内发生，国际间的诉讼也不断升级演化。

生态诉讼。诉讼，是一个法学名词，意指纠纷当事人通过向具有管辖权的法院起诉另一方当事人解决纠纷的形式或过程。"诉讼"由"诉"和"讼"两字组成。"诉"为叙说、告诉、告发、控告之意，"讼"为争辩是非、曲直之意。两个字连用即为向法庭告诉，在法庭上辩冤、争辩是非曲直。相应地，生态诉讼，是指经济主体，在生态要素产权存在争议时，遭受生态产权侵害方，到法庭述说、告发、控告侵害方，在法庭上就生态要素产权问题争辩是非曲直的行为或过程。按照地域，生态诉讼分为国内诉讼与国际诉讼。按照对象，分水、土地、森林等生态诉讼。

生态诉讼是一种公力救济。解决生态要素产权纠纷的方式有多种，如自行解决、仲裁与和解，这些方式属于市场化运作方式，符合科斯定理。但在市场失灵情况下，采取诉讼方式，是当事人获得的国家法律强制性、权威性的"公力救济"。由于诉讼构成要素的复杂性、程序化处理方式以及时间上的延续性，使得生态诉讼具有一定的机会成本。公力救济通过三元结构模式展开：原、被告在法律上处于平等的地位，而法官居于其间作为权威的仲裁者解决原、被告之间的争议和冲突。

讼卦的生态解析

讼卦的产生背景。随着经济的发展，因争夺生态要素而发生的激烈纠葛，引发古人对生态资源短缺诱发生态诉讼的思考。为了减少或避免生态诉讼，古人用乾卦与坎卦相叠而成讼卦，告示后人，当忍则忍，尽可能减少诉讼；当行则行，该保护自身合法生态权益的则要坚持到底。

讼，生态纠纷。 序卦传："需者，饮食之道也；饮食必有讼，故受之以讼"。人类饮食，锅碗瓢盆，磕磕碰碰是难免的，就有了矛盾，有了矛盾就需要解决。从卦名看。讼者，言公也，即有委屈说出来，求得公道的结果。从卦的结构来看，天（乾，☰）与水（坎，☵）相背而行，事与愿违，所求不顺，必有争执，即讼卦。"天与水违行，讼"。

讼，生态风险。 "讼，上刚下险"。经济体发展到少儿期阶段，发展的欲望强劲，对资源的需求也非常强劲，但是，生态资源，如水资源、耕地资源、森林资源有遭遇其他经济体侵占的风险。因而要时时防范生态所有权被侵占的风险，即"窒惕"。"不利涉大川"，时时防范后院起火、经济遭遇向外拓展的风险。不得已发生诉讼，存在着败诉的风险，"不克讼"，以及永远成为冤案的风险，"入于渊也"。

讼，维护生态权益。 "君子以做事谋始"，讼卦告示后人，在生态资源配置中，一开始就要合理谋划，考虑周全，既不能耗竭性利用自然资源，危及生态安全，也不能肆意利用或污染公共资源，引发资源纠纷。一旦发生不可避免的生态诉讼事件，也不要退缩，"险而健"，找到有道明主，"利见大人"，辨清是非曲直。最终，胜诉"讼，元吉，以中正也"。

讼，忍一时风平浪静，退一步海阔天空。 讼卦告诫，"天水违行"是自然之道，不同集团存在生态利益纷争是正常的。"不永所事，讼不可长也。虽小有言，其辩明也"。尽可能退让一步，减少纠纷，吃小亏占大便宜。"不克讼，归而逋。其邑人三百户无眚"。当对方异常强大，自己力所不敌之际，与其铤而走险，不如暂时退让，正所谓，忍一时风平浪静，退一步海阔天空，这是避险之道。

案例与启示："塔斯曼海"诉讼案

古往今来，生态诉讼案例不胜枚举，如土地使用权诉讼案，岛屿拥有权国际诉讼案，森林砍伐诉讼案等。进入 21 世纪以来，海洋生态保护引起国际社会的高度重视，海洋损害赔偿诉讼案由此产生。

案例： 中国首个海洋生态污染诉讼案发生在 2002 年 11 月 23 日凌晨，马耳他籍"塔斯曼海"号油轮装载 80 000 吨原油在渤海湾因撞船造成大量原油泄漏。渤海湾 3 家渔民协会要求的索赔金额分别是 400 万元、200 万元和 1 500 万元。他们认为"塔斯曼海"号油轮泄漏原油的地点正是鱼类冬季产卵的集中地，对海洋生态环境构成了严重威胁，使沿岸 1 500 余户渔民和养殖户遭受巨额经济损失。一场涉及 10 个个案、涉案总标的额达 1.7 亿元人民币的船舶碰撞油污损害赔偿纠纷案件，成为中国海洋生态第一宗诉讼案。至 2008 年，涉及渔民的 8 个案件均已下达终审裁定。天津海事法院考虑到众多渔民及养殖户的巨大损失，以及案件审理 5 年来给当地渔民生产、生活带来的影响，先期为 1 300 余户渔民按比例发放了 600 余万元赔偿款项，其余赔偿款发放工作仍在进行中。

启示：随着生态经济建设与发展，生态保护意识的增强，中国的生态诉讼案呈上升趋势。如何考虑生态诉讼问题，古人用讼卦给予我们深刻的启示。其一，"讼，元吉，以中正也"。遭遇生态侵害时，要依法维护自身权益，保障正当利益。国内工业污染事件屡有发生，给百姓健康带来损害。2009 年，紫金矿业在洗矿时，倾倒废水，污染了河流，导致贵州百姓健康受到威胁。经过法律诉讼，紫金矿业受到了制裁，百姓得到生态健康保障。其二，"君子以做事谋始"。企业要进行自我约束，对废气、废水、废渣要进行无害化处理，防范无意之举可能对他人的生态侵害，造成生态诉讼。其三，"或锡之鞶带，终朝三拖之。象曰：以讼受服，亦不足敬也"。在全球化背景下，有些国家，进行非正义诉讼，以此谋求生态利益。这种做法，会受到国际社会的非议与谴责。中国作为发展中国家，要善于运用国际法，维护自己的生态利益。

讼卦：经济处在少年期　为争资源而诉讼

7. 师☷☵——经济青春期：生态战争

卦辞： 贞，丈人吉，无咎。

象曰： 地中有水，师。君子以容民畜众。

彖曰： 师，众也。贞，正也。能以众正，可以王矣。刚中而应，行险而顺。以此毒天下，而民从之。吉又何咎矣。

爻辞： 初六：师出以律，否臧凶。象曰：师出以律，失律凶也。九二：在师中，吉，无咎。王三锡命。象曰：在师中吉，承天宠也。王三锡命，怀万邦也。六三：师或舆尸，凶。象曰：师或舆尸，大无功也。六四：师左次，无咎。象曰：左次无咎，未失常也。六五：田有禽，利执言，无咎。长子帅师。弟子舆尸，贞凶。象曰：长子帅师，以中行也。弟子舆尸，使不当也。上六：大君有命，开国承家。小人勿用。象曰：大君有命，以正功也。小人勿用，必乱邦也。

师卦六爻的生态内涵

师，为众人，为军队，为出兵，为战争之意。师卦代表处于青春期的经济体，为了争夺生态资源而进行的生态战争。

初六：为维护生态权益而进行的正义战争，只有整顿军纪才能取胜。军纪涣散，必败无疑。九二：正义的生态战争，主帅身先士卒，再加上得到天的庇佑，一定战无不胜。主帅并能得到政府的褒奖。六三：非正义的生态战争，会造成人员伤亡，以惨败而告终。六四：正义之战，要讲究战略战术，知难而退，暂时驻扎修整，没有过错。六五：有危害生态经济发展的外敌入侵，领军铲除，阐明出兵原因，没有过错。委任有德有经验之人领军打仗能够取胜，相反，让缺乏经验的人领军，则会以吃败仗，造成人员伤亡。上六：明智的政府对生态战争要论功行赏，用良才治国治家，远离祸国殃民肆意发动战争之人。

生态原理：经济青春期与生态战争

经济青春期。经历了需卦、讼卦后，国家已经积累了较多的资源财富，拥有一定的综合实力，社会的发展步入了师卦所代表的生态经济青春期。这一时期，伴随着国家实力的强盛，对资源财富的欲求更加旺盛。师卦隐含了在族群人口增多与领地狭小、可利用的土地、森林、能源短缺矛盾激发下，必将引发以争夺资源为目的的生态战争的思想。

资源短缺与经济发展之间矛盾凸显。生态经济青春期对应资本主义萌芽阶段。处于这一阶段的国家，一方面拥有一定的经济基础，国力相对强盛，经济发展对资源的依存度攀升；另一方面，伴随着经济的迅猛发展，国内可用资源的短缺，逐渐成为经济发展的瓶颈，经济发展与资源储量减少的矛盾不断凸显，为生态战争埋下了种子。

生态战争。生态战争有正义战争与侵略性生态战争，即非正义战争之分。面对资源供给不足与需求旺盛矛盾的升级，在生态文明思想尚未成熟的情况下，政府极端异化思想抬头。其重要表现是：发动不顾人权，藐视和平，掠夺别国生态资源的战争，此类战争为非正义战争。相反，对侵略性战争而开展的旨在保护本国资源安全的反侵略战争为正义战争。生态战争的种类很多，有实体战，有虚拟战，如绿色贸易壁垒，碳减排博弈，以及利用生化武器发动的战争等。战争是一把双刃剑，具有负效应与正效应，生态战争也如此。生态战争的负效应一是体现在对生态环境的破坏，如造成局部大气污染，水污染，土壤污染以及对当地生物多样性的灭绝性扰动等。二是体现在耗竭人工财富，包括大量资金的投入、社会财产的损失以及人员的伤亡等。战争的正效应表现在，正义战争可以有效保护本国生态要素，有力打击侵略国的嚣张气焰，有效保护生态环境免遭战争的涂炭，保护了本国生命财产安全，有效刺激本国经济增长，拉动需求，促进就业。但无论怎样，战争都会给生态留下创伤，不宜提倡。

师卦的生态解析

师卦的产生背景。在生态经济实践中，由于诉讼不成而发动生态战争，或为抢夺资源而发动战争的案例屡见不鲜，由此引起了古人对生态战争性质与效应的思考。为了维护生态权益，保护劳动成果，尽可能避免生态战争，古人用坤卦与坎卦相叠而成师卦，告示后人如何为保卫生态资源而战，告诫，战争会伤及无辜，尽可能避免战争。

师，军队。"师，众也"，因一共同目标而聚集，下级服从上级，统一行动，为实现目标而拿起武器参加战争的团体，就是军队。军队有正义之师与非正义之师之分。"丈人吉"：有贤明的统帅；"承天宠"：得到天的庇佑；"民从之"：百姓拥护的军队是正义之师。相反，非正义的军队，是启用没经验不当位即"弟子"之人为统帅，侵略他人田产即"田有禽"的军队。先贤，反对非正义之师，鼓励正义之师。正义之师，出师的目标端正，即"贞，正也"，符合战争正义要求。只有做到贞与正，才能做到"刚中而应，行险而顺，以此毒天下，而民从之"。正义战争是拥有融洽军民关系的战争。象曰："能以众正，可以王矣"。谁能让百姓自由而富强，谁就可以组建一支战无不胜的军队，百姓就会拥护他为王。象中强调"容民畜众"，军队的组建离不开百姓的积极参加，如果当权者不能宽以待民，让百姓安居乐业，那么就会丧失执政与出师的根基。正义之师要求军队应该是一支严守纪律的部队，因为，"师出以律"，才不会有凶险。

师，正视战争。"尸"在爻辞中多次出现，结合师卦的生态构成，"尸"代表多重含义。一是代表战争中牺牲的兵将和百姓；二是代表生物圈中被战火吞噬的动植物残骸；三是代表战场上连片的焦土及干涸的河床。面对战争造成生态损失以及生灵涂炭的局面，先人警示后人尽可能避免战争，尤其是不能发动非正义的侵略战争。对遭受非正义战争侵害的受害国，古人也不忘记为进行生态保护的正义战争之师指出出兵制胜的路径，如"师出以律"即军纪严明；"长子帅师，以中行也"，任人唯贤；"大君有命，开国承家"，奖罚分明，论功行赏。

案例与启示：为石油而战

师卦处在生态经济的青春期，对资源的需求越来越大，师卦反对为一己之私而发动的非正义战争。但是，进入资本主义阶段，为争夺资源而进行的非正义战争比比皆是。

案例：1990 年底爆发的海湾战争，是迄今历史上最大的为石油而发生的战争。战后伊拉克儿童的癌症率提高了 4 倍，参加过海湾战争的士兵患有海湾战争综合征，他们的孩子中有很大的一部分患有严重的智力缺陷或其他基因缺陷病征。美国前国务卿亨利·基辛格曾这样说过："如果你控制了石油，你就控制住了所有国家；如果你控制了粮食，你就控制住了所有的人。"著名经济学家威廉·恩道尔的著作《石油战争》围绕控制石油这一主题，为人们揭示石油、战争、霸权之间的隐秘关系。他在书中这样写道："在过去一百年里，控制石油和天然气能源，是英美一切行动的核心。今天如果没有了石油，任何国家必然面临经济灾难……美国控制了石油，也就控制住了潜在竞争对手发展经济的关键"。

启示：师卦对于中国处理地区争端、生态资源主权争议有着重要的启示作用。一是"积善之家必有余庆，积不善之家必有余殃"，"刚中而应，行险而顺"。师卦启示，国家的发展应该建立在正义的基础上，违背了正义的原则，肆意发动侵略战争，虽然短期内壮大了自己，但却失去了发展的长久动力。二是"能以众正，可以王矣"，"民从之"。古人告示，保卫自身生态利益不受侵害，需要发展绿色国防。绿色国防，是一种适度国防，是为了自身生态系统不受侵害，国家安全不受威胁的国防。三是"君子以容民畜众"。古人告示坚持和平发展。对侵犯中国领土，挑战我大国权威的地区领土争端、海洋资源争端，如南海问题，钓鱼岛问题，中国一贯秉承协商对话，和平解决的原则，绝不轻易发动战争。在南海问题上，中国坚持共同开发，以维护好南海航行自由与安全，携手共同稳定南海和平，为和平解决争议创造良好环境。实践表明，无论是何种战争，都会对生态系统造成伤害，和为贵，不战为上。

师卦：经济处在青春期　为资源而战

8. 比☵☷——经济青年期：生态合作

卦辞：吉。原筮，元永贞，无咎。不宁方来，后夫凶。

象曰：地上有水，比。先王以建万国，亲诸侯。

彖曰：比，吉也。比辅也。下顺从也。原筮元永贞，无咎，以刚中也。不宁方来，上下应也。后夫凶。其道穷也。

爻辞：初六：有孚比之，无咎。有孚盈缶，终来有它，吉。象曰：比之初六，有它吉也。六二：比之自内，贞吉。象曰：比之自内，不自失也。六三：比之匪人。象曰：比之匪人，不亦伤乎。六四：外比之，贞吉。象曰：外比于贤，以从上也。九五：显比。王用三驱，失前禽。邑人不戒，吉。象曰：显比之吉，位正中也。舍逆取顺，失前禽也。邑人不戒，上使中也。上六：比之无首，凶。象曰：比之无首，无所终也。

比卦六爻的生态内涵

比，为亲近，亲附，比肩合作之意。比卦由坎卦与坤卦相叠而成，有地上有水，凶险，以柔克刚之象。古人围绕亲附与合作，阐述处于青年期的经济体，要与其他国家结成友好联盟等问题。

初六：以诚信为本，与他国开展合作，没有过错。在诚信的基础上，用瓦罐盛满美酒敬送邻国。与邻国结成亲密的合作关系，吉祥。六二：睦邻合作政策出自本国，有利于促进合作，提高资源利用效率。六三：对待一些不讲诚信、欺行霸市的国家，也要努力实施睦邻交好的合作政策。这样做，无伤大雅。六四：睦邻合作政策出自别的国家，更加有利于促成合作，进而提高资源利用效率。九五：用兵，使不愿合作的邻国归顺。用兵，要点到为止，网开一面，恩威并施。使邻国消除戒心，有利于促成合作。上六：各国不合作，相互竞争，是凶险的。不会有好的结果。

生态原理：经济青年期与生态合作

经济青年期。生态诉讼、正义的生态战争鼓舞了经济发展的士气，保护了生态资源的产权，有利于促进经济发展。经济体从少年期经过青春期顺利进入青年期。青年期，经济体制有所成熟，领导者的管理思想少了狂躁，多了冷静与沉稳，表现为从生态战争走向亲附与合作。

生态合作及其理论渊源。所谓生态合作，是经济体就生态资源的利用、开发、生态环境的保护采取的比肩合作模式。生态合作，包括国内区域间的合作与国际合作。本书主要谈生态的国际合作。国际生态合作，包括自然资源国际贸易，生态资源的国际联合开发，生态环境的合作保护。自然资源的国际贸易，是自然资源的国际间优化配置，以进出口的形式展开，如美国进口加拿大的淡水，南非出口黄金等。生态资源的国际联合开发，如中俄联合开发石油资源，天然气资源，中非联合开发水利工程合作建设等。生态保护的国际合作，如联合减少碳排放的一些交易机制的实行，发达国家提供给发展中国家的资金技术支持等。从西学角度，生态合作来自于古典经济学家亚当·斯密以制作一枚针用十八道工序的案例系统阐述的分工合作理论。该理论的主旨是，分工合作出效率。斯密的分工合作理论，也就是绝对优势理论为国内行业间分工合作、国际间贸易合作奠定了理论基础。此后，大卫·李嘉图在绝对优势理论基础上，提出了相对优势理论，成为指导现代生态资源贸易、联合开发、生态保护的经济理论基础。

生态合作的效应。其一，分工合作，提高了劳动生产率。分工合作，提高了社会生产力水平，促进经济发展，提高社会福利水平，进而提高一国综合实力。其二，国际间的生态资源贸易往来，有利于增强国家间的互信，有利于改进国际关系，促进国际和平。最后，分工合作，减少资源投入，提高资源利用效率，减少末端排放，有利于生态保护与补偿。尤其是，对于国际性公共资源，国际合作有利于推动生态保护，促进生态技术的研发与应用，对维持国际公共生态环境秩序与平衡大有裨益。

比卦的生态解析

比卦的产生背景。随着时间的推移，古人发现，生态讼诉，伤了国家间的和气，不利于睦邻友好；生态战争，造成满目疮痍，千疮百孔，不利于资源利用与环境保护。与其对立，不如合作更对彼此有利。鉴于此，古人用坎卦与坤卦相叠而成比卦，用以告示后人，采取睦邻友好政策，促进分工合作，有利于提高资源利用效率的道理。

比，合作。"地上有水，比"，大地与水相互交融，形成泥浆，你中有我我中有你，亲近无比。"比"，人与人之间亲近的关系，国与国之间的相互支持，互助合作关系。先人认为生态合作，可以带来好处，"比，吉"。如果不协作，"不宁方来，后夫凶"，即国家间易发生生态诉讼，引发生态战争，凶，其结果必然是"其道穷也"。

合作的类型。比卦的核心思想是"合作"。合作有发出指令，统领整个方案的合作主动方，有辅佐主动方，服从命令的执行方。主动方制定协作方案，使辅佐方甘愿居于"下顺从也"之地位。"比辅也"指的是合作的另一方要辅佐协作的主动方，将协作方案落到实处。一是"比之自内"。本国制定的合作政策，既有利于国内各经济主体、要素之间的亲近合作，即，包括企业内部之间的合作，不同行业之间的协作，也有利于国际之间的合作。内部合作是外部合作的基础，内部和谐有序的合作，才能做到"不自失"，才能做到家和万事兴。二是"先王以建万国，亲诸侯"。不同国家之间应该建立友好互助的合作关系，不能以大欺小，倚强凌弱，应该"向外亲比"，自上而下的合作。三是"比之匪人"。宁得罪君子不得罪小人，与不友好、不诚信的国家建立合作关系，较之生态战争能减少不必要的麻烦与成本。

合作的注意事项。合作要有牵头方。"比之无首"，劳动过程混乱无序，经济效益就会低下，就会"无所终也"。二是合作以诚信基础。信任是合作的基础，做到"有孚"，协作才会"终来有它吉"。"外比于贤"，寻找有诚信，技术过硬的合作对象。

案例与启示：欧元区的比肩合作

案例：被誉为欧元之父的蒙代尔，是坚定的自由贸易论追随者。在创建"最优货币区理论"之前，他深入研究了亚当·斯密关于国际分工与协作的绝对优势理论，尤其对大卫·李嘉图的比较优势理论感兴趣。然而，蒙代尔看到，政府不干预国际贸易仅仅是一种假定，各个国家为了保护民族工业，总是明里暗里地设立壁垒，干预对外贸易，为国际合作设置障碍。经过深思，蒙代尔于1961年提出了轰动理论界的"最优货币区域"理论。指出，特定区域的若干国家，在自由协商的基础上，实施统一货币，就能消除贸易壁垒，进而降低交易费用，降低产品价格，提高区域内国家整体实力，增强国际竞争力。欧洲国家，如法国、德国、比利时等国，接受了蒙代尔的共同货币理论，于是，新货币——欧元诞生了。2002 年，欧元正式进入流通。年内，欧元区国家内部贸易额高达 1.4 万亿美元，约占全球贸易总量的 15％。实行统一货币，不光节省了巨额交易成本，还使欧元区国家的人才、资金、技术和自然资源等得到了优化配置，获得了巨大的经济效益。

启示：统一货币，建立欧元区，是国与国之间"比"（卦）肩合作的一个成功案例，不仅有利于增进区域内国家的经济效益，而且通过共同货币，消除了贸易壁垒，促进了各国比较优势的发挥，增进了区域内国家的生态效益。比卦关于合作的核心议题，对中国开展生态保护与资源优化配置具有重要指导意义。一是，广泛开展生态保护的国际合作，能有效避免重复上项目，节约生态资源。发挥各国资源禀赋优势，将同样资本向一个国家积聚，形成规模经济，有利于降低成本，减少资源浪费。二是，广泛开展生态保护与利用的技术研发合作，有利于促进知识技术的国际共享，大大提高资源利用效率，提高科技水平。三是，广泛开展二氧化碳等温室气体的减排合作，有利于气候自然力的恢复。实践表明，在走过高投入、高排放的"山"字形路径后，欧元区国家的生态环境普遍改善，成为低碳经济，绿色发展的积极倡导者与践行者。

比卦：经济处在青年期　生态合作

9. 小畜☰☴——经济中年期：生态储蓄

卦辞: 亨。密云不雨，自我西郊。

象曰: 风行天上，小畜。君子以懿文德。

彖曰: 小畜，柔得位而上下应之，曰小畜。健而巽，刚中而志行，乃亨。密云不雨，尚往也。自我西郊，施未行也。

爻辞: 初九：复自道，何其咎，吉。象曰：复自道，其义吉也。九二：牵复，吉。象曰：牵复在中，亦不自失也。九三：车说辐。夫妻反目。象曰：夫妻反目，不能正室也。六四：有孚，血去惕出，无咎。象曰：有孚惕出，上合志也。九五：有孚挛如，富以其邻。象曰：有孚挛如，不独富也。上九：既雨既处，尚德载，妇贞厉。月几望，君子征凶。象曰：既雨既处，得积载也。君子征凶，有所疑也。

小畜卦六爻的生态内涵

小畜卦的核心是"蓄"积，储"蓄"，储备。围绕储蓄，先祖告知后人生态资源储蓄的重要性及其储蓄路径。

初九：恢复生态资源积蓄与储备机制，有什么过错呢？没有，蓄积资源对后续发展有好处。九二：政府制定生态储备政策，有利于引导百姓合理储备，避免资源利用迷失方向。九三：如不进行储备，就会出现资源稀缺遏制经济发展的恶果，如同车的引擎失控、夫妻反目一般。六四：剔除浪费式的资源利用方式，制定资源储备政策，会给百姓以异常深刻的记忆，避免覆辙。九五：生态储备产生富国裕民及福荫邦邻的效果，促进资源共享。上九：风调雨顺，天地庇佑，促进资源储备。支持政策已经达到了上限，如果仍只顾眼前不顾长远，停止资源储备，就会导致资源短缺，生态失衡，大的自然灾害就会降临。

生态原理：经济中年期与资源储蓄

经济中年期。 经历生态战争，比肩合作，经济体的规模不断壮大，出现了国富民强的好兆头。剩余财富增加，生态资源趋紧、生态环境不友好的问题出现了。将剩余财富用于生态培植，进行生态资源储蓄，制定储备政策，为后续发展积蓄力量，成为经济体步入中年期的主要特征。

资源储蓄的效应。 资源储蓄，是生态资源储蓄的简称，是生产量扣除消耗量的余额，表现为自然资源净存量的增加。从微观经济层面看，自然资源储蓄能够增加后续生产要素数量，提高要素投入能力及远期生产能力，从而获得更长远的经济效益。中国传统经济的重要理财方式就是储蓄，西方古典经济学家萨伊注重生态要素在财富生产中的作用，强调资源储蓄，资源节约的重要性，认为，储蓄是为了明天拥有高的产出，更多的消费。从宏观经济层面看，凯恩斯主义者索洛在其现代内生增长理论中指出，经济的增长水平取决于资源储蓄水平。提高储蓄率，增加储蓄量，能够提高人均生态资本量，从而提高稳态经济增长水平，提高人均 GDP 数量。从生态层面看，倡导生态资源储蓄，意味着森林存量的增加、生物多样性的增加、矿藏开发力度的减少等，是生态平衡层次提高的标志，有利于溢出生态效益，提高经济社会可持续发展能力。

资源储蓄的途径。 第一，可再生资源的储蓄。可再生资源在人的时间尺度内可再生、可循环利用，但若使用速率大于再生速率，资源增量为负，储蓄为负，则其存量必然减少，例如森林、淡水等。因此，必须保证使用速率低于再生速率，才能实现储蓄的目的。第二，不可再生可替代资源的储蓄。不可再生资源的非可再生性决定了消耗就意味着存量的绝对减少。因此，一是要节约利用、循环利用；二是通过生态技术，增加可再生资源生产，确保替代率大于消耗率，才能达到不可再生资源的相对储蓄目的。第三，珍稀动物资源的储蓄。一是增加生物栖息用地面积，预留生物多样性领地，通过动物自我繁殖能力的恢复，实现其总量的递增；二是人工繁育，促进物种恢复，也能达到生物储蓄目的。

小畜卦的生态解析

小畜卦的产生背景。 分工协作为生态经济的发展奠定了基础，同时资源稀缺问题出现，引发古人对如何进行生态储蓄的思考。为了增加后续发展能力，应付不时之需，古人用巽卦与乾卦相叠而成小畜卦，告示后人及时进行生态储蓄，防止资源紧缺成为遏制生态经济发展的瓶颈。

小畜，资源蓄积与储备。 畜的含义较多，有田产，即耕地之意，有家畜如马牛羊鸡犬豕之意，还有野生动物驯化之意，但核心意思是积蓄储备。因而，小畜卦意味着，耕地、家畜、野生动物及其他资源小规模积累、储蓄之意。为什么要蓄积资源，古人告知，"风行天上"，有降水的前兆，但却"密云不雨"。暗含了天气干旱，水源枯竭，政府应该提前做好蓄水工程，保障供水安全，未雨绸缪，实施资源储蓄。小畜卦中上卦坎，为险，离卦为不可再生能源，乾卦为气候、太阳能，兑代表湿地资源，说明这些资源均出现短缺风险。为了解决当前以及今后的短缺问题，小畜卦用一条阴爻，表示了储蓄的重要性，告示后人小畜"亨"的道理，如"小畜，柔得位而上下应之，曰小畜"。小畜，即资源储蓄，既能够给国人带来好处，还能"富以其邻"，促进共同富裕。

小畜，资源储蓄之路径。 古人以夫妻关系、舆辐关系映射经济发展与生态储蓄的相生相克的关系。告示，不进行生态储蓄，资源短缺会制约经济发展，出现"车说辐。夫妻反目"的格局。那么如何进行生态资源储蓄？古人指出了储蓄路径：一是，"复自道"。中华民族本来就注重储蓄，但一度的奢靡浪费之风将储蓄淡出，结果出现了"密云不雨"的后果，因而，应尽快将生态储蓄恢复到原本应有的位置。二是，"牵复"，"君子以懿文德"。政府要制定资源储蓄政策，约束百姓浪费行为，使其走上资源储蓄的正道上，这是福荫百姓的积德事情。三是，有孚挛如，富以其邻。"有孚"，尊重自然规律，与自然和谐相处，保护生态资源。同时也应该"富以其邻"，"不独富"，加强国际合作，互通有无，以便在遭遇不时之需时，得到邻国的慷慨相助。

案例与启示：淡水储蓄

小畜卦处在经济中年期，启示我们及时进行资源积累，使资源利用既能满足当代人的需求，又能惠及后世子孙，为日后发展积蓄力量。

案例： 淡水资源丰富的美国却是淡水资源储蓄做得比较好的国家。生态危机使美国意识到，资源将成为未来经济发展的瓶颈。该国在奉行节约的基础上，对水资源进行了保护性开发，扩大淡水资源的进口数量。与此同时，加拿大也注意到了这个问题。于是，罗夫赫德让加拿大众议院所有政党共同签署公开声明，拒绝向它的南部邻国大规模出口淡水，以保护本国淡水储备安全。而瑙鲁是资源储备的反面案例。瑙鲁有 80% 的土地富含磷酸盐矿，其经济主要依靠开采和出口磷酸盐。瑙鲁凭借矿产资源的出口优势达到了石油富国和发达国家的水平。但磷酸矿是一种不可再生资源，其存储量随着出口的扩大而递减。自 20 世纪 90 年代始，产量逐年下降。2002 年降至约 20 万吨，2003 年不到 10 万吨。2004 年产量约为 4 万吨。目前，磷酸盐储量所剩无几，其储备安全降到了冰点。

启示：小畜卦对于中国审视国内外资源现状、及时有效地进行资源储备有着重要的启示作用。一是"复自道，何其咎，吉"。小畜卦启示，资源储备是有利于当代人以及后代子孙的战略决策。中国处在经济发展的战略转折点，且被高资源投入锁定，政府资源储备导向有利于资源分配的代内合理化以及代际持续化。二是"车说辐，夫妻反目"。小畜卦启示，生态资源与经济发展是相互依赖，同生共长的。经济的腾飞依赖于资源的投入，而资源可持续利用、生态良好则取决于经济发展模式、能源利用结构等经济元素。三是"夫妻反目，不能正室也"。启示我们不能将经济系统与生态系统对立，而应该将经济系统合理地嵌于生态系统内，在经济发展中摆正生态位置，正确处理经济与生态的矛盾，避免生态危机。四是"既雨既处，尚德载。妇贞厉。月几望，君子征凶"。小畜卦警示我们，在资源储备战略初见成效时，不可过度乐观，放弃资源储备，而掠夺资源，应该继续践行资源储备，节约高效利用资源。

小畜卦：经济处在中年期 生态储备

石油淡水煤炭
生物土地

10. 履☰——经济壮年期：生态稳态

卦辞：履虎尾，不咥人。亨，利贞。

象曰：上天下泽，履。君子以辨上下，定民志。

彖曰：履，柔履刚也。说而应乎乾。是以履虎尾，不咥人，亨。刚中正，履帝位而不疚，光明也。

爻辞：初九：素履，往无咎。象曰：素履之往，独行愿也。九二：履道坦坦，幽人贞吉。象曰：幽人贞吉，中不自乱也。六三：眇能视，跛能履。履虎尾，咥人，凶。武人为于大君。象曰：眇能视，不足以有明也。跛能履，不足以与行也。咥人之凶，位不当也。武人为于大君，志刚也。九四：履虎尾，愬愬，终吉。象曰：愬愬终吉，志行也。九五：夬履，贞厉。象曰：夬履贞厉，位正当也。上九：视履考祥，其旋元吉。象曰：元吉在上，大有庆也。

履卦六爻的生态内涵

履，前进、踩踏、畏惧而行。履卦，经济进入壮年期，经济体应以谨慎、礼拜、约束态度，选择内涵式经济发展方式，促进生态平衡。

初九：以平实、质朴的姿态对待生态，选择内涵式经济发展方式，实现经济与生态互动双赢的愿景，没有过错。九二：由于以谦卑态度对待生态自然的原则不动摇，则经济发展之路必然平坦无障碍。六三：以急躁冒进、恶意进取、粗放型发展方式对待生态，势必造成跛子、独眼瞎般的生态损害，一旦踩了老虎尾巴，无疑会遭到撕咬。此时，虽然生态尚有残存功能，但已经不能发挥完整服务功能了，必遭生态报复。九四：意识到错误，及时修复生态，最终会得到果报。九五：武断地做出粗放型发展决策，忽视生态平衡，生态危机必然爆发。上九：稳健式发展，善待生态，吉祥。

生态原理：经济壮年期与生态稳态

经济壮年期。实行生态储蓄（小畜卦）后，生态得以有效恢复，资源储备有所增加，经济发展后劲十足。随着经济体的不断壮大，经济系统由中年期进入壮年期。壮年期的经济体，面临着更大的生态资源供给不足压力。转变经济发展方式，从粗放型向内涵型转变，从急躁冒进式（激进）向稳健、稳态发展转变成了这一时期的主旋律与主要特征。

经济稳态。稳态发展也叫内涵型、稳健型经济发展，其反面是粗放型、激进型发展。稳态发展，是指经济发展，财富的增加主要依靠科技进步、资源利用效率的提高等内涵式渠道。稳态发展要求生态效益稳定提升和经济增量持久增长良性互动，保持长期均衡状态。经济稳态发展是建立在西方经济学内生增长理论的框架之上，并融入各种生态要素，综合考量各因素对生态经济增长的贡献及效果。稳态发展有利于市场经济的稳定与发展，有利于稳定就业率，提高人均福利水平。

生态稳态。生态稳态，是一种平衡态，有高位稳态与低位稳态之分。生态在高水平上稳态平衡，意味着资源数量大，品质高，服务功能完备。相反，生态的低位稳态，是生态处于疲弱状态下的平衡态，恰如履卦说的，跛子尚能走路，独眼瞎也能看到部分光明，有部分功能，不是全部功能。大壮时期的生态稳态，是一种高水平的生态稳态。

生态稳态与经济稳态。二者互为因果。一是，生态高位稳态，有利于提高经济稳态水平。新古典增长理论认为，在一定技术条件下，人均资本水平越高，人均产出越大，人均福利水平越高。资本的总源泉是生态资源，包括森林、矿产、水、生物多样性等。因而，生态稳态的高度，决定了经济稳态的高度。二是，经济稳态在一定程度上制约生态的稳态水平。一个国家，科技水平越高，应用于资源利用范围越广，则既定产出投入的资源越少，资源利用效率越高，排放的废弃物越少，越有利于生态系统在高位上平衡。反之亦然。因而，转变发展方式，从粗方式发展向内涵式发展方式转型，有利于生态与经济的良性互动。

履卦的生态解析

履卦的产生背景。跛足，独眼，踩虎尾，经济侵犯生态导致生态残缺不全的现象，引发古人对经济激进式发展引发后劲不足问题的思考。为了促进生态平衡，维持经济持久发展，古人用乾卦与兑卦相叠而成履卦，告示后人要采用稳健、内敛式的经济发展方式，促进生态的稳态平衡。

履，崇敬谨慎稳态之象。 履，如履薄冰之意，即小心谨慎地前进。履在易经中指的是什么，古人用"说而应乎乾"告知，经济行为要如女儿崇敬父亲一般博得生态的认同，跟在生态这只有巨大威力的老虎后面，谨慎、稳态地前进，达到"以履虎尾，不咥人"——即便踩了老虎的尾巴，老虎也不会咬人的状态解释履。因而，履，就是以崇拜的心态，谨慎地，稳态地前进，换言之，经济要稳态发展，以其促进生态的稳态。

履，以经济稳态促进生态稳态。 古人认为，"视履考祥，其旋元吉"，经济高水平发展必须以生态高位稳态为基础。因此，履卦通过"履虎尾，咥人"与"履虎尾，不咥人"两种截然不同的结果阐述生态稳态与经济稳态的关系，揭示内涵式的经济发展模式是实现生态稳态的正确道路。"素履之往，独行愿也"。"履道坦坦"，"幽人贞吉，中不自乱也"。

履，三不要。 其一，古人反对导致"眇能视，跛能履"的做法。不可忽视生态问题，在生态低位稳态的前提下，通过大尺度掠夺资源来换取经济的高速发展，认为长期以生态代价换取的经济利益是"凶"，是"位不当"，没有摆正生态稳态与经济稳态的关系。"武人为于大君"。不顾生态已经残损不全的现实，依旧武断地坚持经济增长至上论。盲目追求经济增长数量忽略经济质量，盲目从生态系统摄取能量，忽视对生态系统补偿，以至于造成生态服务功能下降。其二，"履虎尾"。为实现经济的高增长，不惜踩虎尾，以侥幸心态希望老虎不咬人。这种行为，是在实验生态的忍耐性，是极其危险的行为。其三，"夬履"，武断地以粗放型经济发展模式发展经济，忽视日益严重的生态问题。不惜在生态低位稳态基础上，持续掠夺生态。古人告示，这样做的结果"咥人，凶"。

案例与启示：中国低碳城市试点

履卦，描述经济壮年期，经济与生态矛盾尖锐，维持经济稳态成为发展的关键问题，履卦告示经济发展要脚踏实地，要摸着石头过河，小心翼翼谨慎前行。推行低碳城市建设要先行先试，再推广普及。

案例： 城市是人口聚集地，也是经济发展的中心，城市的碳排放量占了全球碳排放总量的75％，实现城市的低碳化是发展低碳经济的关键。2008年初，世界自然基金会以上海和保定两市为试点，推出"低碳城市"发展示范项目，低碳经济理念在很多城市蓬勃兴起，上海、保定、杭州、苏州、赣州、无锡、吉林、成都、德州、贵阳、扬州、广元、厦门等城市纷纷提出建设"低碳城市"的构想，创建节能减排与经济增长协调发展新布局。其中，上海市以节能建筑为主，对公共建筑的物业管理人员进行低碳知识培训，提高了大型建筑能效及其节能运行。保定市以建设"中国电谷"为主，着力打造光伏、风电、输变电设备、新型储能、高效节能、电力电子器件、电力自动化及电力软件七大产业园区，提高整个城市的节能化、低碳化。低碳城市试点，践行履卦思想，正在铺开。

启示：履卦对中国保护生态，促进经济发展从粗方型向内涵型转型具有良好的启示作用。一是"辨上下，定民志"。古人告示，发展经济不可只顾眼前利益，应该着眼人类发展的全局，站在历史的高度考虑问题，发展不仅仅是经济的增长，更包括生态财富的保值增值，资源的高效可持续利用以及生态遗产的可持续传承。二是"履，不处也"。古人告示，生态经济稳态增长不是不发展，更不是经济增量为零，而是在生态良好的基础上，实现绿色经济的可持续发展，表现为经济发展模式的低碳化，绿色化，能源利用结构的低碳化。三是"履虎尾，愬愬，终吉"。古人告示，要实现生态经济稳态增长，就要对自然怀以敬畏之心，不可过度掠夺，否则"夬履，贞厉"，人类使生态千疮百孔，生态亦会报复人类，无情地减损劳动成果。因此要敬畏自然，保护修复补偿自然。

履卦：经济处在壮年期　稳态发展

11. 泰☰☷——经济鼎盛期与生态边界

卦辞：小往大来，吉、亨。

象曰：天地交泰。后以财成天地之道。辅相天地之宜，以左右民。

彖曰：泰，小往大来，吉、亨。则是天地交而万物通也。上下交而其志同也。内阳而外阴，内健而外顺。内君子而外小人，君子道长，小人道消也。

爻辞：初九：拔茅茹，以其彚，征吉。象曰：拔茅征吉，志在外也。九二：包荒。用冯河，不遐遗。朋亡，得尚于中行。象曰：包荒，得尚于中行，以光大也。九三：无平不陂，无往不复。艰贞无咎。勿恤其孚，于食有福。象曰：无往不陂，天地际也。六四：翩翩，不富以其邻。象曰：翩翩不富，皆失实也。不戒以孚，中心愿也。六五：帝乙归妹，以祉元吉。象曰：以祉元吉，中以行愿也。上六：城复于隍。勿用师，自邑告命，贞吝。象曰：城复于隍，其命乱也。

泰卦六爻的生态内涵

泰为通达、鼎盛、超级繁荣之意。泰卦，描述天地完美交合，经济体达到鼎盛期、生态至上的状况，告诫泰极否来的道理。

初九：经济与生态根深叶茂骨肉交融，志同道合，以共同的目标努力向上，吉祥。九二：生态以博大的襟怀包容经济的万事万态，经济以刚健有力的气度勇于进取、锐意改革、果断决策，不忘远大目标与宏伟愿景，居中不已，不偏不党。九三：有平地就有丘陵，有来就会有往，冬去就会春来，一切都按天地运行大道运行。因而，只要坚持生态规律的正道治理经济，就会衣食无忧。六四：生物多样性繁茂，果实丰盈，不用担心天地运行之道，遵循生态规律，心中愿景皆能实现。六五：像帝乙嫁妹样，阴亲附阳，经济发展服从生态发展，生态经济文明就能得以实现。上六：过度陶醉于经济对自然的胜利，经济侵犯生态，结果生态之城墙倒塌，经济出现拐点，由盛而衰。

生态原理：经济鼎盛期与生态边界

泰卦，说的是经济发展的大周期，描述的是经济的鼎盛期，以及生态服务达到最大边界的时期。经济的大周期由无数小周期构成。

经济小周期中的繁荣。 经济总是围绕一个趋势线上下波动，形成时间长短不一的周期。经济小周期通常按照萧条、危机、复苏、繁荣的轨道运行。波浪式前进，动态发展。其中经济繁荣期，是一个小的泰卦，此时，从微观家庭角度，就是物阜民丰的现象。从政治角度，就是太平盛世阶段。从宏观经济角度，就是实现了充分就业、物价稳定、经济稳态增长，国际收支平衡。尤其是，生态资源也处于物尽其用的状态。无数的经济繁荣点，累积成经济发展大周期中的鼎盛点，鼎盛期。

经济大周期中的经济鼎盛期。 从经济的整个大生命周期角度，我们预测，经济的鼎盛期，应是生产力得到极大发展，科技水平异常高，财富有巨额剩余的时期。就是从必然王国到了自由王国的时代。物阜民丰，风和日丽，一片红红火火的景象。经济鼎盛期，经济体非常大，生态资源充分就业，没有剩余。什么时候是经济鼎盛期，笔者尚无法预测。

生态边界。 生态系统有上边界与下边界。上边界，是生态资源调动所有力量充分发挥作用，支撑经济发展的最高限度。下边界，是生态资源遭受侵害所能发挥的最低限度。生态的上边界，影响经济鼎盛期经济体的规模、持续时间的长短。经济发展所需资源与众多能源是不可再生的，因此在一定的技术条件下，生态系统能向经济系统提供的资源能源数量决定了未来经济系统发展的高度。生态边界具有一定的弹性，其弹性大小取决于技术进步状况。科技进步能够从原有资源中发现新的自然力，可取代部分不可再生资源，科技进步能提高资源利用效率从而放大了生态边界的外径。

经济鼎盛期与生态边界。 当经济的鼎盛期在生态边界以内，且保持生态功能良好，则经济的鼎盛期能持续更长的时间。如果经济鼎盛期，是以牺牲生态环境为代价换取的，则经济鼎盛期不会持久。因为，生态边界已经变得非常脆弱，不堪重负，任何的一个能量付出，都会给生态系统造成损伤。

泰卦的生态解析

泰卦的产生背景。 风调雨顺、物阜民丰、天地交合、物质极大丰富、太平盛世，既是古人的期盼也是古人的忧虑。因为，大智大慧的先贤深深懂得盛极必衰的道理。基于这份期盼与忧虑，古人从人类社会经济的大周期角度，用坤卦与乾卦相叠而成泰卦，告示后人经济运行的最高点是泰，经济的拐点也是泰。

泰，天与地最完美的交融，最大限度的服务。 从卦象上看，泰卦上为坤，下为乾，乾轻而上浮，坤浊而下降，在中间部位实现天地最充分的交合，即"天地交泰"。泰卦三阴三阳，阴阳志同道合，阴阳平衡，正所谓"上下交而其志同也"。只有"天地交"，才能实现"万物通"。万物通，才会出现生物多样性的"翩翩，不富以其邻"盛世景象。天地最完美的交融，还表现为"辅相天地之宜，以左右民"，即百姓安居乐业。

泰，经济高度繁荣。 泰为通达、鼎盛、繁荣之意，泰卦用在经济上，意味着经济体规模庞大，空前繁荣。经济的高度繁荣还表现为"翩翩不富，皆失实也。不戒以孚，中心愿也"，即生物繁茂，果实累累，人们心中大的愿景得以实现，换言之，心想事成。经济是如何达到空前繁荣的，古人告知，"小往而大来"。投入的不仅仅是资金，还有资源与生态功能，于是泰卦用"帝乙归妹，以祉元吉"，形象地说明了经济繁荣的前提是"内阳外阴"，阴附于阳，经济系统依赖于生态系统。生态系统产出的福利越多，用于经济发展的资源也就越多。因此要"上下交而其志同也"，以生态繁荣促进经济繁荣。

泰，避免泰极否来。 古人深知有盛必有衰，有增必有减，物极必反的道理。用"城复于隍。勿用师，自邑告命，贞吝。象曰：城复于隍，其命乱也"。告知后人，面对太平盛世，如果人类过分陶醉于人类取得的胜利，忘记了这是天地交合，大自然给予福利的结果，反而乱了心智，不但不善待自然，反而损害自然，自然损失程度达到最高承载限度，就会出现城墙倒塌，自然灾害来临，经济成果毁于一旦的局面。因而，要避免泰极否来，就要"内阳而外阴，内健而外顺"，坚持君子之道。

案例与启示：战后 20 年的繁荣

泰卦描述的经济高度繁荣，生态状况异常良好的部分景象，可用战后 20 年的繁荣来佐证。

案例： 二战消耗了各参战国的社会财富，位于西欧主战场的各国沦为废墟，经济实力明显倒退。战后，世界经济中心由欧洲移至美国，以美国为主导的西方发达国家建立世界政治经济新秩序。由于美国本土不在战争区，经济发展的基础较其他各国雄厚。美国政府积极创造有利于经济发展的政策环境和国际贸易环境，并致力于发展科技教育，改进传统工业的生产技术，大力发展新兴工业和军事工业。在战后 20 年的时间里美国实现了经济的高速迅猛发展，经济发展速度一度达到 8.7％。美国的对外经济政策也刺激了亚洲国家经济的发展，中国香港、新加坡、韩国和中国台湾推行出口导向型战略，发展劳动密集型产业，在短时间内实现了经济的腾飞，一跃成为"亚洲四小龙"。

　　启示：与美国及亚洲四小龙相比，古老的中国却没有这么幸运。新中国在废墟上建立起来，千疮百孔，百废待兴。再加之经济政策不力，经济发展一直没有腾飞。尤其是，当前，正在中国经济处于上升点的关键时刻，世界生态环境发生危机，限制了经济发展。在这种情况下，泰卦对于中国的后续发展具有启示作用。一是"天地交而万物通""上下交而其志同"。要实现经济的繁荣发展，必须重视生态环境问题。只有保持生物多样性完整性，不可再生资源可持续利用，生态才会为人类提供更多更好的生态福利，经济发展的生态基础才扎实。二是"拔茅，茹以其汇，征吉""志在外也"。古人启示，经济与生态是孪生姐妹，只有促进生态与经济的水乳交融，才能实现又好又快的发展。三是"无平不坡，无往不复，艰贞无咎"。古人告示，天道酬勤，只有按照生态经济规律办事，天地才能给人类提供更多的生态福利。因而，要坚定发展信心、生态信心，慎重采取行动，才能促进生态与经济的良性互动。

泰卦：经济处在鼎盛期　三阳开泰

12. 否䷋——经济暮年期：生态危机

卦辞：否之匪人，不利君子贞，大往小来。

象曰：天地不交，否。君子以俭德辟难，不可荣以禄。

彖曰：否之匪人，不利君子贞。大往小来。则是天地不交而万物不通也。上下不交而天下无邦也。内阴而外阳，内柔而外刚。

爻辞：初六：拔茅茹以其彙，贞吉，亨。象曰：拔茅贞吉，志在君也。六二：包承，小人吉，大人否，亨。象曰：大人否亨，不乱群也。六三：包羞。象曰：包羞，位不当也。九四：有命，无咎，畴离祉。象曰：有命无咎，志行也。九五：休否，大人吉。其亡其亡，系于苞桑。象曰：大人之吉，位正当也。上九：倾否，先否后喜。象曰：否终则倾，何可长也。

否卦六爻的生态内涵

否，大的堵塞，大恶，完全否定。否卦，阐述生态系统功能疲弱，出现危机，经济体受其约束，到达暮年期的景象。

初六：经济与生态不是同根生，水乳交融，但生态如蒿草，其根部因为把营养贡献给经济体，变得疲弱不堪，如果人类了解到生态衰弱状况，采取行动，就能贞吉。六二：疲弱的生态，竭尽全力地支撑经济，小范围尚可支撑，但不能大尺度、长久地支撑经济持久繁荣了，认识到这一点并给予修复是好事。六三：过度利用资源，导致生态损害的行为是可耻的，是不当位的行为。九四：遵循自然规律，保护生态会获得更多的生态福利，也能得到他人帮助。九五：放弃以前牺牲环境换取经济利益的发展模式，有利于生态经济的发展。转变经济发展方式，善待生态，回归生态本源。即遏制经济的过度膨胀，将经济系统至于生态系统之内。上九：放弃反生态的经济发展方式，力挽狂澜，虽然短期内经济发展缓慢，但从长远来看有利于经济的复苏。

生态原理：经济暮年期与生态危机

否卦，说的是经济发展的大周期，描述经济系统到达鼎盛期以后，出现了下降的拐点，走入暮年期的过程。暮年期是无数小周期中经济危机的累加，是量变达到质变的结果。需要指出的是，这里讨论的小周期、大周期，都是与生态危机有关的经济周期。

生态危机。生态危机是指生态环境被严重破坏，生态平衡被打破，物质交换与能量流动缓慢甚至停滞，生态提供的各种资源与服务数量减少，品质下降，甚至出现自然力报复，使人类的生存与发展受到威胁的现象。表现为天地不交，万物难生。具体来说，生物多样性大量减少，不可再生资源消耗殆尽，各种自然灾害频繁而大规模深度爆发，如暴雪、海啸、干旱、洪水等极端灾害发生，太阳黑子不规则运动、地震、火山喷发。生态危机主要由人类盲目和过度的经济活动所引起。生态危机一旦形成，其修复成本随危机升级不断提高，且在较长时期内难以恢复。

小周期中的经济危机。从经济小周期角度，经济危机，是由于生态危机，如太阳黑子频繁波动导致气候灾害，引发农业危机。农业危机引发整个产业危机。经济危机时，失业率提高，物价飞涨，企业倒闭，银行挤兑，社会财富增长停止，商品短缺，贫困化程度提高。

大周期中的经济暮年期。经济的暮年期，属于人类经济社会发展大周期的一个阶段。经济暮年期的下一个时期是灭亡期，或叫断裂期，上一个时期是经济鼎盛期。它是经济鼎盛期与灭亡期的拐点。这一时期，由于经济过度膨胀，超过了生态承载的最大边界，生态出现大的危机。生态疲弱，经济发展的生态基础发生动摇，经济发展的动力严重不足。人们在生产生活中各种不良经济行为出现，食品安全问题、建筑质量问题等各种被隐藏的矛盾凸显。整个社会处于矛盾集中爆发阶段，经济负增长。从大的周期角度，经济暮年期并不可怕，因为，死亡意味着新生命的诞生。但是，这种生机，对于小周期的人们没有任何意义。

否卦的生态解析

否卦的产生背景。曾经出现的天干地旱、天地不交、万物萧条、生活疾苦的现实，使古人倍感忧虑。古人从经济大周期的角度，用乾卦与坤卦相叠形成否卦，告示经济运行的最低点是否，经济的拐点也是否。

否，天地不交，生态危机。从卦象上看，否卦上为乾，下为坤，乾轻而上浮，坤浊而下降，两者相距甚远，即"天地不交，否"。否卦三阴三阳，虽阴阳平衡，却志不同道不合，正所谓"上下不交而天下无邦也"。因"天地不交"，而"万物不通"。万物不通，促使人们过度掠夺生态以获取足够的生态福利，出现"包羞"，损害生态的可耻行为。天地相恶不交，还表现为"小人道长，君子道消"，百姓生活无望的现象。

否，经济深度危机。否为大的堵塞，大恶，完全否定之意，否卦用在经济上，意味着经济低迷萎缩。经济萎缩还表现为"其亡其亡，系于苞桑"，即植被枯萎，果实瘦小，整个社会处于萎靡不振的状态。经济为何处于危机阶段，古人告知，"大往而小来"，生态输出量大于输入量。生态系统长期处于赤字阶段，更新能力羸弱。生态系统长期超负荷地为人们提供各种资源与服务，"包承，小人吉，大人否"，此时，羸弱的生态系统只能支撑小的经济事宜，大的经济项目则无力支持。生态严重失衡，能量流动与物质交换停滞，呈现出"内阴而外阳，内柔而外刚"的疲软状态，甚至出现了自然报复。由于经济系统极度依赖于生态系统，生态系统产出的福利越来越少，而释放的报复力越来越强，不仅用于经济发展的资源不断减少，而且自然报复严重减损人类劳动成果。因此"上下不交而天下无邦也"，生态与经济的统一性减弱，对立度加深。

否，及早发现，及早防范。古人深知物极必反、否极泰来之道。用"倾否，先否后喜"告知后人，面对不断深化的经济危机、生态危机，应该有英雄断臂的勇气，及时发现，及时防范，采取"休否，大人吉"的策略，放弃以前反生态的经济发展模式，采用内涵式的经济发展模式，"有命无咎，畴离祉"，遵循生态规律，保护修复补偿生态，才能实现"否终则倾"，摆脱危机迎来复苏。

案例与启示：生态大灭绝

否卦，描绘大的生态危机，进而引发经济进入暮年期的萧条状态。告诫我们要维持生态平衡关系，不能只享受自然提供的服务也要向自然提供服务。一旦人们的经济活动严重打破生态平衡，就会招致灭顶之灾。

案例：生态史上有过几次大的由于自然原因引起的大灭绝。第一次物种大灭绝距今 4.4 亿年前的奥陶纪末期。由于气候变冷和海平面下降，生活在水体的无脊椎动物85％灭绝。第二次生物大灭绝距今 3.65 亿年前的泥盆纪后期，海洋生物遭受了灭顶之灾。第三次生物大灭绝时间距今 2.5 亿年前的二叠纪末期，导致超过95％的地球生物灭绝，又称二叠纪大灭绝。第四次生物大灭绝时间距今 2 亿年前的三叠纪晚期，爬行类动物遭遇重创，又称三叠纪大灭绝，估计有 76％的物种，其中主要是海洋生物在这次灭绝中消失。这一次灾难并没有特别明显的标志，只发现海平面下降之后又上升了，出现了大面积缺氧的海水。第五次生物大灭绝发生在 6 500 万年前后的白垩纪晚期，又称白垩纪大灭绝，是地球史上第二大生物大灭绝事件，约 75％～80％的物种灭绝。在五次大灭绝中，这一次大灭绝事件最为著名，因长达 14 000 万年之久的恐龙时代在此终结而闻名，海洋中的菊石类也一同消失。

启示：要避免生态危机与经济暮年期，中国要调整发展模式，否卦对建设生态文明，实现美丽中国梦有良好的启示作用。一是"大往小来"。古人告知，人与自然的关系不是单向的，不能只从自然中获取资源福利，阻碍生态系统的能量流动与物质交换，导致"天地不交""万物不通"，应该补偿生态。二是"有命无咎，畴离祉"。古人告知，经济发展无法脱离生态提供的福利，要想可持续地获取生态福利，必须保持生态承载力，保持生态系统的活力。只有这样才能获取更多更好的生态福利，实现生态利用的可持续化。三是"志行也"。转变经济发展模式，能源利用模式，以绿色可再生资源代替不可再生资源，以减少对生态的不利扰动，修复递减的生态承载力，实现人与生态的和谐友好。

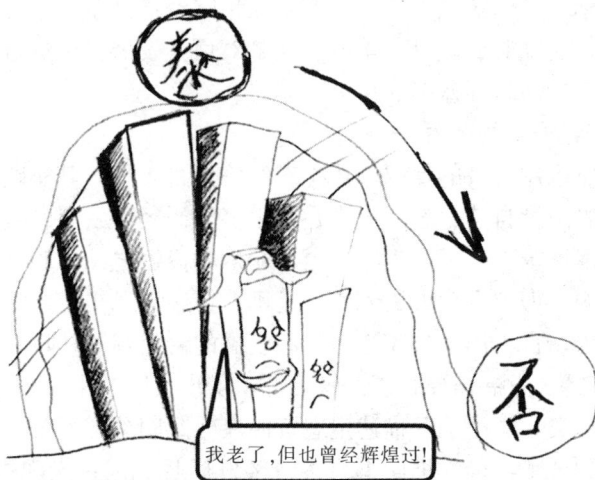

否卦：经济处在暮年期　生态危机

我老了,但也曾经辉煌过!

第三章　生态经济愿景篇

易经生态经济愿景思想的提出，具有思想逻辑背景与实践背景。

（一）思想逻辑背景

古人在长期的生态经济实践中，意识到生态经济系统不是一蹴而就及永恒存在的恒定之物，与任何生物一样必将经历诞生、成长与消亡的过程。于是用乾、坤二卦概括了生态经济系统生命之源泉；用屯、蒙、需、讼、师、比、小畜、履、泰、否十重卦系统描述了生态经济系统从婴儿、幼儿、少儿、青年、中年、到老年、到衰亡的成长周期。难能可贵的是，虽然古人看到了生态经济系统不可避免地要走从生到亡的周期路径，但他们并未悲观懈怠，而是希望通过人的不懈努力，使生态经济大周期的期限无限度地延长，就像现代美国生态经济学家鲍尔丁提出循环经济理论，用以延长地球"宇宙飞船"覆灭时间一样，进而实现相对的恒久发展目标。换言之，揭示生态经济系统的成长周期，古人对生态经济的探索并未止步，从思维逻辑角度，自然而然地要提出生态经济拟实现的目标、勾画愿景设想。他们站在生态经济巨系统平台，用恒卦表达持久发展目标，用随卦、咸卦、丰卦、益卦对恒久发展目标进行了细化，用贲卦与升卦描述了持久目标蓝图。

（二）生态经济实践背景

易经中之所以用七卦的篇幅阐述生态经济愿景思想，其实践背景在于，古人的经济实践思想及自然生态环境中存在很多阻碍经济发展的因素，于是提出行动纲领、基本诉求、目标设想。如恒卦初六"浚恒之凶，始求深也"中"浚恒"为深入挖掘，即挖掘后人资源，这是不可持续的思想及作法。针对这种反生态思想及行为，古人用恒卦表达了经济发展的总目标——持久发展（现代的可持续发展）；持久发展需要合理配置资源，实现代际公平。古人用"系小子，失丈夫"、"系丈夫，失小子"描述生态资源在代际间分配不公平的现象，进而用随卦表示代际公平目标，进而丰富了持久发展目标。古人观察到"丰其蔀，日中见斗"、"丰其沛，日中见沫"——天体生态系统中的太阳黑子周期性变动影响气候，造成风灾、水患、极寒、极热，是农业歉收的主要原因。认为农业丰收，粮食保障百姓吃饱穿暖，是古人最基本的愿景，于是用丰卦表达了这一诉求；古人认为，感知、感激是人与自然、人与人和谐相处的前提。可是在生态经济时间中，对自然给予的财富不感恩，对他人的付出不感恩的现象比比皆是，是生态经济和谐发展的大敌，于是古人用咸卦表达了和合愿景等。

（三）生态经济愿景的逻辑框架图

易经中的生态经济愿景思想是有逻辑性的。生态经济系统的总目标是持久发展，古人用恒卦表达生态经济持久发展愿景；代际公平是恒久发展的重要原则，古人用随卦表达生态经济公平愿景；天地人的和谐感应是持久发展的前提也是重要组成部分，古人用咸卦表达生态经济和合愿景；天地人的和合，风调雨顺，农业大丰收，古人用丰卦表达物阜民丰的诉求；农业丰收，实现生态经济效益愿景；提高人类的生态经济福祉，即升卦中的生态经济福祉愿景；贲卦是宏图愿景的最高境界。

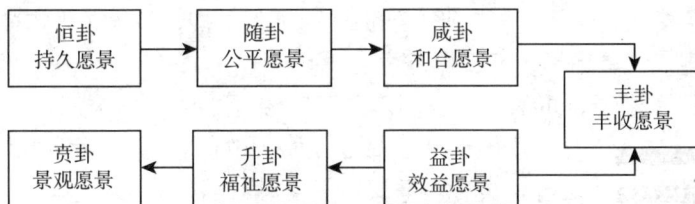

生态经济愿景的逻辑框架图

13. 恒☳☴——可持续发展愿景

卦辞： 亨，无咎，利贞。利有攸往。

象曰： 雷风，恒。君子以立不易方。

彖曰： 恒，久也。刚上而柔下。雷风相与，巽而动。刚柔皆应，恒。恒亨，无咎，利贞，久于其道也。天地之道，恒久而不已也。利有攸往，终则有始也。日月得天而能久照。四时变化而能久成。圣人久于其道，而天下化成。观其所恒，而天地万物之情可见矣。

爻辞： 初六：浚恒，贞凶，无攸利。象曰：浚恒之凶，始求深也。九二：悔亡。象曰：九二悔亡，能久中也。九三：不恒其德，或承之羞，贞吝。象曰：不恒其德，无所容也。九四：田无禽。象曰：久非其位，安得禽也。六五：恒其德，贞妇人吉，夫子凶。象曰：妇人贞吉，从一而终也。夫子制义，从妇凶也。上六：震恒，凶。象曰：震恒在上，大无功也。

恒卦六爻的生态内涵

恒卦的核心议题是"久"，是先祖用以表达希望生态经济系统在后人的努力下，发展壮大，实现可持续发展的愿景卦。

初六：过度挖掘、利用自然资源，就会招致资源耗竭，生态不友好之灾，不利于可持续发展。九二：合理配置资源，就能实现持久发展的目标。九三：不坚持可持续发展之大德，会受到他人的责难，甚至羞辱。九四：不坚持持久发展之道，资源就会枯竭，生物多样性就会锐减。六五：坚守持久发展之道，应顺应生态规律，恰如女子从一而终一般，吉祥。相反，若不坚持持久发展之道，就如同男性不讲原则一般，有灾祸。上六：持久发展并不意味着静止，但若过度震荡，甚至震荡不已，则就违背了恒久发展之道。

生态原理：可持续发展

恒卦与现代生态经济学中的"可持续发展"思想非常的吻合，适用于可持续发展理论。

可持续发展的内涵。可持续发展是一种注重长远发展的经济增长模式，最初于 1972 年提出，是指建立在社会、经济、人口、资源、环境相互协调和共同发展的基础上的一种发展，其宗旨是既能相对满足当代人的需求，又不能对后代人的发展构成危害。可持续发展是以保护自然资源环境为基础，以激励经济发展为条件，以改善和提高人类生活质量为目标的发展理论和战略。它是一种新的发展观、道德观和文明观。

可持续发展的基本内容。可持续发展主要包括经济可持续发展、生态可持续发展、社会可持续发展。经济可持续发展是指在保护自然资源的质量和其所提供服务的前提下，使经济发展的利益增加到最大限度；生态可持续发展是指不超越生态环境系统更新能力的发展；社会可持续发展是指资源在当代人群之间以及代与代人群之间公平合理的分配。

可持续发展的原则。可持续发展有三大原则：第一，公平性原则，即在资源分配上实现本代人之间以及代际间的公平；第二，持续性原则，即人类经济和社会的发展保持连续性，可以持续的发展；第三，共同性原则，即各国可持续发展的模式虽然不同，但公平性和持续性原则是共同的。地球的整体性和相互依存性决定全球必须联合起来，认知我们的家园。

可持续发展与环境保护的关系。可持续发展与环境保护是一个密不可分的系统，既要达到发展经济的目的，又要保护好人类赖以生存的大气、淡水、海洋、土地和森林等自然资源和环境，使子孙后代能够永续发展和安居乐业。可持续发展与环境保护既有联系，又不等同。环境保护是可持续发展的重要前提。可持续发展的核心是发展，但要求在严格控制人口、提高人口素质和保护环境、资源永续利用的前提下推动经济和社会的发展。

恒卦的生态解析

恒卦的产生背景。古人在长期的生态经济实践中发现，生态经济系统的发展不能只顾眼前利益，要注重长远发展。由此，古人用震卦和巽卦相叠形成恒卦，告示后人，要不断壮大，实现生态经济系统的可持续发展。

恒卦的内涵。其一，恒卦的含义是持久。"恒则可久，益则可大，可久可

大。可久则贤人之德，可大则贤人之业。"这就是经济持久，古人希望经济的
规模能不断壮大，经济发展能够亘古绵长；"日月得天，四时变化"则是生态
持久的状态；"夫妇之道不可以不久也，故受之以恒"，说明家庭中夫妻之间要
和谐相处，互相体谅，才能达到家庭持久。其二，持久的机理。"天地之道，
恒久而不已也。"生态圈的物质能量生生不息，"日月得天而能久照，四时变化
而能久成。"这为经济和家庭的发展奠定了良好的自然条件，使社会经济的发
展可以持久。其三，持久的路径。"圣人久于其道而天下化成。观其所恒，而
天地万物之情可见矣。"即管理者观天地万物恒久演变延续之精神，也就应该
有恒的决心、恒的管理之道、恒的意志品质，才能达到恒久的发展。

可持续发展的宏愿。其一，希望通过"恒"，达到"亨"。即通过经济恒久
发展，生态恒久平衡，家庭恒久和谐，"妇人贞吉，从一而终也"，实现经济社
会的可持续发展。其二，希望代际公平，"不浚恒"，古人告诫我们不能去挖掘
那些属于后代人的资源，要保持代际公平。其三，希望经济发展以生态良好为
前提。春天百鸟鸣唱，打破"田无禽"魔咒，四处可见田有禽。

恒卦的警告。其一，"不浚恒"，古人警告我们要保持资源的可持续利用，
而不是耗尽地球上的所有资源；其二，"不振恒"，古人警告我们不能一直改变
政策，要有持之以恒的精神；其三，"久非其位，安得禽也？"古人警告我们要
坚持可持续的发展，不然就会成为"不恒其德，无所容也"，遭到自然界的
遗弃。

案例与启示：倒 U 形陷阱与跨越

易经用恒卦表达了古人通过努力实现持久发展的总目标，与现代生态经济
学中的"可持续发展"相吻合。

案例：可持续发展的提出以生态危机为理论与实践背景。其中美国著名经
济学家库兹涅茨的环境污染倒 U 形假说是其重要理论渊源。库兹涅茨认为环
境污染与经济增长之间呈倒 U 形关系：在工业化初期，随着人均 GDP 的增加
环境污染程度呈上升趋势；到工业化成熟期，环境污染达到顶点；此后，随着
GDP 的提高，环境污染逐年下降，污染曲线呈倒 U 形。实证表明，美国、日
本、法国、德国等发达国家，走过了倒 U 形环境污染路径，目前，其人均
GDP 总量大，国内自然生态环境好，污染指数低。然而，发达国家在工业化
初期与中期，不仅掠夺性地使用世界资源，还大量排放废气、废水、废物，占
用了发展中国家以及未来儿孙的排放空间，属于不可持续性的发展。因而，中
国作为发展中国家不能再走倒 U 形路径，要跨越倒 U 形陷阱，承担大国责任，

实现恒久发展。

　　启示：恒卦对中国实现可持续发展愿景具有重要启示作用。其一，要实现可持续发展，需要弘扬与贯彻恒卦的"持久"思想，摒弃经济的短期化行为，将恒卦作为可持续发展的理论基础，并结合中国现实，创新适宜指导中国生态经济实践的具有中国特色的可持续发展理论。其二，要实现可持续发展，需要将恒卦的"持久"目标，即可持续发展目标上升为国家总的经济发展战略目标，并写进经济学的教科书，广而教之。其三，要实现可持续发展，就要按照古人的指点"不浚恒"，不竭泽而渔，而是要跨期优化配置生态资源；"不振恒"，持之以恒地追求生态和谐美好；其四，要实现可持续发展，需要将恒久发展目标具体细化，并运用行政手段、法律手段、经济手段、技术手段以及宣传教育的手段，约束反生态、反可持续发展的污染行为、破坏行为，防止短期化思想与行为，以求自然环境同人文环境、经济环境共同平衡共同发展。

跨越生态陷阱实现恒久发展

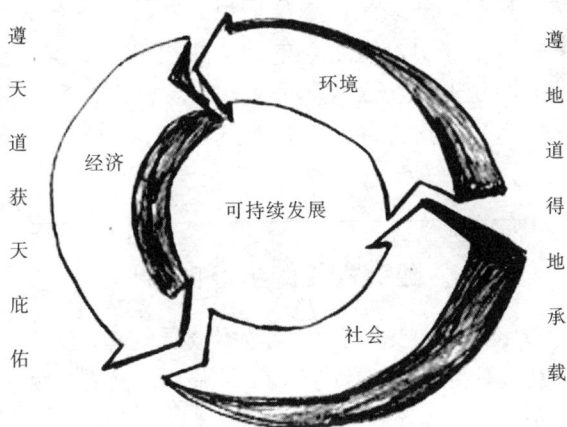

14. 随☳——生态资源公平分配愿景

卦辞：元、亨、利、贞，无咎。

象曰：泽中有雷，随。君子以向晦入宴息。

彖曰：随，刚来而下柔，动而说，随。大亨贞，无咎。而天下随时。随时之意大矣哉。

爻辞：初九：官有渝，贞吉。出门交有功。象曰：官有渝，从正吉也。出门交有功，不失也。六二：系小子，失丈夫。象曰：系小子，弗兼与也。六三：系丈夫，失小子，随有求，得。利居贞。象曰：系丈夫，志舍下也。九四：随有获，贞凶。有孚在道，以明，何咎。象曰：随有获，其义凶也。有孚在道，明功也。九五：孚于嘉，吉。象曰：孚于嘉，吉，位正中也。上六：拘系之，乃从维之。王用亨于西山。象曰：拘系之，上穷也。

随卦六爻的生态内涵

随，有遂心遂意，顺遂生态规律，可持续发展规律之意。随卦：在资源分配问题上遂了当代人的心，顺了后代人的意，资源配置要兼顾当代人与后代人的利益，按照恒的愿景实现资源配置的公平正义，是愿景卦，是恒卦的继续。

初九：政府资源分配方案要有所改变，照顾当代人（室内）兼顾后代（出门）人，不会迷失恒久发展的方向。六二：资源是有限的，在分配上存在着代际矛盾，若只考虑后代人（长远利益），就顾不了当代人（眼前利益）。六三：只考虑当代人的发展，就是以牺牲后代人为代价实现当代人的志向。要根据现有资源总量，合理配置，不能偏袒任何一方。九四：追逐名利，贪图眼前利益，未来就有凶险。制定公平原则，对资源配置加以约束，吉利。九五：坚守公平正义的原则，有利于恒久发展。上六：对于严重违反公平原则的人，要绳之以法，并向生态自然请罪。

生态原理：代际公平

代际公平。代际公平指当代人和后代人在自然资源利用、满足自身利益、谋求生存与发展上权利均等的状况，是可持续发展的重要原则。要求，当代人必须留给后代人生存和发展必要的生态环境与自然资源。

代际公平的理论来源。代际公平理论最早由国际环境法学家爱蒂丝·布朗·魏伊丝于 1989 年出版的《公平地对待未来人类：国际法、共同遗产、世代公平》一书中提出的。其基本观点是："在任何时候，每一代既是受后代委托而保管地球的保管人或受托人，也是这种行为结果的受益人。这就赋予我们保护地球的责任，以及某种利用地球的权利。拟议中的代际公平理论假定，所有国家对后代都有代际责任。"代际公平中有一个重要的"托管"的概念，认为人类每一代人都是后代人类的受托人，当代人有责任保护地球环境并将它完好地交给后代人。

代际公平的原则。一是"保存选择原则"，即每一代人应该为后代人保存自然和文化资源的多样性，避免限制后代人的权利，使后代人有和前代人相似的可供选择的多样性；二是"保存质量原则"，即每一代人都应该保证地球质量，在交给下一代时，不比自己从前一代人手里接过来时更差，也就是说，地球没有在这一代人手里受到破坏；三是"保存接触和使用原则"，即每代人应该对其成员提供平行接触和使用前代人遗产的权利，并且为后代人保存这项接触和使用权，也就是说，对于前代人留下的东西，应该使当代人有权了解和受益，也应该继续保存，使下一代人也能接触到隔代遗留下来的东西。

代际公平主要表现在两个方面。第一，同时代人不同代际之间的公平问题，包括经济机会、社会地位、社会排斥、教育权利和福利待遇等各个方面。第二，不同时代人之间的代际公平问题，它是由当代人与后代人之间的伦理关系所定义的，主要涉及当代人对地球资源的开发与保护之间的平衡问题。

随卦的生态解析

随卦由上卦兑卦，下卦震卦组成，互卦是艮卦和巽卦。随卦代表的是生态资源分配与使用的公平性愿景，涉及气候资源、森林资源、水资源、土地资源、海洋资源、太空资源等的跨期优化配置问题。

随卦的产生背景。原始社会，生活资料匮乏，温饱问题是人类发展之路上的头等问题。为了解决温饱问题，古人将采集野果、野菜、野种子，捕获的鱼类、野兽在部落成员之间进行分配，并将一部分食物存起来，为自己也为后代人积蓄一定的食物，以保障族群的延续。由于生态资源有限，给父亲多了，儿子得到的就少了；给 A 家族多了，B 家族就少了。资源的有限性，引起了公平分配的诉求，由此随卦产生。随卦旨在告示后人，要正确处理当代人之间、当代人与后代人之间的资源分配关系，力争实现生态资源利用的正义公平。

代际分配关系与资源紧缺。在资源分配中，存在着代际关系。随卦用"丈夫"比喻当代人，用"小子"比喻后代人，阐释了资源分配中要考虑的代际关系及其矛盾性。"系丈夫，失小子"：资源有限，当代人过分追求经济增长，耗竭资源，就会侵占后代子孙应享有的资源福利。"系小子，失丈夫"：如果过度限制资源开发与利用，给后代人留下的资源过多，就会遏制经济社会发展，就会降低当代人的福利水平。

易犯的错误——只顾当代不顾后代。随卦用"刚来而下柔"预言了后人极易犯的错误：仅考虑当代，掠夺性使用资源，造成资源对后代人分配的不公平。人们对资源的需求过"刚"，消耗的资源过多，排放的废弃物过多，就会导致过大的生态足迹，迫使后代人可用资源拥有量过低，生态环境的各项能力疲乏，整体表现为下"柔"。

孚于后人，实现代际公平。随卦要求当代人"有孚在道"，考虑后代子孙对资源与环境的需求，做好后代人资产管理者和修复者的工作，这样才能"明功"。做到"孚于嘉"，即宣传代际公平思想，履行代际公平责任。"位正中"，明确自己的职责与义务，规范自己的行为。

案例与启示：祖地的蚯蚓

日本对土地生态的保护模式，与代际资源公平配置有关，是"随"的最有说服力的案例。

案例：日本陆地面积仅有 37.79 万平方千米，山地占总面积的 70%。平原面积狭小，耕地资源十分有限。尽管耕地有限，但日本耕地生态得到最大限度的保护，成为全球土地利用最为合理的国家之一。2009 年，笔者以访问学者身份赴日本岛根县立大学东北亚研究院进行生态保护方面的学术交流。初到日本，便被日本良好的生态所吸引。尤其到同学家小住后，对其祖地里众多肥硕的蚯蚓、活泼的青蛙、小山上的青蛇印象深刻，感叹不已。同学家是传统的日本农村家庭，住古朴的木屋，拥有祖宗宗祠，祖传的小山丘，一公顷土地。他们对自己的土地、山丘爱护有加，不断改良土壤，秸秆还田，施用农家肥，使得土地生态良好，山上植被茂盛，生物多样性得到有效保护。为了有具体数据，笔者用物理手捡法，对同学家耕地的蚯蚓进行了检测，发现1平方米耕地竟然有蚯蚓76条之多，生态极其的好。相反，现如今中国东北三省曾经最肥沃的黑土地，在化肥、农药的大量施用下，已经不见了蚯蚓的踪影。据同学讲，拥有祖传地产，世代保护生态的日本家庭比比皆是。

启示：随卦描绘资源分配的公平愿景，告示世人不要竭泽而渔，要给后代留下发展空间。新中国成立后，为了加快发展，不惜牺牲后代人的资源福利，"大干快上""多快好省"，生态足迹总量过大，结果破坏了生态环境。相反，日本却能始终如一地保护生态，他们良好的做法值得借鉴。尤其是，当前，中国加强城市化建设，对资源环境保护提出了严峻挑战。扩大城市规模，就会硬化耕地，生态安全、粮食安全就会失去保障。过多地硬化土地，就是对后代人资源的占有，就是对后代人的不公平。所以，秉承随卦公平正义思想，我们要效率，但更要公平，对当代人，对后代人的公平。

随卦：资源公平分配

15. 咸☶☱——经济与生态和合愿景

卦辞： 亨，利贞，取女吉。

象曰： 山上有泽，咸。君子以虚受人。

彖曰： 咸，感也。柔上而刚下，二气感应以相与。止而说，男下女，是以亨利贞，取女吉也。天地感而万物化生。圣人感人心而天下和平。观其所感，而天地万物之情可见矣。

爻辞： 初六：咸其拇。象曰：咸其拇，志在外也。六二：咸其腓，凶，居吉。象曰：虽凶居吉，顺不害也。九三：咸其股，执其随，往吝。象曰：咸其股，亦不处也。志在随人，所执下也。九四：贞吉，悔亡。憧憧往来，朋从尔思。象曰：贞吉悔亡，未感害也。憧憧往来，未光大也。九五：咸其脢，无悔。象曰：咸其脢，志末也。上六：咸其辅颊舌。象曰：咸其辅颊舌，滕口说也。

咸卦六爻的生态内涵

　　咸与感应、感恩、感受、感激、沟通同义，故此咸卦是古人用以表达生态系统与经济系统相互交流、充分沟通结成友好的和合体的愿景卦。

　　初六：经济系统与生态系统拇指（生物圈）进行沟通，相互感应，以期实现经济体与生态要素之间互相配合，使其亲如手足，结成和合体。六二：经济系统与生态系统小腿（水圈）进行沟通，面临沟通不睦的危险，但只要不急躁冒进，耐心而为，就能如愿。九三：经济系统与生态系统股部（岩石圈）沟通，只要顺遂规律，就不会有困难。九四：坚守和合之道，灾害消失，深度交流，频繁往来，有利于发展。九五：与生态系统胸腹（大气圈）沟通，相互感应，没有灾祸，但壮志未酬。上六：与生态口、舌、面颊（太空）交流沟通，结成天人合一的和合体。

生态原理：和合理论

和合是中国传统文化的精髓，《易经》的和合思想，构成了咸卦的主旨。因而，咸卦是和合理论的具体体现。

和合的基本含义。 殷周之时，和与合是独立词汇，"和"是音韵相应，后有和睦、和平、和谐之意；"合"是上下嘴唇的合拢，引申为结合、融合、合作。春秋时期，和合二字联用，意指为了一个共同目标，不同要素之间相互适应、配合、协调、融合，统一在一个框架之下。孔子的"道不同而不相悖，和而不同"揭示了和合的本质。当今社会的中西医结合、国际社会联手治理温室气体排放、文化上百花齐放百家争鸣方针的采用，是不同领域和合思想的运用。

和合的前提。 首先，和合框架中的要素，是不同、甚至是有冲突的要素；其次，不同要素必须拥有共同的大目标；其三，不同要素，必须彼此感应，心息相通，通过磨合才能达到和合。感应，是和合的关键。和合过程是"冲突—感应—和合—冲突—感应—和合"的过程。

生态经济系统的和合模式。 第一，阴阳和合。老子的"万物负阴而抱阳，冲气以为和"思想，在生态经济语境下，就是生物圈、大气圈、水圈、岩石圈及人圈中性情相异事物的和谐、平衡，如冷暖适宜、日月协调、生物性比例适当等。第二，经济与生态系统的和合。中国古代思想家用三分法将生态经济系统装入天、地、人三才框架，认为，天地人三才虽常有冲突，但只要人类能正确认识、把握、适应、利用自然，就能够实现天人合一、人与自然的和解。第三，经济系统中人与人、人与社会的和合。现实生活中，当代人之间，代际之间以及人与社会之间在自然资源优化配置中常有矛盾与冲突。孔子的"和为贵"，墨子的"兼相爱、交相利"是处理代际之间资源分配矛盾的总则；而孟子的"天时不如地利，地利不如人和"强调解决社会矛盾时，应以人为本，以百姓利益为重，调动各方面积极性，实现资源在远期配置、近期分配上的人与社会的和合。

咸卦的生态解析

咸卦的产生背景。 咸卦是由经卦的兑卦和艮卦相叠而成，互卦是巽卦和乾卦。分别代表了生态圈中的沼泽、树木、羊、狗、鸡、马；大气圈中的风、雨；岩石圈中的山峦；人际圈中的父亲、长女、少男、少女等。古人通过观察生态圈、大气圈、岩石圈以及人际圈的矛盾冲突，于是产生了和合融合沟通感恩的愿景，并用咸卦表示。

咸卦的内涵。"咸，感也"。其一，感应、相合。"柔上而刚下，二气感应以相与""天地感而万物化生"，意指阴阳相会，相互感应化生成生态经济系统的万事万物；其二，感化、体恤。"圣人感人心而天下和平，观其所感，而天地万物之情可见矣"。经济系统中的管理者被天地万物和合之情感化、体恤民情、自然生境，制定政策促进人与自然的和合。其三，感动、取悦。俗话说，家和万事兴。先祖用"止而说，男下女"，告知后人，以谦和态度感动对方，就能达到"取女吉"目的。

微观层面的和合愿景。微观层面的和合。先祖用"咸其拇"，暗示生态经济系统各圈层内部各要素之间建立一个和谐、协调、融合亲如手足的美好关系。生态经济系统的手足情谊是更大范围和合的基础，不能就此满足，还要"志在外也"，如男女合婚，风雨、雷电的和合等。中观层面的和合。先祖用"咸其腓"，"咸其股"暗喻不同圈层的要素之间尽管充满相克的变数，但凶中有吉，只要"志在随人""执其随"，即顺应、伴随则为吉。

宏观层面的和合愿景。先人用山上有泉，山中有林、羊、马、鸡、狗，山下有少女、少男的卦象，描绘山承水，水润山，山水滋养林木、动物，男女相爱，与天地合其德，与日月合其辉，山清水秀、物阜民丰的天地人三才相互感应，实现生态经济系统和谐有序发展的和合愿景。对于"憧憧往来，朋从尔思"，要以"天下何思何虑？天下同归而殊途，一致而百虑"的和合态度体验万物。

案例与启示：和合二圣

案例：和合二圣是民间传说的姻缘之神，主婚姻和合。和合二仙本是唐代的两位青年名寒山与拾得，二人亲如兄弟，但共爱同一女子，彼此不知。寒山大婚之时，得知拾得也深爱自己的未婚妻，为了成全拾得，他离家为僧。拾得得知自己爱恋的女子也是寒山所爱，为了成全寒山，他也为僧去寻übergeben 寒山。两人相会后，发现彼此都已为僧，于是在同一庙宇中修行。两人在佛学上造诣深厚，成为继丰干以后的唐代高僧，于唐代贞观年间由天台山至苏州好利普明塔院任主持，所住寺庙改名为闻名中外的苏州寒山寺。二位高僧圆寂后，民众珍视他俩情同手足的情意，将其推崇为和睦友爱的民间爱神。至清代雍正皇帝正式封寒山为"和圣"，拾得为"合圣"，和合二仙从此名扬天下。现今，和合神像一化为二，僧状，犹为蓬头之笑面神。一持荷花，一捧圆盒，意为"和

（荷）谐合（盒）好"。荷花是并蒂莲的意思，盒子是"好合"的象征，而五只蝙蝠，则寓意着五福临门，大吉大利。

启示：先祖用咸卦描绘了经济与生态，经济系统中人与人之间，通过相互感应，建立和合关系的美好愿景。其一，咸卦明晰了"有天地然后有万物，有万物然后有男女，有男女然后有夫妇，有夫妇然后有父子，有父子然后有君臣，有君臣然后有上下，有上下然后礼仪有所错"的自然伦理秩序、社会伦理秩序以及家庭伦理秩序，将不同、对立和合在一个生态经济框架之中。咸卦的核心是"感"，与中国国学中的生态文明观"和合相生，融凸和谐"相吻合。其二，以感的态度与自然对话，建立人与自然和合的关系。当代，人与自然矛盾突出，要实现人与自然的和解，就要以和合的态度对待自然。其三，人与人对话，实现资源配置的代际公平。其四，政府与百姓在资源配置上的和合。政府的生态经济政策应以和合为指导，摒弃人定胜天的斗争观念，摒弃凌驾于自然之上的错误做法，只有达到人与自然的和解，才有望实现人与自然的和合。

咸卦：和合二仙
祝婚姻和美　爱河永浴

16. 丰☲☳——粮食大丰收愿景

卦辞： 亨。王假之。勿忧，宜日中。

象曰： 雷电皆至，丰。君子以折狱致刑。

彖曰： 丰，大也。明以动，故丰。王假之，尚大也。勿忧，宜日中。宜照天下也。日中则昃。月盈则食。天地盈虚，与时消息，而况于人乎，况于鬼神乎。

爻辞： 初九：遇其配主。虽旬无咎，往有尚。象曰：虽旬无咎，过旬灾也。六二：丰其蔀，日中见斗，往得疑疾。有孚发若，吉。象曰：有孚发若，信以发志也。九三：丰其沛，日中见沬。折其右肱，无咎。象曰：丰其沛，不可大事也。折其右肱，终不可用也。九四：丰其蔀。日中见斗。遇其夷主，吉。象曰：丰其蔀，位不当也。日中见斗，幽不明也。遇其夷主，吉行也。六五：来章，有庆誉，吉。象曰：六五之吉，有庆也。上六：丰其屋，蔀其家。窥其户，阒其无人。三岁不觌，凶。象曰：丰其屋，天际祥也。窥其户，阒其无人，自藏也。

丰卦六爻的生态内涵

　　丰卦以太阳黑子周期性活动引发气候灾害，使农业歉收为例，用以表达古人期盼风调雨顺、粮食大丰收愿景。

　　初九：太阳中出现黑子，十天内对农时无害，但十天后恐有气象之灾。六二：太阳黑子越积越多，遮天蔽日，北斗星出现，令人恐惧，但只要礼拜自然，就能平安无事。九三：太阳黑子使太阳左半部分受伤，中午时分，天空黑暗，小星星出现。九四：伤痕累累的太阳，遇见疗伤的医师，吉祥。六五：太阳黑子活动结束，光明照亮地球，普天同庆。上六：太阳黑子疯狂肆虐，灾害频发，农业减产，颗粒无收，灾民流离失所，人走屋空，农业危机来临。

生态原理：农业丰收

丰卦的核心为盛大、丰收，与生态经济学中的农业丰收原理吻合。

农业丰收的意义。 在经济系统之中，农业是国民经济的基础产业，是安天下、稳民心的战略性领域。农业的丰歉对粮食安全、就业安全、物价安全乃至政治安全都有着深远的影响。诚如色诺芬所言：农业是其他技艺的母亲或保姆，因为农业繁荣的时候，其他技艺也都兴盛。农业丰收，是生态经济持续发展的前提。

影响农业丰收的因素。 其一，自然因素。靠天吃饭是农业脱不开的情节，温度、光照、降雨、风力等气候资源形成农业光合潜力、光温潜力、水潜力，对农业丰收起着重要的约束作用。土壤的自然肥力是土壤综合肥力的基础，土壤中的矿物质含量、腐殖质、水分、土壤空隙结构、微生物、动物形成农业土壤潜力。风调雨顺，土地肥沃，占天时、居地利，农业有望丰收。充足的灌溉水源会大大提高土地生产效率，是农业丰收的必备条件。其二，技术因素。农业技术，包括农业技术装备、生产技术、种子技术等，是现代农业粮食丰收与否的不可忽视的要素。通常，在自然因素不变前提下，农业技术水平越高，则单位面积作物产量越高，农业丰收可能性越高，反之亦然。需要注意的是，技术是把双刃剑，技术应用不当，会破坏自然生态，影响农业丰收。第三，制度因素。制度适宜，能够调动农民生产积极性，在技术不变、自然环境不变条件下，为农业丰收奠定制度条件；反之，制度滞后，将影响农业发展。

中国当代农业丰收历程。 六场农业革命，提高了丰收的层次。一是种子革命。1973—1976 年，杂交水稻的培育成功，掀起了种子革命；二是化肥革命。从 20 世纪 60 年代末开始，中国陆续建成一大批中小型化肥厂，到 1975 年，化肥施用量较 1965 年增长了 3.1 倍，化肥革命进一步提高丰收水平；此外，水利革命、农业机械化革命、耕作技术革命以及化纤产品革命，大大提高了粮食产量，为农业现代化奠定了基础。

丰卦的生态解析

丰卦的产生背景。 丰卦是古人期盼风调雨顺、粮食满仓的丰收愿景卦。在长期的生态经济实践中，古人饱尝靠天吃饭的艰辛。每遇干旱、洪水、倒春寒、早霜、台风、蝗虫等恶劣天象，庄稼要么减产，要么颗粒无收，饿死人的现象时有发生。民以食为天，丰收愿景有此产生。

丰卦的内涵。其一，丰，乃盛大之象。"得其所归者必大，故受之以丰。丰者，大也。"丰卦是粮食满仓、硕果累累的意思，描绘丰收之象。其二，盛大的条件。首先，要"明以动"。有阳光，能光合作用，有适宜的温度，才能丰收；其次，要"尚大也"。崇尚丰收，付诸行动，礼拜自然，就会"王假之"，实现盛大。其三，要"宜日中，宜照天下也"。只有光明普照天下，才能"勿忧"，实现丰收愿景。最后，谨防太阳黑子周期性波动引发的气候灾害，未雨绸缪。古人用"日中则昃，月盈则食"告诉我们，太阳黑子周期性波动会影响气候，月亮的盈亏也会影响农业，要"天地盈虚，与时消息"，顺应时势，把握农时，该播种播种，该除草除草，未雨绸缪，规避灾害才可能实现丰收愿景。

风调雨顺愿景。其一，阳光和煦、温度适宜。古人用"宜日中""宜照天下"表达期望上天能降祥瑞，农作物在阳光普照下进行充分的光合作用，在适宜的温度下农作物苗壮成长的丰收愿望。其二，"雷电皆至"。任何植物的生长都离不开水，打雷闪电甘露降临，禾苗在雨水灌溉下蓄积能量开花结果。其三，和风，扬花授粉。"遇其配主，虽旬无咎"。和煦的微风，起到帮助植物传花授粉的作用，使植物阴阳合德，结下果实。

物阜民丰愿景。农业社会，百姓常因天时不济而忍饥挨饿。"丰其蔀，日中见斗"，"丰其沛，日中见沫"，表述太阳黑子的周期性变动影响气候，是造成风灾、水患、极寒、极热的元凶，是农业歉收的主要原因。农业丰收，粮食产量提高，保障百姓吃饱穿暖，是古人最基本的愿景。因而，用雷电交加、声势浩大、阳光普照、阴阳合德、喜悦、庆祝，描绘水源充盈、林木茂盛、畜牧养殖业繁荣、男女老幼喜笑颜开的物阜民丰农业丰收愿景。

案例与启示：袁隆平的杂交水稻

案例：自古以来，农业都是支撑人类发展的基础性产业，属于第一产业。在古代，由于缺乏科学技术，只能依靠简单的人力劳动来发展农业，一旦遇到自然灾害，就会极大地影响农业丰收，使人们生活在饥荒之中，时时刻刻盼望能有五谷丰登的美好景象。到了现代社会，随着社会经济的不断发展，科学技术水平得到了极大的提高，人们通过利用科学技术来提高农业产量，实现农业丰收目标。其中，杂交水稻的出现是一个重要的转折点。被誉为杂交水稻之父的袁隆平于1960年就开始研究杂交植物，经过了13年的科学探索，袁隆平正式宣告中国籼型杂交水稻"三系"配套成功。这是中国水稻育种的一个重大突破。1984年，袁隆平成立了湖南杂交水稻研究中心以及国家杂交水稻工程技术研究中心，专门进行杂交水稻研究。这期间主要研究的是两系法杂交水稻。1995 年中国的两系法杂交水稻研究取得突破性进展，可以进行大面积推广。1998 年，袁隆平又提出选育超级杂交水稻。经过近一年的艰苦努力，超级杂交稻在小面积试种获得成功，目前正走向大面积试种推广中。

启示：第一，丰收愿景是众愿景中最为重要的愿景，应放在首位。民以食为天，手中有粮，心中不慌。在任何时候、任何地点，政府都不可忽视农业的基础地位，要重视农业，政策向农业倾斜，加大农业投入力度，实现工业反哺农业。第二，高度关注影响丰收愿景的主要因素。丰卦告知后人，影响农业丰收与否的因素很多，主要有气候因素、土地地力因素、人的因素等。当前，气候异常、气候灾害频发影响农业生产，导致粮食歉收。未来，要促进丰收愿景的实现，就要促进气候友好。同时，要注意土地自然肥力的变化，不可过多使用化肥。第三，高度重视太阳黑子的周期性变化对农业丰收的影响。古人早在七千年之前就告示后人，太阳黑子的变化影响农业丰收。为此，解决下个世纪世界性饥饿问题，要重视科学技术研究，重视对太阳黑子的研究。

丰卦：风调雨顺　物阜民丰

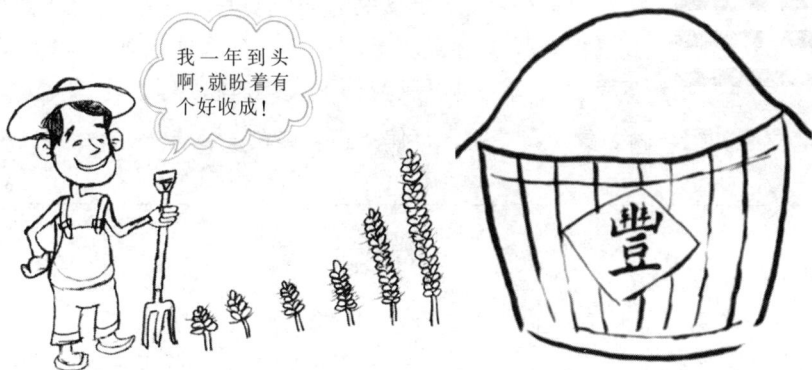

17. 益☷——生态效益与经济效益愿景

卦辞: 利有攸往。利涉大川。

象曰: 风雷,益。君子以见善则迁,有过则改。

彖曰: 益,损上益下。民说无疆。自上下下,其道大光。利有攸往,中正有庆。利涉大川,木道乃行。益动而巽,日进无疆。天施地生,其益无方。凡益之道,与时偕行。

爻辞: 初九:利用为大作,元吉,无咎。象曰:元吉无咎,下不厚事也。六二:或益之十朋之龟,弗克违,永贞吉。王用享于帝,吉。象曰:或益之,自外来也。六三:益之用凶事,无咎。有孚中行,告公用圭。象曰:益用凶事,固有之矣。六四:中行,告公从。利用为依迁邦。象曰:告公从,以益志也。九五:有孚惠心,勿问,元吉。有孚惠我德。象曰:有孚惠心,勿问之矣。惠我德,大得志也。上九:莫益之。或击之。立心勿恒,凶。象曰:莫益之,偏辞也。或击之,自外来也。

益卦六爻的生态内涵

益为增益。益卦表示生态效益与经济效益互动愿景。

初九:勤于耕作、努力恢复地力,从源头入手,不增添生态负担,有利于生态效益与经济效益互动双赢。六二:有外来者为政府献计献策(十朋之龟),不要拒绝,要兼收并蓄;用之来治理生态、补偿生态,吉祥。六三:将收益用于自然灾害,如灾后重建、灾害补偿等,是顺理成章的事情。只要有益于生态有益于民众,就是行中道。六四:为了提高生态效益,保障民众安全,告示政府实施生态迁移政策,政府采纳,吉祥。九五:政府有爱民、爱生态之诚信,无疑会有好的结果,会实现生态效益与经济效益互动愿景。上九:保护生态不能持之以恒,不惠及生态,敲骨吸髓,必引发生态灾害。

生态原理：保护与发展并重理论

益卦的生态效益经济效益双赢愿景思想，与当代关于环境保护与经济发展并重理论相吻合。

生态保护是经济发展的前提。 自然生态系统为经济发展提供资源、环境，提供生产力、生产要素，提供发展的空间与场所，是经济发展须臾不能离开的物质力量。诚如伟大导师马克思所言，没有自然力，没有感性的外部世界，工人什么也创造不出来。可以说，保护生态，就是保护绿色生产力、保护生产要素、保护发展的空间场所。可见，保护是发展的前提。然而，新技术革命以来，随着人类认识自然与改造自然的能力增强，人类对自然的索取超过补偿，生态损害增加，全球性生态危机爆发。生态危机，制约了经济社会的可持续发展。在此背景下，生态保护被提到战略高度。要发展，必须先保护。

经济发展是生态保护的基础。 人类经济福祉的提高，依赖经济的发展。同样，生态保护，需要一定数量的资金、技术、人才作支撑。没有经济的发展，生态保护就成为无源之水、无本之木。例如，水污染治理、基本农田保护需要不菲的资金、必要的技术设备、专门人才，所有这些都依赖于经济的发展。可以推理，经济落后，仅有的财富尚不足以维持人类生活，拿出相当资金用于生态保护，绝对是纸上谈兵。

在发展中保护，在保护中发展。 人类福祉的提高，不仅要求经济福祉的提高，对生态福祉有更高的诉求。保护与发展并重，能促进人类生态福祉与经济福祉的良性互动。坚持保护优先、开发有序的原则，控制不合理的资源开发活动，注重发挥生态系统的自然修复功能。同时，也要开展生态工程建设，实施退耕还林、退牧还草、防沙治沙等工程，遏制环境恶化趋势。加快经济发展方式绿色化转型，大力推动产业结构优化升级，全面发展循环经济，缓解资源供给不足的矛盾，减少污染物的排放。加强环境保护，必须依靠科技创新。将自主创新与引进消化吸收结合起来，切实提高环境科技含量，加强环境保护。

益卦的生态解析

益卦的产生背景。 由于技术有限、工具落后，古人日出而作日落而息，努力耕种、狩猎、捕鱼，虽辛勤劳作，但收获有限，经常食不果腹。因而，他们产生了生态效益与经济效益双赢愿景，期盼一定的劳动投入能有更大的经济收益，盼望着一定的生态保护能够使河中鱼儿肥美，树上野果丰硕，林中野兔成群，进而收获更大的生态效益，于是，产生了效益愿景卦。益卦表示生态效益与经济效益双赢愿景。

益卦蓝图。《序卦》说："损而不已必益，故受之以益。"减损之后就会有所增益，益为增益之意。其一，兴盛之始。《杂卦》说："损益，盛衰之始也。"益卦损上益下，为兴盛之始。兴盛，就会有发展，有所增益，就有经济效益。其二，"自上下下，其道大光。"人类主动走进自然，保护自然，才能道路光明，获得真正的效益。其三，"益动而巽，日进无疆。"益卦的增益在于行动，不论是经济效益还是生态效益，都需要人类积极行动，主动去发展、去保护，保护与发展并重，经济效益与生态效益同步，才能"日进无疆"，前程无限，达到增益的效果。

生态效益愿景。其一，"天施地生，其益无方。"古人暗示我们，生态系统按照其自身的运行法则不断向前发展、"与时偕行"，展现出生态效益的美好愿景。其二，"风雷，益。"在风调雨顺的条件下，生态系统生机勃勃，为人类的生产和生活获得更大效益奠定了基础。其三，"益用凶事。"当自然界的生态平衡遭到破坏时，要通过及时救助，帮助生态系统恢复平衡，从而达到长久的生态效益。

经济效益愿景。其一，"有孚中行""有孚惠心"。古人通过"有孚"暗示我们，怀揣梦想，充满诚信，待人真诚，就会促进交易，就会收获更大的经济效益。其二，"以益志也"。人不可无志向、无设想、无目标，只有志向高远，才有"利有攸往，利涉大川"，才能获得更大的经济效益。其三，若"立心勿恒"，则会"凶"。认准目标，然后坚持不懈，百折不挠地努力，才能收获更大的经济效益。

案例与启示：瑞典的双赢

瑞典的经济效益与生态效益双赢，正好体现了益卦所蕴含的思想。

案例：二战后日本经济高速增长一跃成为世界经济大国，但却付出了惨痛的生态环境代价，有"公害先进国"之称。日本的生态悲剧给瑞典政府敲响了警钟，瑞典意识到过大的生态足迹会降低生态环境质量，影响人的健康，削弱未来经济发展动力。为了避免走日本之路，瑞典政府借助低碳热潮，将生态保护做精做细，取得了碳排放迅速降低、GDP 增速明显的生态效益与经济效益的双赢效果，成为世界生态保护与经济发展并重的典范。如下图所示，1990—2006 年，瑞典温室气体的总排放量下降了 9％，而同期 GDP 却增长了 44％。目前，瑞典政府制定的阶段性目标为：到 2020 年将温室气体排放量在 1990 年的基础上减少 40％，到 2030 年全部淘汰化石燃料汽车，到 2050 年实现温室气体净排放量为零。

瑞典

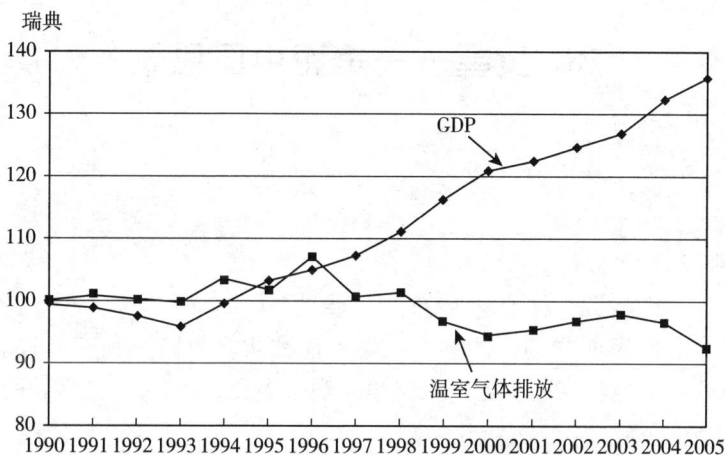

启示：益卦以及瑞典的经济效益与生态效益双赢案例启示中国：摒弃偏见，设立生态效益与经济效益双赢的战略目标。通常，人们认为，提高生态效益会增加经济成本，进而降低经济效益。这种认识是有偏颇的，生态效益是经济效益的前提与基础，只有不偏废二者，有良好的生态效益，才能有更长远的经济效益。设立经济效益与生态效益双赢目标，是经济发展与生态保护并重理论的体现。

益卦：生态效益促经济效益　互动双赢

18. 贲☲☶——美丽中国愿景

卦辞： 亨。小利有攸往。

象曰： 山下有火，贲。君子以明庶政，无敢折狱。

彖曰： 贲亨。柔来而文刚，故亨。分刚上而文柔，故以小利有攸往。刚柔交错，天文也。文明以止，人文也。观乎天文，以察时变。观乎人文，以化成天下。

爻辞： 初九：贲其趾。舍车而徒。象曰：舍车而徒，义弗乘也。六二：贲其须。象曰：贲其须，与上兴也。九三：贲如濡如，永贞吉。象曰：永贞之吉，终莫之陵也。六四：贲如皤如，白马翰如，匪寇婚媾。象曰：六四，当位疑也。匪寇婚媾，终无尤也。六五：贲于丘园，束帛戋戋。吝。终吉。象曰：六五之吉，有喜也。上九：白贲，无咎。象曰：白贲无咎，上得志也。

贲卦六爻的生态内涵

贲为文饰、修饰、装饰之意。贲卦，是古人用山下有火，照亮大地、山川水美光明灿烂之象表达美丽中国的生态愿景。

初九：美丽中国首先是疆域内各圈层（趾）如生物圈、水圈、岩石圈的生态化，实现山青水净、土地丰腴，人们舍车悠然漫步低碳出行。六二：美丽中国包括疆域内天空（须）的生态化，实现天蓝、空气洁净、微风和煦、细雨霏霏，气候适宜。九三：美丽中国包括管理者心怀美丽梦想、管理观念生态化、管理方式生态化、与时俱进、未雨绸缪。六四：美丽中国包括家庭和美，拥有美满的婚姻、拥有父慈子孝的孝悌关系、拥有睦邻友好的和谐关系。六五：美丽中国包括田园生态化，花红柳绿，银装素裹。上九：美丽中国是生态纯净、心灵纯净的统一。

生态原理：生态文明与景观生态

古人用贲卦描绘的美丽中国愿景，暗含的生态原理与当代的生态文明观及景观生态原理比较一致。

生态文明。 1972 年斯德哥尔摩的人类与环境大会，拉开了人类共同保护环境的序幕。生态文明逐渐成为未来人类文明发展的方向。生态文明，是指人类遵循人、自然、社会和谐发展这一客观规律而取得的物质与精神成果的总和；是以人与自然、人与人、人与社会和谐共生、良性循环、全面发展、持续繁荣为基本宗旨的文化伦理形态。生态文明强调人的自觉与自律，强调人与自然环境的相互依存、相互促进、共处共融，既追求人与生态的和谐，也追求人与人的和谐，而且人与人的和谐是人与自然和谐的前提。可以说，生态文明是人类对传统文明形态特别是工业文明进行深刻反思的成果，是人类文明形态和文明发展理念、道路和模式的重大进步。

景观生态。 景观生态是以整个景观为对象，通过物质流、能量流、信息流与价值流在地球表层、大气层的传输和交换，通过生物与非生物以及与人类之间的相互作用与转化，运用生态系统原理和系统方法研究景观结构和功能、景观动态变化以及相互作用机理，研究景观的美化格局、优化结构、合理利用和保护的学科，是一门新兴的多学科之间的交叉学科。其主体是生态学和地理学。其目的就是要协调人类与景观的关系，如进行区域开发、城市规划等。

生态文明、景观生态与美丽中国。 2012 年，中国提出"中国梦"的宏图愿景，指出"走向生态文明新时代，建设美丽中国，是实现中华民族伟大复兴的中国梦的重要内容"。美丽中国梦，是一个生态友好、绿色环保、生态功能齐备的梦想，以生态文明的建设为前提和基础。景观生态，对于建设美丽中国发挥着必不可少的理论指导作用。将景观生态理论与中国国情相结合，协调好经济建设与生态保护的关系，就能规划出美丽中国的具体目标。因此，促进生态文明建设，促进景观生态理论发展，是实现绿色"中国梦"的重要内容。

贲卦的生态解析

贲卦的产生背景。 伏羲氏、周文王作为黎民百姓的父母，华夏子孙之王，除了希望国富民安、五谷丰登、经济增益、社会和合、福祉增加外，还希望通过生态管理，出现山清水秀、土壤肥沃、牛羊成群的美丽景象。于是，古人用贲卦的下卦离，离为火，为光明，为美丽，上卦艮，艮为山，为笃实，为巍峨。山下有火，一片艳红，花木相映，锦绣如文的卦象描绘美丽中国愿景。其中，贲为饰，即通过要素秩序重组、适当修饰、生态管理取得不改变本质却达到外观美观的美丽效果。

贲卦对美丽中国愿景的具体描述。 贲为饰，即装饰、修饰生态，塑造美丽中国。首先，是美丽中国疆域内生物圈、岩石圈、水圈的生态化即"贲其趾"。田园的生态化，"贲于丘园"，使大地山青水净、土地丰腴、花红柳绿、银装素裹。其次，是美丽中国疆域内天空的生态化，即"贲其须"，形成天蓝、空气洁净、气候适宜的环境。再次，美丽中国的管理者"贲如，濡如"，心怀美丽梦想、管理观念生态化、管理方式生态化、与时俱进，未雨绸缪，做到"白贲"，使生态纯净、心灵也纯净。最后，美丽中国还包括家庭和美，"贲如，皤如"，白马王子与美丽公主永浴爱河，"白马翰如，匪寇婚媾"。形成一片山美、水美、天美、人美的和谐景象。

美丽中国愿景的实现路径。 其一，"物不可以苟合而已，故受之以贲。贲者，饰也。"意思是，自然物质不可以随意摆放，要从美学、生态学角度重新组合、必要的修饰装饰，塑造整洁、整齐、美丽的形象。其二，"柔来而文刚""分刚上而文柔"。要按照刚柔相济、阴阳和谐的生态平衡原则，促进生态美好。最后，避免金玉其外败絮其中。美丽中国意味着有坚实的国力，因为有实力才有魅力。美丽中国，不是外表的美丽，内在的空虚，而要内实外美。"君子以明庶政，无敢折狱"，政府以生态文明高度，按照自然生态运行规律，实施生态化管理，进而增强国力，促进天蓝、水清、草绿的美丽愿景的实现。

案例与启示：《美丽中国》

案例：《美丽中国》，是第一部集中展示中国野生动植物和自然人文景观的大型电视纪录片。该片分为《锦绣华南》、《云翔天边》、《神奇高原》、《风雪塞外》、《沃土中原》、《潮涌海岸》六集。从一个前所未有的角度，向观众展示中国魅力。全片拍摄了中国 50 多个国家级野生动植物和风景保护区、86 种中国珍奇野生动植物和 30 多个民族生活故事，展现中国自然人文景观。如第一集《锦绣华南》从长江以南的稻米之乡开始，它展现了中国最精彩的地貌——喀斯特地貌，一个石灰石山峰耸立，到处是峭壁深洞的神话世界。沿着长江，可以看到扬子鳄孵化出壳，大鲵发出婴孩啼哭般的叫声，大足鼠耳蝠轻掠过水面捕食小鱼，贵州黑叶猴和黄山猕猴蹲坐在喀斯特山壁上嬉戏打闹。长江滋养出富庶的鱼米之乡，在这里人们种植着水稻。水牛、燕子、蜻蜓、水雉，鸬鹚，与水乡居民结下了不解之缘。第五集《沃土中原》该集以长城和黄河流域的中原为中心，镜头扫过这片曾经孕育过中华古文明的大地。在秦岭森林里依然如施过魔法般孕育着神奇的生物：大熊猫、金丝猴、羚牛，还有全世界绝无仅有的上百只被誉为"吉祥鸟"的美丽朱鹮。跟随镜头，来到中国首都及历朝古都北京，看清晨遛鸟打拳的老人和致力于救助猛禽的青年。千百年象征着民族精神的少林寺，也在鹤、猴、蛇等动物身上寻找着师法天然的武术奥秘。

启示：深入研究发现，当代"美丽中国"愿景，渊源于七千多年前的贲卦。贲卦所阐述的生态理论，所指示的实现路径，对当代建设"美丽中国"具有重要启示作用。其一，要"文明以止，人文也。观乎天文，以察时变。观乎人文，以化成天下"，即树立尊重自然、顺应自然、保护自然的生态文明理念，建设美丽中国。其二，"君子以明庶政，无敢折狱"。政府要进行生态化管理，努力实现山青水美的生态蓝图。最后，要内实外美，不可做表面文章。美丽中国不是金玉其外败絮其中。一要增强国家经济实力，二要进行生态美丽建设，二者不可偏废。

贲卦——蓝天碧水　内外兼修
我要生活富裕　我还要环境美好

19. 升☷☴——生态福祉提升愿景

卦辞: 升。元亨。用见大人,勿恤。南征吉。

象曰: 地中生木,升。君子以慎德,积小以成高大。

彖曰: 柔以时升。巽而顺,刚中而应,是以大亨。用见大人勿恤,有庆也。南征吉,志行也。

爻辞: 初六:允升,大吉。象曰:允升大吉,上合志也。九二:孚乃利用禴,无咎。象曰:九二之孚,有喜也。九三:升虚邑。象曰:升虚邑,无所疑也。六四:王用亨于岐山,吉,无咎。象曰:王用亨于岐山,顺事也。六五:贞吉,升阶。象曰:贞吉升阶,大得志也。上六:冥升,利于不息之贞。象曰:冥升在上,消不富也。

升卦六爻的生态内涵

升,为增加,上升之意。升卦,由坤卦与巽卦相叠而成。巽为木,坤为土,升卦有木从土中生,象竹子一样,节节升高之象。古人用升卦描绘,生态福祉上升的美好愿景。

初六:允,为云。允升,就是云升,意指生态福祉升高至云层。亦即,生态环境良好,生态功能完整,人与生态建立和谐友好的关系,符合天道,得到天的庇佑。进而,生态给人们带来的福祉提升速度快,尺度高,如云朵般直升蓝天。九二:生态给予人类福祉,人类应以诚信之心,补偿自然生态。补偿生态,不仅不会有损失,反而会促进生态福祉的进一步提高。九三:从长远效益、从宏观整体效益角度,人们高屋建瓴地对待自然,生态福祉还会有更大的提升空间。六四:祭拜天地,顺从自然,就没有灾难。六五:坚守生态友好的正道,提高生态保护意识,生态福祉就会以几何级数提升,生态愿景一定能实现。上六:虽然生态福祉已经提升得很高了,但此时不可昏了头,要时刻行保护自然之事,生态福祉会可持续地提升。

生态原理：生态福祉

升卦是古人寄予的生态良好、生态功能完备，人类享受到的生态福祉不断提升的愿景卦，蕴含的理论与现代生态福祉理论相对应。

生态服务。生态系统的服务是生态系统发挥气候调节、气体调节、水文调节、保持土壤、废物处理、维持生物多样性、食物生产、原材料生产和提供美学景观等 9 大功能，对人类生态福祉产生的影响能力。

生态福祉。福祉就是幸福、福利、效用。而生态福祉，是人类从生态系统中得到的福利。生态福祉分为总生态福祉与边际生态福祉，二者之间具有导数与积分的关系。

生态福利与生态福祉。生态的质与量，是生态福祉的函数。生态系统通过发挥气候调节、气体调节、水文调节、保持土壤、废物处理、维持生物多样性、食物生产、原材料生产和提供美学景观等功能，为人类提供食物、燃料、住房、供水、资源、健康、景观等生态服务，使人类从中感受到幸福或效用。可以想象，生态系统规模越庞大、功能越齐备、越呈现多样性，其提供的生态服务越多，人类获得的生态福祉越高，反之亦然。因而，生态福祉与生态服务状况成同向变动。

生态保护对福祉的影响。运行良好的、健康的、有修复力的生态系统，其生态力大，提供给人类的生态福祉大。保护生态系统，维持生态系统平衡对提高人类生态福祉具有重要意义。然而，一些资源丰腴的发展中国家，为了经济利益，不断耗竭性使用资源，大量出口不可再生资源，结果陷入资源枯竭、空气污染、后续发展乏力、危害健康的"贫穷—生态福祉下降—贫穷"的资源诅咒怪圈。这个怪圈，也叫发展中的生态陷阱。因此，应积极采取措施保护生态环境，提高人类生态福祉，如节能减排、提倡低碳生活，可以改善空气质量；退耕还林、退耕还草，有助于修复土地自然力；减少污水排放，加强对水资源的保护；保护生物多样性，保持生态平衡等。中国正处于经济发展之中，应积极规避发展中的生态陷阱，保护生态，提高居民生态福祉。

升卦的生态解析

升卦的产生背景。受制于技术水平落后，生态知识匮乏，古人的生活主要靠直接性生态服务维系。然而，由于过度利用土地、过度捕猎而使土地干枯、草原荒芜、河流鱼虾减少，古人享受到的生态福利下降。他们产生生态福祉提高愿景，用升卦表达。

生态福祉提升愿景之象。《序卦》："聚而上者谓之升，故受之以升。"生态物质增加，生态福祉提高谓之升。卦辞："升。元亨。用见大人，勿恤，南征吉"。往南迁移，得到自然庇佑，生态福祉提升。象曰："地中生木，升。君子以顺德，积小以高大。"人类顺应自然规律，播下树种，小树破土而出，在和风细雨中小树渐成大树，此乃生态福祉提升之象。具体而言，其一，"允升，大吉"。"允升"为云升，保护爱护生态，因与天道相符，生态福祉如云朵般直升蓝天。其二，"孚乃利用禴，无咎"。用诚信之心，回报大自然，生态福祉还会提升。其三，"升虚邑"。从长远效益、从宏观效益角度高屋建瓴地对待自然，不以狭隘的眼光对待自然，生态福祉自然提升。其四，"王用亨于岐山，吉，无咎"。政府能带头顺应自然、行保护生态之举，生态福祉得以提升。其五，"贞吉，升阶"。按照生态规律办事，生态福祉按几何级数提升。最后，"冥升，利于不息之贞。"昼夜辛勤保护生态，生态福祉持续提升。

生态福祉提升愿景的实现途径。其一，顺应自然规律，不拔苗助长。"柔以时升，巽而顺"，"顺事也"。顺势而为，生态质量逐步上升。"君子以顺德，积小以高大"，遵循循序渐进规律，不拔苗助长。其二，生态迁移，以退为进。"南征吉，志行也"。生态系统具有自我修复机能，采用人退战略，进行生态迁移，留给生态自我修复空间。这种人退战略，即自然自我疗伤法，生态成本和经济成本都很低，"有喜也"。最后，心怀生态福祉提高梦想，努力行动。环境质量上升是生态福祉增加的前提，做到"地中生木"，才可"元亨"。促进生态福祉提高，要"志行也""上合志也"。无论是管理者还是行动者，团结一心，众志成城。

案例与启示：绿色 GDP

案例：GDP 作为国内生产总值，虽然反映了一个地区、一个国家的经济实力，但由于没有把资源损耗、环境危害成本和由此带来的社会损失计算在内，因而具有生态局限性。尤其是，"GDP 至上"，则会出现以牺牲生态环境，以降低生态力为代价换取经济增长的不良后果。实施生态文明建设，则要考虑资源消耗、环境损害、生态效益，追求"绿色 GDP"。绿色 GDP 是指一个国家或地区在考虑了自然资源（主要包括土地、森林、矿产、水和海洋）与环境因素（包括生态环境、自然环境、人文环境等）影响之后经济活动的最终成果，即将经济活动中所付出的资源耗减成本和环境降级成本从 GDP 中予以扣除。绿色 GDP 占 GDP 的比重越高，表明国民经济增长的正面效应越高，负面效应越低，反之亦然。根据北京市哲学社会科学"九五"重点课题——"以EPD 为核心指标的国民经济核算体系研究"中对北京市 1997 年绿色 GDP 进行核算的结果表明，按生产法计算的绿色 GDP 占 GDP 的 74.94％，按支出法计算的绿色 GDP 占 GDP 的 75.75％。

启示：其一，升卦"王用亨于岐山，吉，无咎"告示我们，要提高一国生态服务水平，促进生态力提升，政府要身先士卒，首先行保护生态之事。为此，要用绿色 GDP 作为领导干部政绩考核指标。用绿色 GDP 作为政绩的量度，会带来政府管理思路、方法的重大变革。可以想象，重复建设少了，污染项目少了，植树造林多了，湿地草地面积扩大了。其二，升卦提出"南征吉"告示我们，实施生态保护的人退战略，是生态补偿、生态修复的低成本路径，是促进生态力提升的好方式。其三，升卦用"升虚邑"告示我们，在生态经济实践中不能仅考虑眼前不顾长远，仅考虑经济效益不考虑生态效益行事，要高屋建瓴地看到，生态力是生产力的基础，是生产要素中的基本粒子，是财富的根本源泉。因而，要促进综合国力提升，必先保护生态，提升生态力。

升卦：土中生木　生态福祉节节高升

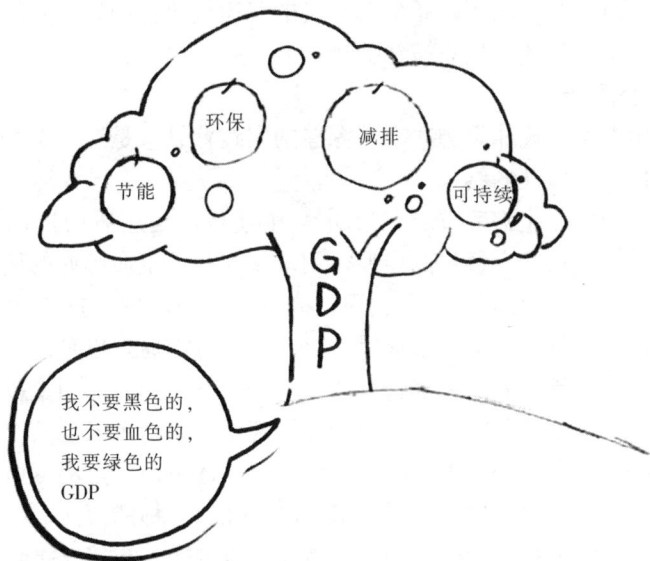

第四章　生态经济规律篇

易经生态经济规律思想，是古代先贤在长期的生态经济实践与系统的理论研究基础上提出的，具有深厚的思想逻辑背景与实践背景。

（一）思想逻辑背景

生态系统从诞生到衰亡的周期性运行规律警醒世人，延长生态经济系统的大周期是实现可持续发展的前提条件，也是实现生态经济愿景的必经之路。古人并没有将生态经济愿景视为空想，而是付诸于实践，力求通过自身的努力早日实现中华民族的振兴。在长期的生态经济建设中，古人发现，要实现生态经济的美好愿景，实现绿色中华民族振兴梦，就必须效法自然之道，遵循自然规律，不违背自然规律，按照自然规律办事，创造有利于增进人类福祉的规律发生因子，尽量避免不利因子。因此，古人仰观天文，俯察地理，以生态经济巨系统为基础，概括归纳出了八条生态经济的普遍规律，即生命起源的渐进式演化规律，生态平衡规律，生态位错位规律等。

（二）实践背景

易经的生态经济规律思想，有着深厚的实践背景，是对生态经济现象进行长期观察、模拟与验证的结果。

经济之舟如何在生态系统的广阔水域中航行，是逆风而进，还是顺势而为，古人受大雁成长发育过程的启发，用渐卦揭示了生命起源的渐进式演化规律；受"万物附阴而抱阳"，日月轮回，冷暖更替的启发，古人用既济卦代表生态平衡规律。火位于水上，水火错位放置，难有沟通，也是生态经济系统经常出现的问题。于是古人用未济卦代表生态位错位规律。受生态系统中树木、鸟兽、日月等由繁茂到凋零，由满盈到亏缺现象，启示古人总结出生态经济的盛极必衰规律，用大壮卦加以描述。人们逐水、逐草而居，竭尽所能地从自然生态中获取能量、资源、生活资料。贫瘠的土地、干枯的河流、枯萎的草原等生态退化现象，启示古人用谦卦阐释自然力递减规律。自然灾害，摧毁了人的劳动成果，古人用夬卦阐述自然力报复规律。生态系统存在着大量的从聚合到离散，从资源到垃圾，从有用到无用，从生到死的生态现象，促使古人用涣卦描述熵定律。"火动而上，泽动而下"，两者背离而行，先人将此定义为"睽"，用睽卦阐述从对立走向统一的道理。

（三）生态经济规律的逻辑框架图

生态经济系统中的"生"代表具有勃勃生机的生命，包括人、动物、植物及更大范围，代表以生命为核心的生态系统，代表具有类生命的经济系统。为了揭示生态经济系统的大道，古人用渐卦揭示了生命的起源，演化步骤；用既济卦与未济卦揭示具有非常态化的生态平衡规律，常态化的生态位错位规律；在人的盲目扰动下，不可避免地会触发大壮卦描述的盛极必衰规律；用谦卦描绘自然力递减规律；用夬卦揭示自然力报复规律；涣卦的熵定律即沙漏规律进一步阐明了盛极必衰的内在的、深层次的机理与原因。盛极必衰，长期与生态对立的结果。对立，导致生态危机，导致发展断裂。要扭转危机进程，就要从生态对立向生态统一转型，为此，古人用睽卦揭示了对立统一规律。

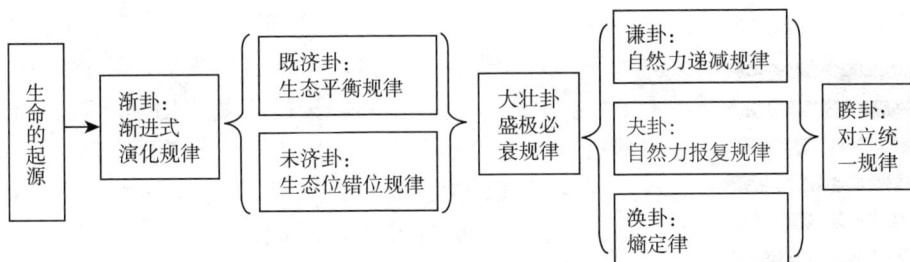

| 生命的起源 | → | 渐卦：渐进式演化规律 | { | 既济卦：生态平衡规律 / 未济卦：生态位错位规律 | } | 大壮卦盛极必衰规律 | { | 谦卦：自然力递减规律 / 夬卦：自然力报复规律 / 涣卦：熵定律 | } | 睽卦：对立统一规律 |

20. 渐☶☴——循序渐进规律

卦辞： 女归吉，利贞。

象曰： 山上有木，渐。君子居贤德善俗。

彖曰： 渐之进也。女归吉也。进得位，往有功也。进以正，可以正邦也。其位刚得中也。止而巽，动不穷也。

爻辞： 初六：鸿渐于干，小子厉，有言，无咎。象曰：小子之厉，义无咎也。六二：鸿渐于磐，饮食衎衎，吉。象曰：饮食衎衎，不素饱也。九三：鸿渐于陆。夫征不复。妇孕不育，凶。利用御寇。象曰：夫征不复，离群丑也。妇孕不育，失其道也。利用御寇，顺相保也。六四：鸿渐于木，或得其桷，无咎。象曰：或得其桷，顺以巽也。九五：鸿渐于陵，妇三岁不孕。终莫之胜，吉。象曰：终莫之胜吉，得所愿也。上九：鸿渐于陆。其羽可用为仪，吉。象曰：其羽可用为仪吉，不可乱也。

渐卦六爻的生态内涵

渐有"渐进"、"逐渐"之意。渐卦阐述了生态演化渐变过程，代表循序渐进规律。

初六：最初的生命起源于海洋，幼小的生命面临重重危机，但没有性命之忧，终究会成长起来。六二：生命进化到河流突出的石头上，阳光充足，食物丰富，生物渐渐的可以在石头上休憩逗留，吉祥。九三：生命延续到陆地上，雄性外出觅食不归，雌性繁衍后代却不能哺育后代，大凶。是因为，雌性代替死去的雄性防御天敌入侵而无暇照顾幼崽。六四：生命渐渐进化栖息在树上，慢慢长出翅膀，没有过错。九五：飞翔到山坡上，雌鸟始终无法繁衍后代，但是并没有被天敌吃掉，所以吉祥。上九：鸿雁渐渐地栖息到陆地上，羽毛增加了它的美丽，吉祥。

生态原理：渐进式演化理论

生物进化。生物进化是指一切生命形态发生、发展到衰亡的演变过程。"进化"一词来源于拉丁文，是"展开"的意思，一般用以指事物逐渐的、按照一定秩序变化、发展，由一种状态过渡到另一种状态的过程。1762 年，瑞士学者邦尼特将"进化"一词应用于生物学中。1859 年达尔文出版《物种起源》，提出自然选择学说以说明进化的原因、过程，从而创立了科学的进化理论，揭示了生物发展的自然规律。

渐进式进化。生物界各个物种和类群的进化，是通过不同方式进行的，有突变式，也有渐变（进）式进化。渐进式进化是达尔文进化论的一个基本概念。达尔文认为，生物在生存竞争中，由适应性变异逐渐积累，达到一定点发展为显著性变异（突变）而导致新物种的形成。因为"自然选择只能通过累积轻微的、连续的、有益的变异而发生作用，所以不能产生巨大的或突然的变化，它只能通过短且慢的步骤发生作用"。现代进化论坚持达尔文的渐变论及自然选择理论，强调进化是群体在长时期的遗传上的变化，认为通过突变（基因突变和染色体畸变）或基因重组、选择、漂变、迁移和隔离等因素的作用，整个群体的基因组成就会发生变化，造成生殖隔离，演变为不同物种。

生物进化渐进式演化规律。生物进化一般遵循由简单到复杂、由低等到高等、由水生到陆生的进化规律。且将生物进化分为四种类型，即复化式进化、分化式进化、特化式进化和简化式进化。复化式进化是一种典型的渐进式进化，充分体现了生物由简单到复杂，由低等到高等的全面的渐进的进化。

渐进式演化规律的拓展。生物学上的渐进式进化规律，适用经济社会的演进、改革及制度变迁，适用于经济系统与生态系统的融合。

渐卦的生态解析

渐卦产生的背景。经济之舟如何在生态系统的广阔水域中航行，是逆风而进、大刀阔斧，还是循序渐进、顺势而为，一直是古人思索的问题。受大雁从雏鸟到成鸟的渐进式成长发育启发，古人用渐卦告知后人进化的循序渐进规律，用女性按照一定程序、秩序出嫁，警示我们要把经济系统并入生态系统，遵循循序渐进规律开发利用资源。

揭示生命进化的循序渐进规律。"渐"有进入、缓慢、轻微、秩序、简单等之意，古人以鸿雁为例，用渐卦表述生物的进化按照缓慢的、有秩序的、轻微的、连续的、稳健的、由简单到复杂等的循序渐进规律进化。首先，渐卦揭示生命由简单到复杂的渐进式进化规律。从"鸿渐于木"到"鸿渐于陵"，是说雏雁蹒跚出巢穴，"得其桷"，用爪子抓住树枝，而后慢慢进化翅膀，"得所愿也"发展到山峰乃至翱翔于空的进化过程。其二，渐卦揭示生命由水生到陆生的渐进式进化规律。"鸿渐于干"，生命在水圈中诞生，"鸿渐于磐"，生命发展到岩石圈上，"鸿渐于陆"，生命栖息于陆地。其三，生命的进化有重重阻力。"夫征不复""妇孕不育""失其道也"，是古人告示生命进化中不可避免地遭遇重重挑战，但只要坚守前进之道，就能"终莫之胜"，"吉"。

不进则退。生命自诞生起就不断地与自然环境进行抗争，而进化就是抗争的工具，并认为"进以正"，进化是正确的选择。"进得位，往有功也"，只有不断地进化，使物种拥有适应环境的能力，才"可以正邦也"，物种才会幸存下来，拥有繁盛的族群。

经济系统要并入生态系统。古人将经济系统喻为女子，生态系统喻为家，用嫁女吉祥，即"女归吉，利贞。"告知后人应将经济系统并入生态系统，按照循序渐进规律，改革体制，合理利用生态资源。

案例与启示：未来人的样子

案例：科技的日新月异极大地加速了物种进化的速度，物种进化是否属于有利进化在很大程度上与人类活动对自然的扰动有关。在物质财富不断富集的今天，人们越来越多地关心自身的进化，如寿命能否延长，健康状况能否得以改善，甚至于在未来人们是否会拥有超能力等。科学家根据长期调查研究认为，未来人的平均寿命将继续增加，中青年活力期延长，但能冲出 120 岁大关的人仍属少数。就身体结构的进化而言，未来人的身高会不断增长，但受到劳累过度、精神紧张等社会压力和身体构造等原因的影响，人类身高的增长将于2050 年停止。未来人的额头会越来越高，头更圆更大，能为大脑提供更多的空间。臼齿逐渐退化或干脆不长臼齿。手指变短变细，这是为了适应人类自己发明的器械，环境污染造成男性精子的繁殖能力大大下降，于是基因技术使人的生殖能力和智能大幅度提高。

启示：其一，未来人进化是渐卦中用进废退的一个佐证，渐者进也。经常用的器官会不断发达，而不常用的、不用的器官会退化甚至消失。其二，面对环境污染与人类健康矛盾的不断升级，我们不能寄希望于未来，被动地依赖进化解决环境污染对人类健康的不利影响，这样就"失其道""终莫之胜"。只有协调人与自然的关系，促进自然的良性发展，才能真正促进人类的正常进化，而不是衰落甚至被其他物种所取代。其三，在生态经济中，用进废退、循序渐进规律启示，要与时俱进，不断变革不适用的生态保护体制，"进得位，往有功也"，"可以正邦"。其四，不可拔苗助长。对生态自然资源的利用，要按照循序渐进的自然规律办事，不能拔苗助长，如在家禽家畜的食物中肆意添加激素、生长剂，影响其健康成长，最终影响人类健康。

渐卦：循序渐进规律

21. 既济☲☵——生态平衡规律

卦辞： 亨小，利贞。初吉，终乱。

象曰： 水在火上，既济。君子以思患而预防之。

彖曰： 既济亨，小者亨也。利贞，刚柔正而位当也。初吉，柔得中也。终止则乱，其道穷也。

爻辞： 初九：曳其轮，濡其尾，无咎。象曰：曳其轮，义无咎也。六二：妇丧其茀，勿逐，七日得。象曰：七日得，以中道也。九三：高宗伐鬼方，三年克之，小人勿用。象曰：三年克之，惫也。六四：繻有衣袽，终日戒。象曰：终日戒，有所疑也。九五：东邻杀牛，不如西郊之禴祭，实受其福。象曰：东邻杀牛，不如西邻之时也。上六：濡其首，厉。象曰：濡其首厉，何可久也。

既济卦六爻的生态内涵

既为完成，济为"渡"。既济，渡河。古人用坎卦与离卦相叠形成了既济卦，以小狐狸过河为例，阐述生态平衡规律的含义、作用等内容。既济卦由三阴爻三阳爻构成，且都在应有的位置上，呈现生态平衡之态。

初九：小狐狸拉着车在过河的时候弄湿了尾巴，没有大碍，不影响渡河。引申为：生态系统小有波动，但会自动实现均衡。六二：妇女丢失了头饰，无需寻找，不久会失而复得。引申为：人类对生态的利用如果符合生态规律，生态就会通过恢复机制自动实现平衡。九三：维护生态平衡，不仅需要时间、资财，还需要行之有效的方式方法，尤其是要有可行的战略，如同行军打仗一样。六四：生态平衡不易保持，要时刻警惕生态失衡。九五：杀戮生物，暂时满足口福，但破坏了生物多样性平衡，不能长久。只有礼拜自然，维持生态平衡，才能获得持久的生态服务。上六：涉水过河，水淹没头部，抑制呼吸，水的深度与人的身高失去平衡，危险。

生态原理：生态平衡理论

生态平衡。生态平衡是指在一定时期内，生态系统中的生物和环境之间、生物各个种群之间，通过能量流动、物质循环和信息传递，使它们相互之间达到高度适应、协调和统一的状态。即在生态系统内部，生产者、消费者、分解者和非生物环境之间，在一定时间内保持能量与物质输入、输出动态的相对稳定状态。

生态平衡的种类。生态平衡包括生物圈平衡和无机环境的平衡。生物圈平衡主要是指生物圈内部能量平衡，以生物多样性促进生物群落稳定，且拥有多层次的自我调节能力。无机环境的平衡包括土壤圈、岩石圈、水圈、大气圈的平衡。如土壤圈平衡不仅仅是土壤自然力的保持，还包括土壤类型的多样化，包括保持一定的湿地面积；水圈平衡是淡水资源可持续利用的保证。大气圈平衡能够有效地避免气候恶化与极端天气的发生。岩石圈平衡与地壳运动相联系，地震火山等地质灾害的发生是其不平衡的表现。

生态平衡是连续的动态的平衡。第一，生态系统内部是动态连续的。生态系统中的生物与非生物是普遍联系的，都处于不断的变化之中。生态系统中能量流动与物质循环广泛的连续的存在于生物与生物之间、生物与环境之间；生态环境因能量流动与物质交换处于不断变化中，而物种又因为生态环境的变化而不断变异与进化，使生物群落不断调整结构实现整个生态系统的平衡。第二，运动的永恒性决定了生态平衡是一种动态的平衡而不是静态的平衡。生态系统中某一部分先发生改变，引起不平衡，然后依靠生态系统的自我调节能力使其又进入新的平衡状态。正是这种从平衡到不平衡到新平衡的反复过程，推动了生态系统整体和各组成部分的发展与进化。

既济卦的生态解析

既济卦的产生背景。古人在长期的生态经济实践中，发现"万物负阴而抱阳"，阴阳和谐相生相克，相互制衡，实现动态的统一，日月轮回，冷暖更替的现象有利于生态系统发育。相反，洪水泛滥，水火不容现象则会减损劳动成果。认识到，保持生态平衡是人类社会健康发展的前提，因此既济卦代表生态经济系统的生态平衡规律。

既济卦描述生态平衡规律。"既"通"定"，"济"通"继"，意为生态经济具有可持续性，吉祥。为什么吉祥呢，原因在于生态平衡。古人对生态平衡的宏观描述：火位于水下，水火当位，易于沟通，物质平衡；用三阴爻三阳爻建构卦象，阴阳平衡；用三阴爻居柔位，三阳爻居刚位，生态位平衡。进一步，古人用爻辞揭示生态平衡的正效应：初九："曳其轮，濡其尾，无咎"——小狐狸淋湿了尾巴，不影响过河；六二："妇丧其茀，勿逐，七日得"——妇人丢了头巾，失而复得。九三："高宗伐鬼方，三年克之"——敌疲我扰，凯旋而归。

既济卦强调动态平衡。古人意识到，生态平衡不是永久的，而是暂时的、动态的，不平衡则是经常的。要避免从平衡向不平衡的转化，就要实时提防、适时预警。在既济卦中，古人在六四"繻有衣袽，终日戒"告示我们，用败絮填充衣物，不能御寒，因为，败絮与寒冷之间不能建立平衡，因而，要解除蒙混过关思想，要适时维持物质与能量的平衡。九五："东邻杀牛，不如西郊之禴祭，实受其福"——杀戮生物，暂时满足口福，但破坏了生物多样性平衡，不能长久，应该礼拜自然，维持生态平衡，才能得到生态服务。上六："濡其首，厉。象曰：濡其首厉，何可久也"。涉水过河，水淹没头部，抑制呼吸，水的深度与人的身高失去平衡，非常危险。

案例与启示：渡渡鸟与引狼入室

案例：1598年欧洲人发现了毛里求斯岛的稀奇物种渡渡鸟。欧洲殖民者带来的猪、狗、猴、鼠等动物捕食渡渡鸟的卵和雏鸟，殖民者砍伐森林、大肆猎杀肉味细嫩鲜美的渡渡鸟，终于导致渡渡鸟于1690年前后灭绝。在渡渡鸟灭绝后，与渡渡鸟一样是毛里求斯特产的一种珍贵树木——大颅榄树也渐渐稀少了，貌似患上了不孕症。渡渡鸟喜欢吃这种树木的果实，果实里面种子的硬壳被渡渡鸟消化并排除体外，大颅榄树的种子得以传播。渡渡鸟与大颅榄树相依为命，树为鸟提供果实，鸟帮助树木传播种子，传授花粉，它们一损俱损、一荣俱荣形成了平衡关系。渡渡鸟与大颅榄树的消失，是欧洲殖民者对生态过度扰动打破生态平衡的恶果。

启示：如何维护生态平衡，实现人与生态的和解，既济卦给了我们深刻的启示。"刚柔正而位当也""终止则乱，其道穷也"，既济卦警示人们减少对生态的不利扰动，按照生态平衡规律的指引办事。一是生态平衡是阴阳平衡。我们要在阴阳平衡规律框架下，制定经济政策。二是生态平衡是生态位的平衡。我们要守住经济体的本分，不可跨越生态位行事。三是生态平衡是生物多样性平衡。"东邻杀牛，不如西郊之禴祭，实受其福"，警告人们不可为满足口福而肆意杀戮生物，打破生态平衡。应该敬畏自然，保护自然，修复被人们破坏的生态承载力，这样才能"吉大来也"，人们不会遭受自然的报复，反而能从恢复平衡的生态那里获取更多的生态福利。四是不可颠倒人与生态的位置。"濡其首"，生态严重失衡，"何可久也"。五是"终止则乱"。打破生态平衡会影响经济可持续发展，要不断调整自身行为，不断创新，使经济系统从不平衡向平衡演进，避免从平衡向不平衡的逆转。

既济卦：生态平衡规律

22. 未济☲☵——生态位错位规律

卦辞： 亨。小狐汔济，濡其尾，无攸利。

象曰： 火在水上，未济。君子以慎辨物居方。

彖曰： 未济亨，柔得中也。小狐汔济，未出中也。濡其尾，无攸利，不续终也。虽不当位，刚柔应也。

爻辞： 初六：濡其尾，吝。象曰：濡其尾，亦不知极也。九二：曳其轮，贞吉。象曰：九二贞吉，中以行正也。六三：未济，征凶，利涉大川。象曰：未济征凶，位不当也。九四：贞吉，悔亡。震用伐鬼方，三年有赏于大邦。象曰：贞吉悔亡，志行也。六五：贞吉，无悔。君子之光，有孚，吉。象曰：君子之光，其晖吉也。上九：有孚于饮酒，无咎。濡其首，有孚失是。象曰：饮酒濡首，亦不知节也。

未济卦六爻的生态内涵

济，给，渡河。未济，不给力，未能顺利渡过河流。古人用离火与坎水相叠构成未济卦，以小狐狸过河淋湿尾巴没成功过河为例，揭示生态位错位规律。未济卦，属于火与水不相容，上交火下交寒的卦象。

初六：小狐狸过河，没把尾巴卷起来，河没过去，尾巴却淋湿了。说明，人类虽然被生态撞了腰，却仍不反思，不回到应有的位置上，凶险。九二：只有把尾巴卷起来，才有涉水过河的可能。人类在利用自然的时候，只有合理利用，才能吉祥。六三：小狐狸之所以过河未果，是因为生态位错位放置。人类没有得到天地的庇佑，是长期凌驾于自然之上的结果。九四：小狐狸只有调整尾巴放置的位置，才能攻克生态阻力取胜。六五：智慧之人面临不当位的难题，要及时调整思路，努力解决问题。上九：小狐狸经过千难万难，终于渡过河流。然而，在过河的庆功宴上，它把酒不饮，却用之洗头，再次陷入错误之中。

生态原理：生态位错位

生态位。生态位是指每个个体或种群在种群或群落中的时空位置及功能关系。它表示生态系统中每种生物生存所必需的生境最小阈值。

生态位的性质。一是生态位的有限性。这是由生态系统的有限性决定的。二是生态位的唯一性。一个物种只能占有一个生态位。三是生态位重叠性。生物群落中，多个物种取食相同食物的现象就是生态位重叠的一种表现，由此造成物种间的竞争与进化。四是生态位的动态性。一般说来，当主要食物缺乏时，动物会扩大取食种类，食性趋向泛化，生态位加宽；当食物丰富时，取食种类又可能缩小，食性趋向特性化，生态位变窄。五是生态位的竞争性。按竞争排斥原理，任何两个物种一般不能处于同一生态位。

生态位错位。生态位错位，是生物错开了或偏离了应有的生态位的现象，包括生态位的分离，即亲缘物种为了减少竞争而选择差异化生态位；真正的错位，即鸠占鹊巢现象。

生态位错位的表现形式。有利的错位：相近物种为了避免竞争，保证种群繁衍而采取的活动时间、捕食时间的错位。为了扩展食物来源，有些物种选择食物错位，避免竞争，保障存活。不利的错位：鸠占鹊巢就是一种最为明显的不当位，虎毒食子，是食物上的不当位，是生态位错位的表现。

生态位错位的生态效应。积极的一面，生态位错位使类似生物和谐相处，有利于生物多样性的保持，促进了物种变异与进化，使物种能够更好地适应环境。消极的一面，不利于资源的优化配置，不利于种群繁衍。尤其是，生态错位导致的物种间杀戮、毁灭，给经济系统带来了可持续发展上的威胁。

未济卦的生态解析

未济卦的产生背景。"未"通"昧"，意为光线昏暗。"济"通"继"，意为持续。未济，即为不可持续。古人认为，火位于水上，水火错位放置，难有沟通，前途未卜。要想脱离错位困境，就要"慎辨物居方"，适当调整，故用未济卦代表生态位错位规律，警示后人调整方位。

未济卦阐释了生态位错位规律。古人认为，不当位，即阳爻居柔位，阴爻居刚位是生态经济可持续发展的大忌。未济卦，用三阴爻三阳爻建构，六爻皆错位放置，意指，生态系统虽貌似阴阳平衡，但因各爻均不当位，生态经济仍难以为继。不当位，就是现代生态学中的生态位错位，或生态位分离规律。在爻辞中，古人用小狐狸过河的案例描述生态位错位规律。如初六："濡其尾，吝"——小狐狸过河，尾巴拽地淋湿，过河未果；九二："曳其轮，贞吉"——只有把尾巴卷起来，才有涉水过河的可能；六三："未济征凶，位不当也"——小狐狸为什么过河未果，是因为生态位错位；九四："贞吉，悔亡，震用伐鬼方"——小狐狸只有调整尾巴放置位置，才能攻克生态阻力；六五："贞吉，无悔，君子之光"——智慧之人，面临不当位难题，要调整思路，才能顺利出行；上九："饮酒濡首，亦不知节也"——在过河的庆功宴上，用酒洗头，仍然是不当位，是错位的，是资源配置不当。

未济卦强调适时调整。古人以辩证思想看待未济卦中不利的事物，而其方法论便是"调整"。初六中"濡其尾，吝"，这是不当位导致的凶。但是如何顺利"渡河"，先贤告诫后人，要及时做出调整，要"中以行正"，把扭曲的不当位的错位放置调整过来，就会出现好的局面。如"利涉大川"，"贞吉，悔亡，震用伐鬼方。三年有赏于大国"。"无悔，君子之光。有孚，吉"。

案例与启示：蚯蚓错位还是人类错位

案例：在菲律宾巴纳韦梯田地区，有一种巨型蚯蚓，不仅无益于农业发展，还起到疯狂破坏作用。它们一夜间吃光了地里的庄稼后，肆意攀爬啃食农民园地里的花卉、山上的树叶，似乎与农民结下了深仇大恨。是什么原因导致蚯蚓改变习性如此疯狂？研究表明，不同土层间存在着不同种的蚯蚓，它们相生相克，对土壤起到保护作用。深层土里的巨型蚯蚓，尽管对农业没有益处，但受制于浅层土蚯蚓的制约，不会跨越表土到地面上作乱。然而，由于农药化肥等的人为干扰，地表土蚯蚓走失逃亡，于是深层土中的蚯蚓趁机犯上作乱。这种现象，是人为造成的生态位错位、越位造成的生态不良后果。越位的蚯蚓案例生动地佐证了古人用未济卦阐释的生态位错位规律，对我们在生态经济建设中避免生态位错位有着良好的启示作用。

启示：未济卦通过"濡其尾，吝"，"饮酒濡首，亦不知节也"，告示后人警惕生态位错位，通过不断的调整，实现"虽不当位，刚柔应也"，维护生态平衡和保持生态福利。一是"火在水上"，避免触发生态位错位规律。如果人类无视生态位规则，"濡其尾""饮酒濡首"肆意扰动生态系统秩序，导致一些物种生态位的缩小甚至消失，进而导致生物生态位错位，就会危及生态经济发展。二是"柔得中也"，资源合理配置。将有限的资源用于促进经济社会发展，促进生态保护的地方，就是顺应了生态位理论，反之，"征凶"，将阻碍生态经济的健康发展。三是对于由于不懂生态位错位规律造成的不当位行为，要及时做出调整，"虽不当位，刚柔应也"，使其符合生态规律，"中以行正"，实现有利的生态位错位，不仅可以避免付出更加惨痛的生态代价，还能够从中获取生态福利。

未济卦：生态位错位规律

23. 大壮☳☰——盛极必衰规律

卦辞：利贞。

象曰：雷在天上，大壮。君子以非礼弗履。

彖曰：大壮，大者壮也。刚以动，故壮。大壮利贞，大者正也。正大而天地之情可见矣。

爻辞：初九：壮于趾，征凶，有孚。象曰：壮于趾，其孚穷也。九二：贞吉。象曰：九二贞吉，以中也。九三：小人用壮，君子用罔，贞厉。羝羊触藩，羸其角。象曰：小人用壮，君子罔也。九四：贞吉，悔亡。藩决不羸，壮于大舆之腹。象曰：藩决不羸尚往也。六五：丧羊于易，无悔。象曰：丧羊于易，位不当也。上六：羝羊触藩，不能退，不能遂，无攸利，艰则吉。象曰：不能退，不能遂，不详也。艰则吉，咎不长也。

大壮六爻的生态内涵

壮，撞击、受伤、强盛。大壮，有强盛、受重伤之意。古人用震卦与乾卦相叠构成大壮卦。古人将羊比喻为人类、经济系统，将藩篱比喻为生态自然系统，以羊顶撞藩篱最终被藩篱卡住了角为例，用大壮卦告示经济系统过度膨胀，最终被生态制约，进而阐述盛极必衰规律。

初九：人类凌驾于生态自然之上，对自然实施征伐，最终伤及经济系统的根基。壮于趾，撞伤了脚趾，脚趾乃经济的根基。九二：改变人类恃强凌弱的行为，才能化险为夷。九三：小人恃强凌弱，君子则保护弱者。如果人类像一头发怒的公羊般鲁莽，势必被生态的篱笆卡住角，陷入进退维谷的危机境地。九四：人类反省自身的错误便会有转机。坚守正道，羊角就不会被卡住，即经济系统可以持续发展。六五：经济之舟被生态之水覆灭，是人类不当行为导致的结果。上六：处于鼎盛期的经济系统，如果不能意识到自然力的强大，一意孤行，必将陷入羊角被卡，不能退，不能进的尴尬境地。

生态原理：物极必反

物极必反。物极必反是指事物发展至极致后，必然出现向相反方向转变的现象。从数学角度，物极必反，就是达到极值点——拐点以后，曲线朝着相反方向演进的过程。在生态经济学中，物极必反，就是生态环境或生态物质，在人类参与下，从繁荣到衰退、或从衰退到繁荣的循环发展过程。

物极必反的理论渊源。老子首先提出物极必反的思想，认为福可为祸，正可为奇，善可为妖，此后，《吕氏春秋·博志》发展为："全则必缺，极则必反，盈则必亏。"至北宋，程颐明确使用了"物极必反"一词，认为，阴阳二气交感，化生万物，故万物本身包含着对立，以至互相摩荡，形成往来屈伸的运动。其运动达于极点，即向反面变化，故万物呈现为盛极必衰，动极必静等状态。

物极必反的表现形式。物极必反包括在自然的过程与人为参与的过程中，生态系统及在生态系统制约下的经济系统从繁荣到退化，从衰退到萧条的过程。在自然语境下，生态系统按照自身固有的运行规律，会出现月盈则亏、精满自溢、由昼到夜、星球从壮年走向老年、物种由繁茂走向凋零的现象，这种变化推动生态界推陈出新不断演化。而在人的经济活动干预下，自然界也会出现由盛至衰的现象，如石油由丰富到耗竭，生物多样性由丰富到锐减。人为干预下的生态系统由盛至衰制约着经济系统，以至于使经济系统由经济快速增长、人口规模不断变大向经济低速增长、零速增长、负数增长，人口规模不断走向萎缩的路径演进。1972年罗马俱乐部成员，出版的《增长的极限》阐述了物极必反之道。

大壮卦的生态解析

大壮卦的产生背景。先人在实践中，受生态系统中树木、鸟兽、日月等由繁茂到凋零，由满盈到亏缺现象的启示，总结出生态经济系统的盛极必衰规律。为了揭示规律内容，警示后人，遂给出大壮卦。

描绘了盛大的景象。大壮卦首先用"雷在天上"，即震雷滚滚描绘生态自然中自然力强大无比的景象，明晰"大者壮也"的道理；其二，用"大壮利贞，大者正也"描述按照自然规律运行，经济社会繁荣昌盛的景象；其三，用"正大，而天地之情可见矣"告示，经济的繁荣是天地生态的恩赐；其四，用"雄羊"代表强盛的气魄。

经济巨系统状况。"壮于趾，征凶，有孚"：人类凌驾于生态自然之上，对自然实施大规模的征伐，最终伤及经济系统的根基。"贞吉"，改变恃强凌弱的行为，才能化险为夷。"羝羊触藩，羸其角"：如果人类像一头发怒的公羊般鲁莽，势必被生态篱笆卡住角，陷入进退维谷的危机境地。如果坚守正道，羊角就不会被卡住，即"藩决不羸"，经济系统可以持续；否则，经济之舟就会被生态之水覆灭，即"丧羊于易，位不当也"。"羝羊触藩，不能退，不能遂，无攸利"：处于鼎盛的经济系统，如果不能意识到自然力的强大，一意孤行，必将陷入羊角被卡，不能退，不能进的尴尬境地。

避免"壮"极必衰。古人用大壮卦告示后人盛极必衰的道理。指出，在人类主宰下的经济系统，犹如一头强壮的公羊，在一定范围内，在某种程度上，貌似繁荣强盛。但在更大时间尺度内，经济系统再强盛，人类再强大都无法与巨大的自然力相匹敌。如果不自量力，不遵循自然规律，经济系统势必如被生态藩篱卡住角的羊，前进不得，后退不能，陷入生态经济危机境地，由盛转衰。

案例与启示：马尔萨斯的人口树

案例：1798年，马尔萨斯针对英国大批工人失业、贫困问题突出等社会问题发表著名的《人口原理》。指出，人口按照几何级数增长，快速长成一棵枝丫繁茂的人口树；而该人口树所能提供的养料——生活资料却按算术级数增长；二者迟早会出现鸿沟，人口增长出现转头向下的局面。因而，只有减缓人口增长，经济社会乃至环境发展才有出路。统计表明，世界人口1800年为10亿，1930年达到20亿，1999年达到60亿，到2012年突破70亿，预计到本世纪中叶，将达到90亿至100亿。日益增长的人口加重了粮食危机、资源危机、环境危机，也使贫富差距加大，世界经济变得脆弱。什么样的经济增长速度才是适度的，如何化解经济系统与生态系统，人口、经济增长与生态保护的矛盾，避免由盛而衰物极必反，大壮卦给了我们启示。

启示：古人用"大壮"卦告示："雷在天上"，迅雷可畏，礼法森严，遵循规律，规范行为，避免盛极必衰。一是以"羊"比喻经济系统，以"藩"比喻生态系统，生态系统是经济系统的最大边界，经济系统再强大也不可触及生态系统边界。二是违背生态规律，经济基础就会削弱，出现"壮于趾"，驱动器受损，不足以推进人类社会进一步发展的局面。三是为了自身利益的最大化，人们不惜"羝羊触藩"，盲目扩大经济规模超越生态系统承载，就会被生态的藩篱卡住，就会濒临"不能退，不能遂"的两难境。四是人们应该"以非礼

"弗履",减少对生态的扰动,避免与生态对抗。五是经济发展被高资源投入锁定,要想实现"贞吉",必须"悔亡",即反思高资源投入的经济增长方式。六是"君子罔也",转变经济增长方式,注重经济对生态的影响,发展绿色经济,"正大而天地之情可见矣",实现人与生态的和谐双赢。

大壮卦:盛极必衰规律

24. 谦☷☶——自然力递减规律

卦辞： 亨。君子有终。

象曰： 地中有山，谦。君子以衰多益寡，称物平施。

彖曰： 谦亨。天道下济而光明。地道卑而上行。天道亏盈而益谦，地道变盈而流谦。鬼神害盈而福谦，人道恶盈而好谦。谦，尊而光，卑而不可逾。君子之终也。

爻辞： 初六：谦谦君子，用涉大川，吉。象曰：谦谦君子，卑以自牧也。六二：鸣谦，贞吉。象曰：鸣谦贞吉，中心得也。九三：劳谦，君子有终，吉。象曰：劳谦君子，万民服也。六四：无不利，撝谦。象曰：无不利撝谦，不违则也。六五：不富以其邻。利用侵伐，无不利。象曰：利用侵伐，征不服也。上六：鸣谦，利用行师，征邑国。象曰：鸣谦，志未得也，可用行师，征邑国也。

谦卦六爻的生态内涵

"谦"有迁、欠、退、敬、顺、止之意。古人用坤卦与艮卦相叠构成谦卦，用以阐释自然力递减规律的内容、发生机理。告示后人，人类过度利用自然力，迟早会导致自然力递减规律的发生，从而抑制经济的进一步发展。

初六：大自然如谦谦君子一般无私地为人类提供福利，促进了各行各业的发展。六二：人们要学习自然的谦谦君子精神，承担起反哺生态的责任，只有这样才能吉祥。九三：政府要向大自然学习，反哺自然，实施生态补偿政策。恢复被人类破坏的自然力，使其福荫百姓。吉祥。六四：过度扰动生态自然，使其变得支离破碎，自然力的服务功能就会递减，进而人类福利遭到减损。六五：人类对生态自然不友好，不仅不礼让，反而兵戎相见，超越自然承载的质变点，生态必然发生严重退化。上六：补偿修复生态，生态会以丰富的福利回报人类，从而打破资源稀缺瓶颈，有利于经济健康发展。

生态原理：自然力递减理论

自然力的含义。 自然力，简单地说就是来自生态自然的力量，如风力、水力、地力、磁力、石油的动力、森林的含水力等，自然力不以人的意志为转移，异常强大。在经济学视角下，自然力是指自然物质天然具有的影响人类福利的各种能力的集合，包括增进人类福利的正向自然力或资源型自然力，也包括减损人类福利的负向自然力或灾害型自然力，还有尚未发现效用的潜在自然力。狭义的自然力，仅指资源性的正向自然力。在经济领域中，自然力是不可或缺的基本生产要素，是财富的根本源泉，是生产力的构成要件。

自然力递减规律的内容。 自然力递减规律，是指在一定技术条件下，由于人们对自然力的利用超过其所能承载的阈值，进而导致自然生态服务功能下降，人类福利由此减少的现象，如土地肥力下降、气候异常导致的经济损失，大气污染导致的疾病率上升等。自然力递减规律的发生通常不是直线下降的，而是呈阶梯状，位于不同区间。最初，自然力在可持续区域。自然力围绕趋势线上下波动，虽然可能有递减倾向，但总能通过自我修复，实现生态平衡；其次，不可持续可逆区域。这一区域，人类对自然力的利用超过自然力承载的量变阈值点，自然力下降明显，如果停止扰动，人为修护，可回缩到可持续区域。最后，不可持续不可逆阶段。这一区域内自然力发生质变，自然力功能递减为零甚至为负，自然力不能提供福利。

自然力递减规律的发生机理。 自然力递减规律是人类不当行为引起的，不是自然本身的原因引起的。人类对自然的扰动过大，自然界内在运行机理被打乱，恢复能力受损，自然界提供人类福利的功能衰弱。需要注意到是，在世界范围内，自然力递减规律已大面积发生。

谦卦的生态解析

谦卦的产生背景。 原始社会，人们逐水、逐草而居，竭尽所能地从自然生态中获取能量、资源、生活资料。随着向自然索取进度的加深，贫瘠的土地、干枯的河流、枯萎的草原等生态退化现象日益凸显，引起了先贤们的注意。他们开始探索生态退化的规律性、发生机理以及如何应对等问题，于是产生的谦卦。谦卦阐释自然力递减规律。

谦卦以"顺、让、退"为核心。 谦卦内卦艮卦为止，外卦坤卦为顺从。与资源生态相结合不难看出，大自然在人类面前，持有谦和、承让的态度，无怨无悔地给人类提供生态服务，但过度奴役自然，自然就会退化，就会停止生态服务。人们对自然也应该"让""退"。

谦卦描述的自然力可持续承载区。初六中以"谦谦君子"指代无私为人类提供福利的大自然。"涉大川"，人们在利用自然的同时也在扰动生态环境，使自然力产生波动但自然却"卑以自牧"，通过自我调节，实现平衡，持续为人类提供生态福利。

谦卦描述的自然力不可持续可逆区域。人们反生态行为当止不止，超越量变阈值点，就会到达六四的"撝谦"——生态自然变得支离破碎，自然力的服务功能递减，减损人类福利。但由于自然以"谦让悲悯"之心对待人类，只要人们停止生态侵害，并加以适当的生态补偿，做到"不违则"，自然力的服务功能有望得以恢复，以丰硕的自然福利回报人类，即九三中提到的"劳谦，君子有终，吉"。

谦卦阐释的自然力不可持续不可逆区域。"不富以其临，利用侵伐"是说由于人类对生态自然不友好，不仅不礼让，反而兵戎相见，超越自然承载的质变点，生态严重退化，人类的财富遭到自然灾害吞噬的现象。此时，自然力由正能量变成负能量。

案例与启示：草原狼毒草

案例：在中国西北地区，由于过度放牧，草原严重退化，临近不可持续不可逆区域，如在草原上疯长的狼毒草就是一个有力的佐证。狼毒有粗壮发达的地下根系，耐旱力强，根和种子均可繁殖，生命力旺盛，有剧毒，家畜一旦误食，轻者腹泻，重者死亡。新疆伊犁州农四师现有天然草原31万公顷，近年来的资料显示，有50%以上的草原出现了不同程度的退化，突出表现为草场可食牧草产量下降，载畜能力降低。草业专家们一致认为，毒草化是继荒漠化后的第二大严重危害草原的因素，有毒植物在各类草地上的分布和大量滋生蔓延，使草群中优良牧草大量减少，直接影响了草地质量和载畜量。经济发展必然对生态环境产生不利影响，导致自然力递减，最终减损人类劳动成果。草原长出狼毒草的案例佐证了谦卦的自然力递减规律，如何避免过度扰动自然而诱发自然力递减规律，谦卦给了我们启示。

启示：谦卦通过"不富以其邻，利用侵伐，无不利"告诫后人不可过度扰动自然，否则"无不利，撝谦"。我们要"鸣谦""劳谦君子"，对于生态自然的开发利用要坚持适度、友好、礼让、当退则退的原则，不跨越自然承载极限，诱发自然力递减规律。一是"地道卑而上行"。自然是无私的，以悲悯之心对待人类。人类要"地道变盈而流谦",为生态提供补偿,为人类社会的进步与发展奠定生态基础。二是"涉大川",人们在利用自然的同时也在扰动生态环境,使自然力产生波动。但自然却"卑以自牧",通过自我修复能力,实现生态平衡。人类应该多创造生态自我的修复时机。三是当人们对自然的扰动超过自然力的量变点后,自然力出现"撝谦"。自然力递减,向人们提供福利的功能下降。人们要及时"鸣谦""劳谦",补偿生态,避免自然力报复。

谦卦:自然力递减规律

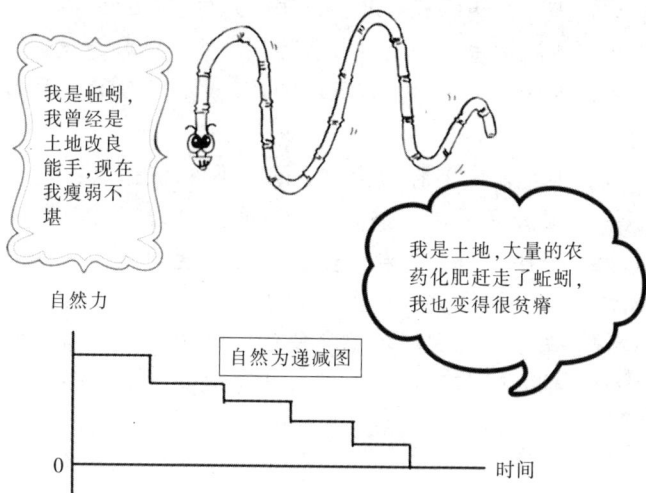

25. 夬☰☰——自然力报复规律

卦辞： 夬，扬于王廷。孚号有厉。告自邑。不利即戎。利有攸往。

象曰： 泽上于天，夬；君子以施禄及下，居德则忌。

彖曰： 夬，决也，刚决柔也。健而说，决而和。扬于王庭，柔乘五刚也。孚号有厉，其危乃光也。告自邑，不利即戎，所尚乃穷也。利有攸往，刚长乃终也。

爻辞： 初九：壮于前趾，往不胜为咎。象曰：不胜而往，咎也。九二：惕号，莫夜有戎，勿恤。象曰：有戎勿恤，得中道也。九三：壮于頄，有凶。君子夬夬，独行遇雨。若濡有愠，无咎。象曰：君子夬夬，终无咎也。九四：臀无肤，其行次且。牵羊悔亡，闻言不信。象曰：其行次且，位不当也。闻言不信，聪不明也。九五：苋陆夬夬。中行无咎。象曰：中行无咎，中未光也。上六：无号，终有凶。象曰：无号之凶，终不可长也。

夬卦六爻的生态内涵

夬卦是以"绝"为核心，围绕自然生态的断裂、缺损、决绝问题，阐述自然力报复规律的内涵、发生机理及对后人的警示等内容。

初九：壮，通撞，撞击导致伤情。壮于前趾，意思是大自然受到人类的撞击，损伤了脚趾，无法提供正常的生态服务，这是人类的过错。九二：惕号，哀鸣。大自然受到人的撞击，发出伤情警示。若人类能及时给大自然疗伤的机会，大自然就能恢复如初。九三：自然被伤害到面目全非的地步，它愤怒了。自然力从资源型变成灾害型，袭击人类。如果人类能及时纠正，仍有改过的机会。九四：自然体无完肤，生物多样性锐减。九五：蔬菜匮乏，羚羊稀少，生物多样性严重减少。只有坚守按生态规律行事，才能避免大自然的报复。上六：大自然已经不再发出警告了，大灾大难终于到来了。

生态原理：自然力报复理论

夬卦阐述的自然力报复规律隐含的生态经济理论，与伟大导师恩格斯在《自然辩证法》中提出的自然界报复理论相吻合。

自然界对人类掠夺的再掠夺。恩格斯告诫："我们不要过分陶醉于我们人类对自然界的胜利。对于每一次这样的胜利，自然界都报复了我们。""每一次胜利，在第一步都确实取得了我们预期的结果，但是在第二步和第三步却有了完全不同的，出乎预料的影响，常常把第一结果又取消了。美索不达米亚、希腊、小亚细亚以及其他各地的居民，为了想得到耕地，把森林都砍完了，但是他们意想不到，这些地方今天竟因此成为荒芜不毛之地，因为他们使这些地方失去了森林，也失去了积聚和贮存水分的中心。"自然界的报复性表现为，自然界运用其自身强大的负向自然力，如土地荒芜、河流干枯、洪水泛滥、狂风暴雪、虫灾、鼠疫、生物灭绝等，对人类先前通过掠夺自然界而得到的财富进行疯狂的、无情的摧毁或掠夺，进而减损人类福利的自然行为。

自然界的报复性源于自然界的强制平衡性及巨大创生性。自然界是一个完整的巨系统，具有抗变力和恢复力及自我调整实现动态平衡的特征。一旦其平衡被打破，它就会发挥自身修复机能，强制调整，以期实现均衡。这一强制均衡过程，人类始料不及，易导致财富损失。同时，自然界具有强大的、不以人的意志为转移的负面创生性，只要条件适宜，就会按照固有的轨道显现出来。现代科学家把由人类的不当行为导致的自然界的不利创生称为自然界的报复。

自然力报复是人类行为超过自然界承载限度的结果。人类对自然界的扰动，如果不超过自然界所能承载的极限，则自然界通过自行恢复不会有大的震荡，但超越承载，就会因此发生巨大震荡，摧毁财富。

夬卦的生态解析

夬卦的产生背景。先贤在长期的生态经济实践中，观察到由于人类的不当行为引发自然灾害，进而摧毁人类劳动成果的自然现象多有发生。认为这是人类触犯天条、违背地道，引起自然愠怒，自然界对人类的报复。为了避免自然界的报复，遂用夬卦阐述其规律内容及原理。

自然界报复的形式与程度。天愠怒："遇雨若濡，有愠"气候异常；江河愤怒，洪水泛滥。"臀无肤"，即土地贫瘠、河床干枯、骆驼瘦弱；"苋陆夬夬"，蔬菜匮乏，羚羊稀少，生物多样性严重减少。夬，乃疾走、决绝、缺失之意。夬卦用人体受伤的三个部位来比喻生态破坏过程及程度。一是"状于脚趾"。古人预言，文明初期，人类对自然的不良扰动较小，即便伤及自然的"脚趾"，"莫夜有戎"，也可"勿恤"，即不必过度忧虑。二是"臀无肤"。随着技术进步，人们过度向自然索求，逐渐超过自然承载极限，就会诱发严重的自然力报复事件发生，就会出现土地贫瘠、河床干枯的问题。三是"壮于頄"。如果继续不加纠正，就会诱发严重的自然力报复，就会"有凶"。

自然界报复的发生机理。"泽上于天，夬。君子以施禄及下，居德则忌"，意思是：自然界以雨露施恩人类，不居功自傲。人类本应感恩于生态自然，遵循生态规律行事，然而对于自然的种种信号"闻言不信"，为了自身利益，过度奴役自然，摄取大于补给，导致生态的"夬夬"，即缺损、破裂，自然失去平衡，就会"愠"怒，"牵羊悔亡"。

警示。生态拐点出现，必须立即决策，与自然和解。"夬，扬于王廷。孚号有厉"暗喻，人们肆无忌惮地向生态系统索取资源、肆意排放废弃物，超越生态承载极限，危机就会来临。只有"决"，才能"健而说，决而和。""利有攸往，刚长乃终也。"否则，"无号之凶，终不可长也"。

案例与启示：2012 气候的蹦极现象

案例：人类过度奴役自然的行为导致生态危机的案例比比皆是，如锐减的生物多样性、"三化"的耕地、肆虐的飓风，极端的气候灾害。尤其是 2012 年发生的极寒、暴热天象，凸显了自然界对人类的报复程度之深。2012 年欧洲、亚洲遭遇了罕见的寒流暴雪天气，部分地区气温降至−30℃，如乌克兰气温降至−33℃，捷克北部刷新了迄今为止的最低气温纪录，暴雪成灾。欧洲地区 260 多人因严寒死亡，城镇居民因积雪过厚无法与外界联系。与北半球的极寒天气相反，澳大利亚入夏以来一直处于高热状态，引发火山喷发，造成 180 多人死亡，大面积森林植被被毁，另有 1 800 多栋房屋在大火中被毁。近年来自然灾害频发是人类过度扰动自然，导致自然力报复。如何避免自然力对人类实施的报复，保护人类劳动成果，夬卦给了我们启示。

启示：气候的蹦极现象说明，生态系统已遭受严重损害。夬卦通过"壮于前趾""壮于頄""臀无肤，其行次且""苋陆夬夬"警告人们不善待自然，破坏生态平衡，自然就会通过报复规律强制实现生态平衡。一是"利有攸往"，要感恩自然。生态环境为人类提供各种福利，是人类的衣食父母，为经济系统提供资源，提供废弃物代谢场所。人类要制定政策保护自然，不能伤害自然。

二是重视预警信号。生态系统受到损伤时，会"惕号"，会向人们发出警示信号。人们要细心观察，接到警示信号立即进行生态补偿与修复。三是处在生态十字路口上，政府应尽快抉择，出台生态保护政策，植入生态观念。纠正自己的不当行为，转变经济发展方式，调整产业结构和能源结构，保护自然，补偿自然，亡羊补牢，才有可能避免更大的生态报复，否则，就会面临巨大的"凶"，就会"终不可长也"。

夬卦：自然力报复规律

26. 涣☵——生态沙漏规律

卦辞： 亨。王假有庙。利涉大川，利贞。

象曰： 风行水上，涣。先王以享于帝，立庙。

象曰： 涣亨，刚来而不穷，柔得位乎外而上同。王假有庙，王乃在中也。利涉大川，乘木有功也。

爻辞： 初六：用拯马壮，吉。象曰：初六之吉，顺也。九二：涣奔其机，悔亡。象曰：涣奔其机，得愿也。六三：涣其躬，无悔。象曰：涣其躬，志在外也。六四：涣其群，元吉。涣有丘，匪夷所思。象曰：涣其群元吉，光大也。九五：涣汗其大号。涣王居，无咎。象曰：王居无咎，正位也。上九：涣其血，去逖，出，无咎。象曰：涣其血，远害也。

涣卦六爻的生态内涵

涣，有涣散与四分五裂之意。涣卦，大水覆舟之象。古人用兑卦与坎卦相叠构成涣卦，以洪水暴发为例，用洪水指代被漏下变成垃圾甚至危险品的沙子，用以阐释沙漏规律的内容、作用效应以及预防措施。

初六：骑着膘肥体壮的高头大马传递灾情信息，顺利。表明，交通畅达，有利于及时通告洪水（生态资源涣散规律）爆发的信息。九二：由于灾区民众及时得到灾情警报，及时逃离险地，避免了灾祸。虽然洪水冲毁了房屋，但生命没有受到威胁，不幸中的万幸。六三：洪水冲到身上，淋湿了衣服，小有损失，但生命无忧，值得庆祝。六四：由于事先得到洪水来袭的情报，人们迁移到了高岗上，齐心协力地抵御洪水灾害，效果显著。该类事情值得发扬光大。九五：洪水涌入民舍、王室，幸亏及时撤离，才没有造成更大的生命财产损失。上九：洪水淹没了护城河，由于及时采取预防措施，生命与财产均得以保全。

生态原理：熵（沙漏）增加理论

涣卦的基本含义是涣散、耗散、正能量消失、负能量增加，它所蕴含的深刻道理与物理学中的熵理论，沙漏理论相吻合。

熵的生态内涵。熵，是一个物理学概念，是热力学第二定律的体现。热力学第二定律是指：孤立系统的一切自发过程均向着其微观状态更无序的方向发展，如果要使系统回复到原先的有序状态是不可能的，除非外界对它做功。微观状态越混乱，说明该系统的熵值越大，反之越小。在孤立系统中，一切不可逆过程必然朝着熵的不断增加方向演进，这就是熵增加原理。在生活中，可以简单地把熵理解为：垃圾，负能量。在生态经济系统中，熵增加，意味着可用资源越用越少、能源逐渐耗竭，相应地，垃圾越来越多，正能量逐渐消失，自然灾害不断增加、负能量积聚。

熵的沙漏理论。已故科学家杰奥尔杰斯库—勒根，提出"熵的沙漏"思想。他把太阳能、地球存储的可用能量（沙粒）灌装于一个细腰的 8 字形烧杯中。烧杯内的沙漏流量是恒定的，从上端流到下端的沙粒总量恒等，遵循能量守恒定律。但是，从上端流到下端的沙粒失去了做功的潜能，属于不可用的高熵物质，而且下端的沙粒不能逆转到上端变成可用的资源，这与热力学第二定律相契合。

生态资源的绝对减少与自然力严重递减。熵增加意味着生态资源绝对量的减少。因为，尽管沙粒多数来自于速率恒定的太阳能，但是，由于烧杯的细腰限制了它的流量，因而可用能量是有限的；另一方面，人类使用地球资源的速率大于再生速率。所以，生态资源的绝对稀缺是必然的。熵增加还意味着自然力进入严重的不可持续不可逆的承载区，人类回天乏力，即将生态自然恢复到初始状态，正效应的区域中。

涣卦的生态解析

涣卦的产生背景。古人在长期的生态经济实践中，对生态系统存在的大量的从聚合到离散，从资源到垃圾，从有用到无用，从生到死的生态现象进行了深入的探索，进而提出耗散规律，并用涣卦加以描述。

沙漏思想。《序卦》："说而后散之，故受之以涣。涣者，离也。"涣，水流流散之意，象征生态物质涣散、耗竭，与熵即沙漏理论吻合。

可用资源减少，垃圾物质增加。其一，"刚来而不穷，柔得位乎外而上同"。在沙漏中，沙粒从上端流到下端的总量恒等遵循能量守恒定律，即"刚来而不穷";而沙粒无法从下端流到上端,只有"柔得位乎外",在外取得能量做功,使高熵物质变成可用的低熵资源。其二,"风行水上,涣"。水遇风则离散,从有序变成无序,熵增加原理。在生态经济学中,被人类使用的自然资源,经历了熵增加过程,变得稀缺。因此,人类应该有所作为,"先王以享于帝,立庙",采取行动保护自然资源。其三,"涣有丘,匪夷所思"。只有实施资源积累政策,才能在涣散规律发挥作用之时,高枕无忧。

警示。其一,"利涉大川,乘木有功也"。涣卦有乘水之舟卦象,古人告诉我们,水能载舟也能覆舟。不懂得资源越用越少、垃圾越用越多的道理,势必造成熵增加,造成生态资源的绝对稀缺与自然力的递减,触发熵增加规律。因而,要及时修复自然,补偿自然,使其"王假有庙,王乃在中也",才会"利涉大川""乘木有功也"。其二,"初六之吉,顺也"。告知涣散规律,然后,顺应自然规律,减少资源投入,减少垃圾排放,就不会使低熵资源变成不可用的高熵物质。其三,"涣其躬,志在外也"。对待自然资源,要是弃之毁之,资源就会涣散,成为废弃物质。

案例与启示:能量金字塔

案例:能量传递的十分之一定律也叫能量金字塔定律,是由美国生态学家林德曼提出的。它是反映食物链中营养级之间生物数量、重量及能量比例的一个图解模型。根据生态系统营养级的顺序,底层为初级生产者;第二层为一级消费者;第三层为二级消费者;再往后是三、四级消费者。各营养级的生物数量、重量与能量比例呈现底部宽、顶部尖类似于金字塔的图形,由此得名。林德曼对于水生态效率进行了考察,发现生物链条能量的传递中存在着大量的耗损,每一个营养级传递下去的能量只有 10% 左右,因而称为能量流动的十分之一定律。通常恒温草食动物的林德曼效率是 7%,而恒温肉食动物的林德曼效率仅仅是 1%,昆虫和其他冷血动物可能接近 15%。

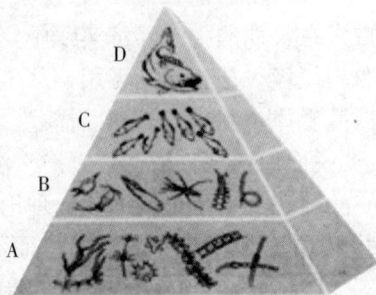

　　启示：涣卦揭示了生态经济学中的熵理论；即沙漏规律。先祖用涣卦告知后人，在生态经济中，有用的资源，即低熵物质像沙子一样，通过烧杯流下来，变成了不可用的高熵物质，即垃圾，在没有做功的情况下，是不能变回低熵资源。因此，我们不要盲从于物质能量守恒定律，那是宏观尺度的定律，不适用于人的时间尺度的生态经济系统。必须要在头脑中植入熵定律，节约使用矿物资源、生物多样性资源、水资源、太空资源，提高利用效率；另一方面，要减少不必要的排放，将垃圾变成资源，使自然力具有可持续性。

涣卦：生态沙漏规律

27. 睽☲——生态对立统一规律

卦辞： 小事吉。

象曰： 上火下泽，睽。君子以同而异。

彖曰： 睽，火动而上，泽动而下。二女同居，其志不同行。说而丽乎明，柔进而上行，得中而应乎刚。是以小事吉。天地睽而其事同也。男女睽而其志通也，万物睽而其事类也。睽之时用大矣哉。

爻辞： 初九：悔亡，丧马勿逐自复，见恶人，无咎。象曰：见恶人，以辟咎也。九二：遇主于巷，无咎。象曰：遇主于巷，未失道也。六三：见舆曳，其牛掣。其人天且劓，无初有终。象曰：见舆曳，位不当也。无初有终，遇刚也。九四：睽孤遇元夫，交孚，厉，无咎。象曰：交孚无咎，志行也。六五：悔亡，厥宗噬肤，往何咎。象曰：厥宗噬肤，往有庆也。上九：睽孤，见豕负涂，载鬼一车。先张之弧，后说之弧。匪寇婚媾。往遇雨则吉。象曰：遇雨之吉，群疑亡也。

睽卦六爻的生态内涵

"睽"乃断裂、相悖、对立之意。古人用离火、兑泽两卦相叠，构成睽卦，用二女同居、同性相斥的例子，说明生态经济系统中人与生态具有对立的一面。

初九：人与生态微弱对立，如同马儿闹个小脾气，弃主而去，不必追逐，等气消了，就会回来一样。即生态自然遭受小的损害，会自动恢复平衡。九二：人与生态轻度对立，如马在小巷遇见主人，失而复得。此时，生态虽遭损害，但未伤及骨头，有恢复的希望。六三：人与自然中度对立，生态发了脾气，对人类施加惩罚，如牛毁车辆，人受遭受割鼻子刑罚，最终生态气消了，谅解了人类。九四：人与自然对立，如弃夫之妇，最终在丈夫的温声软语中握手言欢。六五：上香摆贡品拜谒大自然。要对大自然投资，反哺自然。上九：祭祀大自然，变对立为统一，乃生态经济持久发展的大道。

生态原理：对立统一规律

生态经济巨系统中的对立统一规律。生态对立统一规律是指在生态经济巨系统中，生态之间、生态与经济之间既具有对立性、矛盾性，又有统一性，以及对立与统一相互转化的现象。生态经济系统中的对立统一规律，源于中国古代阴阳思想以及马克思唯物辩证法思想。

对立性。生态经济巨系统的对立性体现在三个方面。一是食物链中的上下级关系。在生物圈中，一是物种为了自身的繁衍与发展而以其他物种为食的现象。二是食物链中同级之间的竞争性。在生态系统中，具有亲缘关系的物种之间在生态位上易出现重合，导致物种间竞争加剧。三是生态位的不重合性。生态位的不重合使物种间互不侵犯，互不为食，互不为敌。四是在生态经济巨系统中人与自然的对立性，以及由此衍生的经济与生态的对立性。

统一性。在生态系统中的统一性体现在，食物链的上下级关系以及同类物种之间的竞争推动对立物种双方不断进化，共同发展。在生态经济巨系统中人与自然的统一性体现在两个方面。一是自然向人们提供生态福利；二是人们善待自然，保护自然，进行生态补偿与修复，保持自然力的可持续性，增强了自然服务功能。

对立和统一的相互转化。以生态经济巨系统中人与自然的关系为例。在人类文明初期，人类依靠自然，畏惧自然，对自然的扰动比较小，总体而言人与自然的关系是统一的。随着人类文明的发展，特别是近代以来，人类向自然索取的力度增强，一方面耗竭资源，另一方面过量排放污染物，人与自然的关系逐渐由统一转化为对立。随着生态文明的建设与发展，人类亲近自然，善待自然，自然得以有效恢复，仍会为人类提供生态服务，从对立走向统一。

睽卦的生态解析

睽卦的产生背景。先贤通过对生态经济界大量"火动而上，泽动而下"：水火相不相容、天地不交，"二女同居，其志不同行"：同性相斥、万物不通等现象的观察与研究，遂用睽卦揭示生态经济系统中的对立统一规律，告诫后人，要减少生态与经济的对立，促进"统一"。

睽卦的主旨思想是谈生态"对立"。"睽"乃断裂、相悖、不相视之意。睽卦用四爻讲述生态对立问题，第一，"丧马勿逐自复，见恶人，无咎"——人类与生态微弱对立，"马"离家出走，尚有挽回余地；第二，"遇主于巷，无咎"——人与生态轻度对立，马离家，走小巷尚有遇见主人的机会；第三，"见舆曳，其牛掣，其人天且劓。无初有终"——人与生态中度对立，人最初受到生态的惩罚，最终会得到生态的谅解；第四，"睽孤，遇元夫，交孚，厉无咎"。——妻与夫对立，独自离家，如果丈夫能与之亲切交流，有破裂重圆的可能。

生态对立的机理。为什么会出现生态对立？古人用"二女同居，其志不同也"，阐述了同性相斥的自然规律；用"睽，火动而上，泽动而下"，即离火在上卦，兑泽在下卦，说明了异性因站错位置不仅不相吸反而相背离的规律。

摒弃对立崇尚统一，是生态经济健康运行的根本路径。睽卦用大量篇幅谈生态对立，用画龙点睛之笔谈天地人的统一。其一，与自然对立，必遭自然的"劓"——割鼻刑罚。遭受惩罚时要反思，不能心生怨恨，要"厥宗噬肤，往有庆也"。"匪寇婚媾，遇雨则吉。"——对自然要礼拜、臣服、沟通，化解矛盾。其二，为了避免割鼻之灾，要促成"天地睽而其事同也，男女睽而其志通也，万物睽而其事类也"，即天地统一、雌雄统一，生态与经济统一。

案例与启示：给大熊猫投食

案例：导致中国大熊猫数量急剧减少的原因主要有五个方面。一是新中国成立前后偷猎贩卖的现象严重，对大熊猫种群的繁殖造成了不可估量的灾难性后果；二是栖息地面积减少，这是造成大熊猫种群数量减少的主要原因；三是非法采矿和矿业污染导致栖息地内生态环境恶化；四是大熊猫食性单一，一遇竹子开花，食物短缺，大熊猫数量就会急剧减少；五是大熊猫天敌对熊猫幼崽的捕食以及疾病的传播。为了保护大熊猫，中国从 1962 年采取系列措施，如在《宪法》中规定国家保护珍贵动物和植物，建立大批自然保护区，运用科技手段促进大熊猫繁殖，定时医疗保健等，取得了显著效果。尤其值得一提的是，从前村民猎杀大熊猫，现在却在竹子开花时，向熊猫投放食物。

启示：睽卦告诫我们，要深刻认识到，无论是生态界、还是生态经济界，对立、矛盾都是客观的，如"睽，火动而上，泽动而下。二女同居，其志不同行，"与其掩耳盗铃不如直面问题。直面问题是解决问题的前提。一是在生态经济实践中，要充分认识对立统一规律的内涵、发生机理，尽可能地减少人与自然、经济与生态的对立，增加人与自然的和谐友好元素，促进经济发展与生态保护的统一。努力做到"天地睽而其事，男女睽而其志通也"，减少经济发展中的生态成本。二是与自然对立必然遭受自然的报复。"其人天且劓"，减损人类劳动成果。三是应该"厥宗噬肤"。尊重自然，善待自然，与自然保持亲善关系，这样才能缓和人与自然之间的矛盾，"往有庆也"，才能从自然中获取更多的福利。四是"匪寇婚媾"。在发展的过程中充分考虑生态效益，避免人与自然对立导致的生态危机以及经济损失，进而实现人与生态的和谐共赢。

暌卦：生态对立统一规律

第五章　生态经济资源篇

本章解析易经中的生态经济资源可持续利用思想，包括巽卦、井卦、兑卦、大有卦、明夷卦、萃卦、晋卦、离卦、中孚卦。该思想有深刻的思想逻辑背景与实践背景。

（一）思想逻辑背景

古人通过易经十二卦总结了生态经济系统从诞生到衰亡的发展周期。为了有序发展，避免泰极否来，提出了生态经济愿景思想。为了将愿景变成现实，就要付诸行动。如何行动，古人提出要效法自然，按照生态经济运行规律行事。在深刻揭示生态经济系统规律基础上，古人开始探索生态圈中有哪些可用的资源，资源数量如何，如何使用这些资源等问题。他们发现了九类资源——森林资源、草原资源、生物多样性资源、湿地资源、海洋资源、地下水资源、火力资源、矿产资源、太空资源。由于认识到资源的稀缺性，于是，提出了珍惜资源，节约使用资源的资源可持续利用思想。

（二）生态经济实践背景

古人在长期的生态经济实践中，深刻认识到，经济系统的运行过程是一个投入产出的过程。一端直接或间接投入生态资源，另一端输出产成品。没有生态资源的投入，经济系统的运行就成为无源之水，无本之木，经济之舟就得停泊。为此，古人研究可用的生态资源，并用卦象的形式流传给后人，告示后人要合理利用资源，不可滥用。他们用巽卦代表有"地球之肺"之称的森林资源；用萃卦描绘了有"地球之貌"之称的草原资源；用晋卦代表了"地球之嗣"生物多样性资源；用兑卦代表有"地球之肾"称谓的湿地资源；中孚卦描绘"地球之腹"海洋资源；井卦描述"地球之液"地下水资源；离卦代表"地球之心"火力资源；明夷卦解析矿产资源即"地球之骨"；大有卦阐释有"地球之祖"之称的太空资源。

（三）生态资源的逻辑框架图

古人在《易经》中剖析多种生态资源，包括地下水、海洋、湿地、森林、生物多样性、矿藏等。它们都可囊括到水圈、生物圈、岩石圈以及外大气圈之中。水圈中有兑卦代表的湿地资源、中孚卦代表的海洋资源，井卦代表的地下水资源。水作为生命之源，是人类赖以生存的最基本物质，这些水资源不仅为人类提供了丰富的自然物质，还对调节气候、净化空气有着巨大的作用。在生物圈中，巽卦代表的森林生态资源，萃卦代表草原生态资源，晋卦代表了生物多样性资源。生物给我们提供直接或间接的生活资料。岩石圈，伴随着火力资源（离卦）的利用，以及矿产资源（明夷卦）的开发，人类社会不断向前发展；扩展到外大气圈，开始探索太空资源（大有卦），发展太空经济，再一次提升了资源利用的高度。

生态资源的逻辑关系如下图所示。

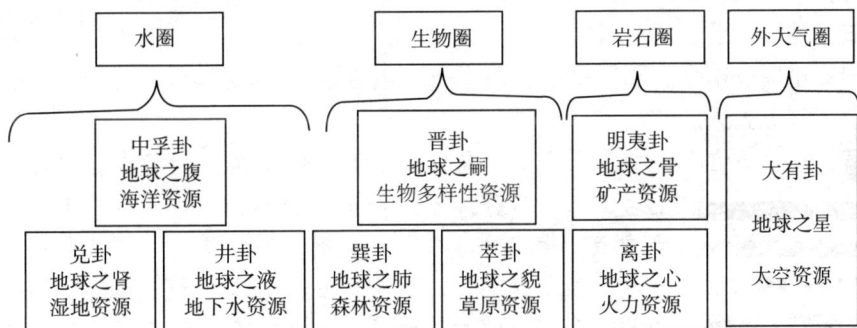

水圈	生物圈	岩石圈	外大气圈
中孚卦 地球之腹 海洋资源	晋卦 地球之嗣 生物多样性资源	明夷卦 地球之骨 矿产资源	大有卦 地球之星 太空资源
兑卦 地球之肾 湿地资源 / 井卦 地球之液 地下水资源	巽卦 地球之肺 森林资源 / 萃卦 地球之貌 草原资源	离卦 地球之心 火力资源	

28. 巽☴——地球之肺：森林

卦辞： 小亨。利有攸往，利见大人。

象曰： 随风，巽。君子以申命行事。

彖曰： 重巽以申命。刚巽乎中正而志行。柔皆顺乎刚，是以小亨。利有攸往，利见大人。

爻辞： 初六：进退，利武人之贞。象曰：进退，志疑也。利武人之贞，志治也。九二：巽在床下，用史巫纷若，吉，无咎。象曰：纷若之吉，得中也。九三：频巽，吝。象曰：频巽之吝，志穷也。六四：悔亡，田获三品。象曰：田获三品，有功也。九五：贞吉，悔亡，无不利，无初有终。先庚三日，后庚三日，吉。象曰：九五之吉，位中正也。上九：巽在床下，丧其资斧，贞凶。象曰：巽在床下，上穷也。丧其资斧，正乎凶也。

巽卦六爻的生态内涵

巽为风、为木、为长女，为鸡。从生态经济角度，古人用巽卦代表森林资源与风力资源。限于篇幅，本文从森林资源角度，挖掘巽卦的内涵。

初六：树木的根须具有涵养水源、避免水土流失的作用，根须进入土壤越深作用越大。应学习练武之人，积极进取，为树木培土浇水，促进根须深入地下。九二：木材可制床铺，上实下虚，人类卧床可接收天地之气。地方政府部门，制定合理利用与保护林木资源政策，促进森林资源的可持续利用。九三：如果频繁地砍伐林木，就会影响林木的再生能力，引发生态问题。六四：悔亡，田获三品。森林落叶归田，形成土壤的腐殖质，能增加土壤肥力，提高粮食产量。九五：原始森林是大自然的恩赐之物，不是人类种植的，能自我更新，只要不过度砍伐，就能永续提供生态服务。上九：森林提供林木，以谦卑姿态提供生态服务。如果将森林砍光，其生态服务就会终止，灾害来临。

生态原理：森林生态资源

森林是生态平衡的支柱。它能维持空气中的二氧化碳与氧气平衡，能清除空气中的有毒有害气体，被称为"地球之肺"。

森林资源的内涵。森林资源，包括森林、林木、林地以及依托森林、林木、林地生存的野生动物、植物和微生物。在一定条件下森林具有自我更新、自我复制的机制和循环再生的特征，保障了森林资源的长期存在，能够实现森林效益的永续利用。但是，森林所具有的可再生性和结构稳定性是在人类不超载利用，不对森林资源造成不可逆转性破坏的基础上才能实现。

森林资源的生态功能。在地球上，绝大多数的氧气是由森林中的绿色植物提供的。绿色植物在进行光合作用时，吸入二氧化碳，有很强的碳汇效应，能改善气候条件。森林对大气有很强的净化作用，能清除二氧化硫、氟化氢、氯气等有害气体，并将它转化为树木体内氨基酸的组成部分。另外，森林还能拦截、过滤，吸附空气中的各种污染物，因此，森林还被人们比作"天然的吸尘器"。森林还具有涵养水源，防风固沙，避免水土流失的功能。森林为经济系统提供林木资源。

森林资源的现状。几个世纪以来，砍伐森林带来的大自然惩罚在世界各地都有发生。联合国环境规划署报告称，有史以来全球森林已减少了一半，主要原因是人类活动。中国是一个森林资源贫乏的国家。与一些森林覆盖率高的国家相比，圭亚那是97%，芬兰是69%，日本是68%，美国是33%，中国仅为20%，低于全世界22%的平均水平。大力发展植树造林，改善我们的生态环境，刻不容缓。

森林是地球之"肺"。保护森林、挽救森林、扩大森林，现今已成为人类保护自己的生存，实现永续利用的必由之路。

巽卦的生态解析

巽卦的产生背景。古人的生活资料，很大比重直接来自于森林，如在森林中狩猎，在森林中捡拾野果，采集果实，从森林中砍伐薪材用做燃料煮熟食物、取暖，砍伐木材盖房子、打家具，到林中放牧等。因而，森林在古人心中具有至高无上的地位。为了告示后人森林资源的作用、避免森林滥用，而产生了巽卦。

巽卦代表森林资源。首先，从巽卦的卦画看，巽卦☴由巽下☴巽上☴两同卦构成，☳像长着两个根须的木，两个木相叠就是森林☴，就是巽。故"巽为木"。其次，《说卦》"齐乎巽，巽东南也"。巽卦在后天八卦图中位于东南方向，东南方气候湿润、温暖，适宜林木生长，故巽为森林资源。其三，象曰："随风，巽。君子以申命行事。"象曰："重巽以申命。刚巽乎中正而志行，柔皆顺乎刚，是以小亨，利有攸往，利见大人"。森林固化碳，释放氧气，气乃风，有利于气候调节，有利于生物呼吸，进行正常的新陈代谢。故，巽乃风，引申为森林资源。

巽卦阐释森林功能。"进退，利武人之贞"。树木的根须具有涵养水源、避免水土流失的作用，根须进入土壤越深作用越大。"巽在床下，用史巫纷若，吉，无咎"。木材可制床铺，上实下虚，人类卧之媒介天地之气。"悔亡，田获三品"。森林落叶归田，增加土壤肥力，提高产量。"贞吉，悔亡，无不利。无初有终。先庚三日，后庚三日，吉"。森林资源乃大自然赐予，具有自我更新功能，是一种可再生资源。

告示。森林为人类提供了生产要素与生活资料，在古人心中具有至高无上的地位。为了经济的持久发展，古人告示后人，尽管森林具有可再生的性质，但是如果滥砍滥伐，就会导致森林自然力递减，其涵养水源、防风固沙、净化空气、增加土壤肥力的生态服务功能就会减弱，人类享受的生态福利就会减少，为此，要斧下留情。

案例与启示：三北防护林

巽卦代表森林资源，其典型案例是中国的"三北防护林"。

案例：1978 年，国务院批准启动三北防护林时明确指出："西北、华北及东北西部，风沙危害和水土流失十分严重，木料、燃料、肥料、饲料俱缺，农业不稳。大力造林种草，特别是有计划地营造带、片、网相结合的防护林体系，是改变这一地区农牧业生产条件的重大战略措施。"三北防护林工程范围东起黑龙江省宾县，西至新疆的乌孜别里山口，北抵国界线，南沿天津、汾河、渭河、洮河下游、布尔汗布达山、喀喇昆仑山。该工程无论在规模和效益上，均超过国外三个世界级造林工程，无疑是全球最大的人工生态工程。2003年底，世界吉尼斯纪录总部认定三北防护林体系建设工程是世界上最大的植树造林工程。国家希望建设三北工程，实现粮食安全与生态安全互动，促进防风固沙与治穷致富协调发展，达到蓄水固土与兴林富民的多重目标。

启示：其一，"重巽以申命"。人类对森林资源的过度破坏，自然界发出警示，"以申命行事"，应停止破坏，保护森林资源。其二，"巽在床下，用史巫纷若"。人类对森林资源的一些过度行为应该及时收敛，才可能"吉，无咎"。其三，"刚巽乎中正而志行，柔皆顺乎刚"。人类要顺从森林资源的自然发展，不去打破森林生态的平衡，才能达到"是以小亨"，"利有攸往"。其四，不能"进退，志疑也"。保护森林资源的心意不能进退不定、犹豫不决，要像"武人"一样正固勇武，则可"志治"，坚定不移。其五，以"随风"的态度保护森林资源。"随"有随顺、顺从之意，要"随"森林自身的发展，在保护森林时做到"有功也"，才能"田获三品"；否则，就会"丧其资斧，贞凶"。全力保护森林资源，使其更好地调节空气，更好地发挥"地球之肺"的作用。

巽盐：森林资源

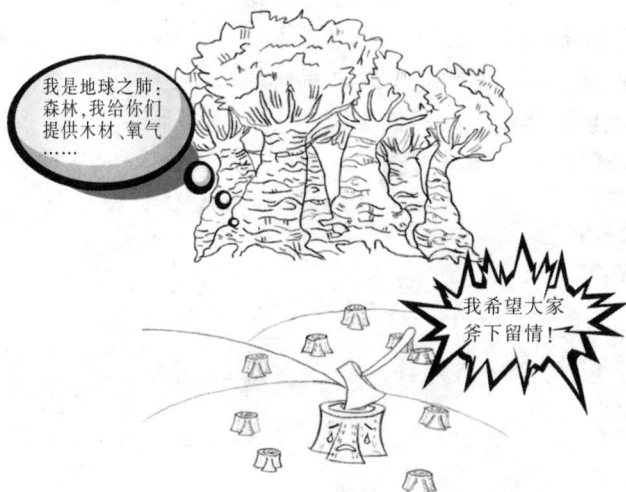

29. 兑☱——地球之肾：湿地

卦辞： 亨，利贞。

象曰： 丽泽，兑。君子以朋友讲习。

彖曰： 兑，说也。刚中而柔外，说以利贞。是以顺乎天而应乎人。说以先民，民忘其劳。说以犯难，民忘其死。说之大民劝矣哉。

爻辞： 初九：和兑，吉。象曰：和兑之吉，行未疑也。九二：孚兑，吉，悔亡。象曰：孚兑之吉，信志也。六三：来兑，凶。象曰：来兑之凶，位不当也。九四：商兑未宁，介疾有喜。象曰：九四之喜，有庆也。九五：孚于剥，有厉。象曰：孚于剥，位正当也。上六：引兑。象曰：上六引兑，未光也。

兑卦六爻的生态内涵

兑，有喜悦、湿润、口才之意。从生态角度，兑代表水圈中的湿地、动物圈中的羊，人圈中的少女。

初九：和兑，吉。风平浪静。江河湖泊风平浪静、和颜悦色的时候，它释放的是正能量，能够福泽人类。九二：湿地按照固有的运行规律变化的时候，对经济系统是有益的。六三：不按照规律到来的河水，为泛滥之水，威胁经济系统安全。九四：把湿地作为赚取经济利润的工具不加保护的行为，受到众人的声讨。舆论压力使坏事变好事。九五：湿地给人类带来的生态福祉不断消减之时，就是灾祸到来之日。上六：跨期配置湿地资源，对湿地进行生态补偿，湿地就能恩泽子孙后代，就能延长生态服务时间，就能促进经济社会的持久发展。

需要注意的是，古人虽然将兑卦看做经济资源，告示后人要珍惜爱护，但同时也不忘提示后人，湿地，也有灾害的一面，要防止水灾的发生。要合理利用湿地，避免使水利变成水患。

生态原理：湿地生态资源

湿地资源发挥着为生态各圈层输送水的生态作用，滋养万物，被誉为"地球之肾"。兑卦是古人用于表达湿地资源的一卦，适用于湿地资源原理。

湿地资源的内涵。湿地是指天然的或人工的、长久的或暂时的沼泽地、泥炭地或水域地带，静止的或流动的、或淡水、或半咸水或咸水，低潮时水深不超过 6 米的水域。根据湿地的广义定义，河流、湖泊、沼泽、珊瑚礁都是湿地；此外湿地还包括人工湿地，如水库、鱼（虾）塘、盐池、水稻田等。

湿地资源的生态功能。湿地是重要的国土资源和自然资源，具有多种功能。很多珍稀水禽的繁殖和迁徙离不开湿地，因此又称为"鸟类的乐园"。湿地与人类的生存、繁衍、发展息息相关，是自然界最富生物多样性的生态景观和人类最重要的生存环境，它不仅为人类的生产、生活提供多种资源，而且具有巨大的环境功能和效益，在抵御洪水、调节径流、蓄洪防旱、控制污染、调节气候、控制土壤侵蚀、促淤造陆、美化环境等方面有重要作用。

湿地资源的保护。中国是世界上湿地资源比较丰富，面积较大的国家。湿地面积居亚洲第一位，世界第四位。中国的湿地生境类型众多，且很多是中国所特有的，具有重大的科研价值和经济价值。然而，随着人口的急剧增加，城市扩张，对湿地的不合理开发利用，对森林资源的过度砍伐以及过量获取湿地生物资源导致中国天然湿地日益减少，功能和效益下降；湿地生物多样性逐渐丧失；湿地水质碱化；湖泊萎缩；湿地水体污染，严重危及湿地生物的生存环境；水土流失加剧，江河湖泊泥沙淤积等。中国湿地资源已遭受了严重破坏，地球之肾严重亏空，保护生态刻不容缓。

兑卦的生态解析

兑卦的产生背景。生物圈的生命起源于水域，随着时间推移，生命从初等演化到高等，从简单演化到复杂。人类的基因与水域有着解不开的情结，江河湖泊是生态文明的起源地。不仅如此，人类诞生后，从水域中捕鱼取食，为渔业发展奠定基础。古人对湿地极其推崇，为了告知后人湿地密码，遂产生了兑卦。

兑卦代表湿地资源。首先，从兑卦的卦画看，兑卦☱由兑下☱兑上☱两同卦构成，☱像长着两个根触角的鱼儿，也像水中的浮萍。故兑代表水域。其次，《说卦传》：“兑为泽”。兑代表沼泽，截留兑卦里的水，使水聚集成塘，引申为湿地。其三，兑卦上泽下泽，片片沼泽相连，形成湿地。象曰：“丽泽”，即沼泽与沼泽互相依附，彼此流通润泽，相互滋益，正是展现了湿地资源的景象。因此，在生态经济学上，兑卦代表的是湿地资源。

兑卦阐释湿地的生态功能。其一，湿地具有灌溉、剥蚀功能。“刚中而柔外，说以利贞，是以顺乎天而应乎人”，湿地之水，外柔内刚，能顺乎人意，灌溉农田，能滴水穿石，剥蚀物质，释放正能量福泽人类。其二，湿地具有润泽功能。“兑为泽”，泽为润，即湿地具有润泽万物功能。其三，湿地具有愉悦身心的功能。“说以先民，民忘其劳。说以犯难，民忘其死”。湿地，以江河湖泊的形式出现，碧波荡漾，具有赏心悦目的功能，能令人身心愉悦，使人们忘记疲劳、忘记死亡。

兑卦告示要趋吉避凶。“和兑，吉”，“孚兑，吉，悔亡。”通常湿地对经济系统发挥正效应，促进经济效益增长，但是“来兑，凶”。不按照规律到来的河水，为泛滥之水，威胁经济系统。“孚于剥，有厉。”湿地带来的生态福祉不断消减之时，即是灾祸到来之日。

案例与启示：鹤的伊甸园

兑卦向后人展示了湿地资源的功能作用及保护与合理开发利用的路径，相关的案例不胜枚举，如青海湖、洞庭湖等。

案例：向海作为国家级自然保护区，位于科尔沁草原东部的吉林省通榆县境内，面积为10.55万公顷，属于内陆湿地和水域生态系统类型的自然保护区。向海在涵养水源、调节气候、保持生物多样性方面起到了不可估量的作用。向海在1986年被评定为国家级自然保护区，1992年被列入《国际重要湿地名录》，同年被评为“具有国际意义的A级自然保护区”，2009年入选吉林八景。目前，保护区内有丹顶鹤、白鹤、白皮鹭等珍贵鸟类253种，被称为“百鸟乐园”。世界有鹤15种，中国有9种，向海境内有6种，占全世界鹤类种类的40％，特别是，目前在世界上一类保护珍禽丹顶鹤仅有的1 500余只，其中有60多只丹顶鹤在这里生息繁衍，向海已经成为世界上较大的鹤类观赏区之一。

启示：易经中的兑卦告诉我们，要深刻认识湿地资源的重要性，珍惜湿地资源、保护湿地资源。“说以先民，民忘其劳。说以犯难，民忘其死。说之大，民劝矣哉。”湿地资源作为重要的自然资源，具有巨大的环境功能和效益，为人类的生活提供了适宜的环境，从而使百姓喜悦，以至于"忘其劳"、"忘其死"，达到了"亨，利贞"的状态。

湿地资源的保护。一要"刚中而柔外"，"以顺乎天而应乎人"。对于湿地资源的保护要"顺乎天"，遵循自然界的运行法则。二要"孚兑之吉，信志也"。要以诚信之心保护湿地资源，且不可做表面文章。三要"行未疑也"。要坚持不懈，坚定不移地保护湿地资源。四是避免"位不当也"。保护湿地，要了解湿地性质，制定的政策要切合实际，要行之有效。不能做不当位的管理，行不科学之举。

兑卦：湿地资源

30. 中孚☲——地球之腹：海洋

卦辞：中孚。豚鱼吉。利涉大川，利贞。

象曰：泽上有风，中孚。君子以议狱缓死。

彖曰：中孚，柔在内而刚得中，说而巽孚。乃化邦也。豚鱼吉：信及豚鱼也。利涉大川，乘木舟虚也。中孚以利贞，乃应乎天也。

爻辞：初九：虞吉，有它不燕。象曰：初九虞吉，志未变也。九二：鸣鹤在阴，其子和之，我有好爵，吾与尔靡之。象曰：其子和之，中心愿也。六三：得敌，或鼓或罢，或泣或歌。象曰：或鼓或罢，位不当也。六四：月几望，马匹亡，无咎。象曰：马匹亡，绝类上也。九五：有孚挛如，无咎。象曰：有孚挛如，位正当也。上九：翰音登于天，贞凶。象曰：翰音登于天，何可长也。

中孚卦六爻的生态内涵

中，乃正也。孚，有漂浮、福禄、诚信之意。古人将巽卦与兑卦相叠构成中孚卦，以大海中的豚鱼为例，说明海洋资源的内涵、作用以及如何珍惜海洋资源等内容。中孚卦，包含着深刻的生态文明思想。

初九：虞吉，有它不燕。有外敌，不能安宁。引申为：海洋具有双面性，有资源的一面也有灾害的一面。对其灾害性，要格外小心。九二：大鸟鸣唱，雏鸟共鸣。我有好酒，与他人分享。意思是，海洋中的海鸥、海鸭、企鹅等鸟类资源丰富，人类与之和谐相处，就能琴瑟合璧。六三：得敌，或鼓或罢，或泣或歌。抵御外敌，有胜利的歌声，也有哭泣之声。海洋波涛汹涌，犹如雷声、鼓声、歌声、哭声，有灾害之象，从经济角度，属于不当位。六四：潮汐能。月亮盈亏与潮汐关系密切，人类巧用潮汐能可发电，可行船。九五：水循环。海洋与地球水域相连。上九：海啸。海啸的灾害作用非常强大，声音震耳欲聋，吞噬劳动财富。

生态原理：海洋生态资源

中孚卦，是古人说明海洋资源的资源卦，符合现代海洋资源理论。

海洋资源的含义。海洋资源指的是与海水水体及海底、海面本身有着直接关系的物质和能量，装载着极其丰富的自然资源，可称之为"地球之腹"。海洋资源，包括海水中生存的生物，溶解于海水中的化学元素，海水波浪、潮汐及海流所产生的能量、贮存的热量，滨海、大陆架及深海海底所蕴藏的矿产资源，以及海水所形成的压力差、浓度差，海洋提供给人们生产、生活和娱乐的一切空间和设施。

海洋资源的分类。第一，矿产资源。海底矿产资源有六大类：石油、天然气，煤、铁等固体矿产，海滨砂矿，多金属结核和富钴锰结壳，热液矿藏，可燃冰。第二，食物资源。世界水产品中的 85％左右产于海洋。还有丰富的藻类、浮游生物等资源。第三，化学资源。海水中含有丰富的海水化学资源，已发现的海水化学物质有 80 多种，11 种元素（氯、钠、镁、钾、硫、钙、溴、碳、锶、硼和氟）占海水中溶解物质总量的 99.8％以上，可提取的化学物质达 50 多种。第四，海洋动力资源。主要有潮汐能、波浪能、海流能及海水因温差和盐差而引起的温差能与盐差能等。

中国的海洋资源。中国拥有丰富的海洋资源。油气资源沉积盆地约 70 万平方千米，石油资源量估计为 240 亿吨，天然气资源量估计为 14 万亿立方米，还有大量的天然气水合物资源。中国管辖海域内有海洋渔场 280 万平方千米，20 米以内浅海面积 1 600 万公顷，海水可养殖面积 260 万公顷，浅海滩涂可养殖面积 242 万公顷。中国海洋资源虽然比较丰富，但开发利用程度低，利用效率低。未来，应加大海洋资源利用效率，加强管理，实施科学的海洋资源保护。

中孚卦的生态解析

中孚卦的产生背景。海洋是生命的摇篮，地球最早的生命——管状红虫就产生于海洋温暖地带。丰富的海洋生物吸引着古人，他们在海里捕鱼，在海上行船，享受自然赐予的福禄。为了记录海洋资源，让后人可持续地利用海洋资源，于是产生了中孚卦。

中孚卦描述海洋资源。首先，中孚卦下兑上巽，巽为木，即为木舟，兑为泽，木舟行于泽上，引申为轮船行于海上，即"利涉大川"，"大川"则为海洋。其次，巽为鱼，中孚卦的卦辞与象传中都多次出现"鱼"，可见中孚卦中暗含着海洋资源的思想。其三，象曰："泽上有风，中孚。"风吹在泽水之上，泽水必相应而起波浪，即为海洋波涛汹涌之象。因此，在生态经济学中，中孚卦代表的是海洋资源。

中孚卦阐释海洋资源。古人告诉后人，海洋中具有多种资源。其一，"中孚。豚鱼，吉。"海洋中有鱼类资源，人类可以发展渔业。其二，"鸣鹤在阴，其子和之。我有好爵，吾与尔靡之。"海洋中海鸥、海鸭、企鹅等鸟类资源，人类与鸟和谐相处，就能琴瑟合璧。其三，"得敌，或鼓或罢，或泣或歌。"海洋具有调节气候的能力。"敌"为匹敌、匹配之意，海洋与大气相互匹配，形成一种水汽与热量的良性循环，从而与地球气候相得益彰。其四，"月几望，马匹亡，无咎。"海洋具有潮汐能，可作为动力资源。最后，"利涉大川，乘木舟虚也"。海洋具有巨大浮力，能承载船只，人们可以发展航海事业。

趋吉避凶。海洋是资源，但也是灾祸。古人用"翰音登于天，贞凶。"告示我们，大海发怒，即海啸的灾害作用非常强大，声音震耳欲聋，不仅吞噬劳动财富，还危及人类生命。中孚卦告诫后人，要以诚信的观念，合理开发与利用海洋资源，避免人为的灾祸。

案例与启示：潮汐能

先祖在用中孚卦揭示海洋资源之时，对潮汐能有所论及。

案例：当今，潮汐能，作为新能源被用于发电，而里程碑出自英国。2008 年 4 月，一台名为"SeaGen"的新型潮汐能涡轮发电机被安装在爱尔兰北部的斯特兰福德湾入海口。这台形似倒置风车的潮汐能涡轮长度近 40 米，是世界上最大的同类涡轮，比其他潮汐能涡轮大出了 4 倍。一个月之后，"SeaGen"开始试运行，并于当年 7 月正式并入英国国家电网，成为世界上首台与国家电网相连的潮汐能发电机。这台发电机的功率仅为 1.2 万千瓦，只能满足约 1 000 户家庭的用电需求，但却为潮汐能行业的发展带来巨大推动力。此外，智利、美国、加拿大、中国等国家都在上潮汐能发电项目，以减少不可再生能源的消耗。中国海岸线曲折漫长，潮汐能资源蕴藏量约为 1.1 亿千瓦，可开发总装机容量为 2 179 万千瓦，年发电量可达 624 亿千瓦时，主要集中在福建、浙江、江苏等省的沿海地区。中国潮汐能的开发始于 20 世纪 50 年代，经过多年来对潮汐电站建设的研究和试点，中国潮汐发电行业不仅在技术上日趋成熟，而且在降低成本，提高经济效益方面也取得了较大进展，已经建成一批性能良好、效益显著的潮汐电站。

启示： 其一，"柔在内而刚得中"。潮汐能、生物资源等海洋资源，应合理开发利用，不能过度。要守住自己的生态位，不要鸠占鹊巢，抢占海洋生态位。其二，"中孚以利贞，乃应乎天也"。对于海洋资源的保护，要"应乎天"，顺应天之道，才能使海洋生态得以持久发展。其三，"初九虞吉，志未变也"。保护海洋资源的心意不能动摇，要做到"志未变也"。其四，"其子和之，中心愿也"。人类要自觉自愿地行保护海洋资源之事，海洋生态才能持久发展。

中孚卦：海洋资源

我的腹中有鱼、虾，还有石油！

我是地球之腹：海洋

31. 井☷☴——地球之液：地下水

卦辞： 改邑不改井。无丧无得，往来井井。汔至，亦未繘井。羸其瓶，凶。

象曰： 木上有水，井。君子以劳民劝相。

彖曰： 巽乎水而上水，井。井养而不穷也。改邑不改井，乃以刚中也。无丧无得。往来井井。汔至亦未繘井。未有功也。羸其瓶，是以凶也。

爻辞： 初六：井泥不食，旧井无禽。象曰：井泥不食，下也。旧井无禽，时舍也。九二：井谷射鲋，瓮敝漏。象曰：井谷射鲋，无与也。九三：井渫不食，为我心恻。可用汲，王明，并受其福。象曰：井渫不食，行恻也。求王明，受福也。六四：井甃，无咎。象曰：井，无咎，修井也。九五：井冽，寒泉食。象曰：寒泉之食，中正也。上六：井收勿幕，有孚元吉。象曰：元吉在上，大成也。

井卦六爻的生态内涵

井卦，木上有水之象。井，有井中之水、陷阱、洁净、警告、脖颈及竞争之意。木，代表地下水水层下面的隔板。古人用坎卦与巽卦相叠构成井卦，用以阐释地下水资源的利用与保护问题。

初六：井泥不食，旧井无禽。过度使用地下水，水量减少，泥沙增加，人类与鸟类都无法饮用。九二：井谷射鲋，瓮敝漏。井里有了蛤蟆，井壁漏了。引申为，地下水的隔离层渗漏，地下水流失了。九三：井渫不食，为我心恻。井水肮脏，不能食用，心里难过。引申为地下水被污染，细菌滋生，无法食用。政府应进行水污染治理，福泽民众。六四：用石块将地下水隔层的漏洞堵上，人们就可享受地下水的生态福祉了。九五：冽，甘甜清凉。由于对地下水资源进行了净化处理，地下水又恢复了应有的甘甜、清凉可口状态。上六：井收勿幕。不要将井水遮盖起来。地下水属于共享性资源，不要垄断，人人有权享用。让大家享用，才符合人道。

生态原理：地下水资源

　　井卦，代表地下水资源，蕴含着地下水资源原理。

　　地下水及其分类。地下水，是人类生活与生产的重要资源，须臾不能分开。地下水中的潜水，是指埋藏在地表以下第一个隔水层以上的水。由于没有隔水顶板，与土壤或松散堆积物和地表直接相连极易受到自然因素与人为因素影响。而承压水，是处于地表以下充满两个稳定隔水层之间的自流水。承压水含水层透水性愈好，压力愈大，人工开凿后越易自流到地表。由于有隔水顶板存在，承压水不易受气候、污染影响。值得一提的是，承压水经常以泉的形式排出。泉的用途很大，不仅可做人畜饮用水，若水量丰富，动态稳定，含有碘、硫等物质时，还可做医疗之用。

　　无序开采地下水的恶果。资料显示，全世界地下水资源量比较丰富，每年大约有 2.5 万亿立方米的储存量可供使用。不容忽视的是，随着地下水超采，缺乏有效管理，造成了一系列生态环境问题，成为经济发展的约束。也门是地下水补给严重失衡的国家，开采量严重大于补给量。地下水超采导致地面沉降，如日本于 20 世纪初出现地面下沉现象，造成了建筑物毁坏，引发洪水和潮水灾害。孟加拉国沿海地区，为灌溉而大量超采，引发海水入侵。巴基斯坦的印度河盆地，超采地下水引发土地盐碱化。无度排放造成地下水点源污染、面源污染遍布全世界。地下水的无序开采严重影响脆弱的生态环境。约旦的瑞玛萨尔湿地被国际公认为候鸟的主要栖息地，但农业灌溉及安曼城市用水，导致湿地水位下降，生态环境严重破坏，鸟类逐渐消失，生物多样性锐减。保护地下水资源迫在眉睫。

井卦的生态解析

　　井卦的产生背景。古人知道，大海尽管有丰富的资源，但海水未经处理不能食用。食用水、灌溉用水，除了可从干净的河流中汲取外，对于离河流较远的地区，则需要从地下获得。为此，古人对地下水资源非常重视，遂用井卦告知后人地下水的类型、地下水的合理利用等。

　　地下水的类型。井卦上卦为水，下卦为木。象曰：木上有水，井。其中，水乃可食用之水体，木乃水体的隔水板，井是地下水的广义称谓。表明，该水体上面没有隔水板，或直接或间接与地面相通，水体下面有一道隔水板，该水体，就是前文所讨论的地下水的重要组成部分：地下潜水或泉水。

地下水的保护。象曰："井泥不食。旧井无禽"。"井谷射鲋，瓮敝漏"。讲的是，其一，有些地下水，底层存在有害物质，需要甄别；其二，地下水极易受到自然与人为扰动，一旦污染不得食用；其三，地下水体隔离板坍陷、潜水泄漏、生物逃逸，则该水不可食用。结论：地下水资源需要勘察、保护与净化。

合理配置地下水资源。象曰："井渫不食，为我心恻。可用汲，王明并受其福"。"井甃，无咎"。"井洌，寒泉食"。即清洁的地下水是生产与生活的重要资源，具有可再生性——井养而不穷，不利用反而浪费。政府要采用先进技术与工具，合理开采、合理修缮，使资源得以优化配置，增进人类福利。

地下水的重要性。古人对井怀有深厚的感恩之情。象曰："井收勿幕，有孚元吉。"讲的是，拥有充沛、优质的地下水资源，要资源共享，要按照自然规律诚信开采，合理利用，才能国泰民安。而且谁拥有这样优质的资源，谁将占领可持续发展的制高点。

案例与启示：坎儿井

案例：坎儿井。并非狭义的井，是"井穴"、"井渠"的意思，早在《史记》中便有记载。坎儿井是人类开发利用地下水资源的一种水平集水建筑物，适用于山麓、冲积扇缘地带，主要是用于截取地下潜水来进行农田灌溉和满足居民用水需要。中国坎儿井的修建始于汉武帝时期，是为了抗击匈奴而在西北地区修建的大型水利工程。如新疆吐鲁番地区，坎儿井总数达 1 100 多条，全长约 5 000 千米，至今仍用于浇灌良田。中国坎儿井与万里长城、京杭大运河并称为中国古代三大工程。

母亲水窖。中国西部黄土高原地处地球干旱带，人、畜用水主要来自于地下水窖蓄集的雨水。因资金短缺，农民水窖四壁的水泥建构难以进行，渗漏现象严重。严重缺水，农民生活艰难、生产原始、疾病率居高不下。为此，全国妇联发出了"举全国妇女之力，建西部美好家园"的号召。于 2000 年募捐善款 1.16 亿元，设立了"大地之爱·母亲水窖"专项基金，取得实效。2001 年10 月，"母亲水窖"项目被载入国务院《中国农村扶贫开发白皮书》，受到国家财政资金支持。

启示：其一，"困乎上者必反下"。地上水如不充足，人们就会深入地下，继续挖掘，以补充水源。其二，"改邑不改井，无丧无得，往来井井。"人可以迁移，但井却不可以迁移。把井留给后来者，是资源配置公平的应有之义，是经济持久发展之举。其三，"汔至，亦未繘井，累其瓶，凶。"对地下水资源的勘查、挖掘，一定要以科学为指导，不可盲目开采。要持之以恒、坚持不懈，否则会前功尽弃，"未有功也"。其四，"井养而不穷也。"地下水资源，弥足珍贵，是人类生产生活必不可少的资源。要珍惜地下水资源，合理利用，妥善保护，使其得以持久、循环地利用。

井卦：地下水资源

我是地球之液：地下水。我给人们提供了大量的淡水资源，用于生产和生活。古人早就懂得了珍惜和合理利用我了！坎儿井就是古人的一大壮举

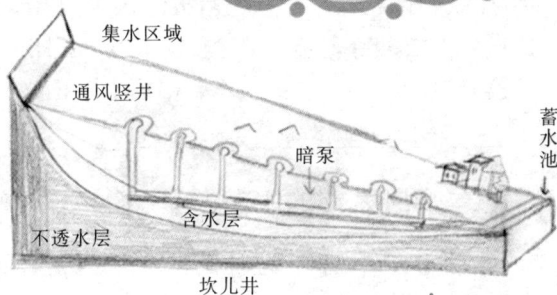

集水区域

通风竖井

蓄水池

暗泵

含水层

不透水层

坎儿井

32. 离☲——地球之心：火

卦辞： 利贞，亨。畜牝牛，吉。

象曰： 明两作离。大人以继明照于四方。

彖曰： 离，丽也。日月丽乎天，百谷草木丽乎土。重明以离乎正，乃化成天下。柔丽乎中正，故亨。是以畜牝牛吉也。

爻辞： 初九：履错然，敬之，无咎。象曰：履错之敬，以辟咎也。六二：黄离，元吉。象曰：黄离元吉，得中道也。九三：日昃之离，不鼓缶而歌，则大耋之嗟，凶。象曰：日昃之离，何可久也。九四：突如，其来如，焚如，死如，弃如。象曰：突如，其来如，无所容也。六五：出涕沱若，戚嗟若，吉。象曰：六五之吉，离王公也。上九：王用出征，有嘉折首，获匪其丑，无咎。象曰：王用出征，以正邦也。

离卦六爻的生态内涵

离，为心，为火，为光明，为内空虚外华丽之意。古人用两个离卦相叠，构成离卦，用以阐述火力资源的内涵、作用，及如何防止火灾等内容。初九：履，脚步声。错，纷至沓来的样子。说明，火力资源种类很多，对火力资源要加以敬重与保护。火具有福祸相依性，要趋利避害。六二，黄离，元吉。大火出现了黄赤色，大吉大利。引申为：太阳正常运转，火力就不会枯竭，生命就会延续。九三：日昃之离，不鼓缶而歌，则大耋之嗟，凶。日落西山，太阳之火减弱，人仍在无米宴乐，临险而不知，令人叹息不止。九四：突如其来的大火，焚毁财物，人类无地躲避。六五：大火焚烧了森林，烧毁房屋，烤焦了大地。一场滂沱大雨，把燥热抚平。于是，阴阳合德，生命再度萌发。上九，王用出征，以正邦也。王，代表政府，就是政府要出面保护火力资源，大力促进经济发展，前途依然光明。

生态原理：火力资源

火力资源。广义的火，指火、光、热、动力。火，依附于能源物质，即自然界中以各种形式存在并提供火力及其他动力的资源。

火力资源的分类。按照资源种类，火力有来自天体的光、热、动力，如太阳的光、热、动力，月亮的光、动力，雷电产生的火力，小行星发的光及相互撞击产生的火力等；火力有来自地球下方的地热火力、矿藏火力，如石油、天然气、煤炭火力；来自地上的生物质能火力，如树木、秸秆、动物粪便产生的火力。按能源的产生方式分类有一次能源和二次能源。按能源性质分有燃料型能源和非燃料型能源。根据能源消耗后是否造成环境污染可分为污染型能源和清洁型能源。根据能源使用的类型又可分为常规能源和新型能源。按能源的形态特征分为：固体燃料、液体燃料、气体燃料、水能、电能、太阳能、生物质能、风能、核能、海洋能和地热能。

火力资源的生态经济效应。火力资源的社会效益：火的发明与运用，使人从猿进化到人，人类社会诞生。火力资源的更新换代大大推动了社会的进步与发展。火，是人类文明的标志。火力资源的经济效益：火力作为动力，缩短了实际距离，促进交通发展，提高经济效益。火力作为光、温的来源，推动了农业的发展等。火力资源的生态效益：适宜的光、热、火，推动生态系统从不平衡走向平衡，加快了生态系统新陈代谢的速度，使自然焕发生机。

火力资源的报复性。在人类时间尺度内，传统能源是不可再生资源，一旦使用量超过地球的存储量，则面临能源危机。在开采能源的过程中，易于造成矿区环境污染、产生"空壳地球"引发地面塌陷等次生地质灾害。森林大火，突如其来，会烧毁森林资源及其他财物，甚至吞噬人类生命。所谓水火无情，说的就是火的报复性。

离卦的生态解析

离卦的产生背景。火的发现与利用将人与动物区分开，人们利用火烹饪，取暖，照明，驱赶野兽。为此，古人对火资源非常重视，遂以离卦告知后人火力资源的类型与合理利用等。

离卦描述广义的火。广义的火，指光、热、火、动力等。火象艳丽，依附于火力资源而存在。古人用"离，丽也"将离，即火，描绘为光明、艳丽之象；"明两作，离"进一步阐释火的内涵——光明，炙热。火具有福祸相依性——

资源性与灾害性。古人用"离，利贞，亨。畜牝牛，吉"告示：蓄积母牛，积攒牛粪，增加火力资源，有利于提高生活质量，即此时的火是有利的。而用"突如其来如，焚如，死如，弃如"，"无所容"告示，突如其来的火，焚烧财物，烧死人畜，使人类丧失家园，无处容身，此时的火变成火灾。

火的来源。火依附于火力资源，火力资源种类较多。其一，来自于宇宙天体。"日月丽乎天"，"日"代表太阳，告知，太阳能是地球的主要火力资源，化石能源等都是太阳能的转化能。用"月"代表月光、潮汐能。其二，地球内能。地热能使草木茂盛，形成火力资源，如"百谷草木丽乎土"。其三，生物质能。树枝、秸秆、动物粪便是古代主要的火力资源，古人用"百谷草木"，"牝牛"等告知生物质火力资源。

合理利用与保护火力资源。一是"畜牝牛"。牛粪可用来生火，蓄积牛粪，可增加生物质火力资源。二是"黄离元吉"。黄指太阳，提高太阳能利用水平，增加太阳能利用比重。三是"王用出征"。发挥政府作用，合理利用与保护火力资源，集中优势能源用以国家经济建设，即"以正邦"。四是"履错之敬，以辟咎也"。要加强对火力资源与火灾的预警工作，对火力资源要节约使用，减少浪费，对火灾，要趋利避害，防患于未然，避免焚如，死如，弃如。

案例与启示：摩擦生火

离卦，代表火力资源。火的使用，特别是摩擦生火的发现，促进了远古人类社会的发展。

案例：起初，原始人对火山爆发、电闪雷击引起的森林大火非常惧怕。然而，被大火烧死的动物、被大火烤熟的玉米的香味吸引了古人。火的种种好处，促使他们试着取回火种，把燃烧的树枝带到山洞，烹煮食物，御寒，吓退猛兽。在长期的劳动过程中，他们还发现了摩擦生火的现象。例如，打击燧石或石器相碰会产生火花；刮木、钻木时会生热，甚至冒烟起火。经过若干万年的摸索、尝试，他们终于在实践中掌握了打击、磨、钻等人工取火的方法。火的出现，代表人类茹毛饮血时代已经过去，人类文明时代的到来。诚如恩格斯所言：摩擦生火第一次使人支配了一种自然力，从而最终把人同动物分开。

启示：摩擦生火的案例以及离卦启示我们，要提高对火力资源战略意义的认识，节约使用火力资源；同时，要提高减灾防灾、减少火灾隐患意识，以减少不必要的经济损失与生态损失。一是，人类文明的发展离不开火力资源。"敬之"，敬畏、预警、保护火力资源，实现资源利用的可持续性。二是，火具有两面性。一方面，火为人们提供能源，属于资源型自然力；另一方，火减少人类福利，属于灾害型自然力。"突如，其来如"，突如其来的山火、森林大火、煤矿自燃等不仅造成劳动财产损失，还会造成人员伤亡。三是火力资源以多种形式存在，如以煤、石油为代表的化石能源，以牛粪为代表的绿色生物质能。要减少对不可再生资源的利用，增加可再生、清洁能源利用比重。四是"王用出征"，政府应发挥政策引导作用，促进新能源的开发利用，提高资源使用效率，"以正邦"，为经济社会发展注入新的源泉。

离卦：火力资源

33．明夷䷣——地球之骨：矿藏

卦辞：明夷。利艰贞。

象曰：明入地中，明夷。君子以莅众，用晦而明。

彖曰：明入地中，明夷。内文明而外柔顺，以蒙大难。文王以之。利艰贞，晦其明也。内难而能正其志，箕子以之。

爻辞：初九：明夷于飞，垂其翼。君子于行，三日不食。有攸往，主人有言。象曰：君子于行，义不食也。六二：明夷于左股，用拯马壮，吉。象曰：六二之吉，顺以则也。九三：明夷于南狩，得其大首，不可疾贞。象曰：南狩之志，乃大得也。六四：入于左腹，获明夷之心，于出门庭。象曰：入于左腹，获心意也。六五：箕子之明夷，利贞。象曰：箕子之贞，明不可息也。上六：不明晦，初登于天，后入于地。象曰：初登于天，照四国也。后入天地，失则也。

明夷卦六爻的生态内涵

明，有太阳、光明、珍贵、珠宝之意。夷，为伤，为灭，为消失。明夷，光明被掩盖，日落黄昏之象。古人用坤卦与离卦相叠，构成明夷卦，并以鹈鹕鸟为例，勾画了一幅矿藏资源的线路图，留给后人。

初九：明夷于飞，垂其翼。被漠视的矿产资源，如受主人谴责、受伤且疾饿的鹈鹕鸟一般，其珍贵的价值受到埋没。六二：明夷于左股，用拯马壮，吉。矿产资源，如大腿受伤的鹈鹕鸟，如能妥善处置，就能矿尽其能，就能产生经济价值。九三：明夷于南狩，得其大首，不可疾贞。开采出的矿石，不要急于使用，要仔细熔炼，才能获得更大的效益。六四：入于左腹，获明夷之心，于出门庭。尾矿中有大资源，不如埋藏于地下，它日再用。六五：是金子早晚会发光，矿产总会有被善用之日。上六：尾矿也是资源，当成垃圾就是浪费资源。

生态原理：矿产资源

明夷卦描述矿产资源，与现代生态经济学中的矿产资源理论吻合。

矿产资源的含义。矿产资源是地球演化过程中经过地质作用形成的，是天然产出于地表或地壳中的原生态富集物。其产出形式有固态、液态和气态。既包括已经发现的对其数量、质量和空间位置等特征已取得一定认识的矿产，也包括经预测或推断可能存在的矿物质；既包括当前开发并具有经济价值的矿产，也包括将来可能开发并具有经济价值的资源。矿产资源是自然生态中的重要资源，是人类社会发展的重要物质基础。基于储量的有限性，矿产资源属于不可再生性稀缺资源。目前世界已知的矿产有 1 600 多种，其中 80 多种应用较广泛。

矿产资源中的尾矿资源。尾矿是企业在采矿过程中排出的废弃物，是矿物元素在地球表面上的再次迁移和堆积形成的堆积矿床。可以说，有多少种类的矿藏资源，就有多少种类的尾矿资源。尾矿，包括铅锌铝尾矿、金银铜尾矿、铁镍锡尾矿、煤炭尾矿等。尾矿含有多种组分矿物原料，如金属尾矿，有大量的金、银、钯、铑、硒、碲、镍、铅、铜、锡、铟、锌等，属于潜在资源。据推算，中国现有尾矿总量有 80 亿吨左右。由于开采技术有限，加之管理水平低以及机制不合理等问题，大量有价值的资源存留于尾矿中。专家预计，金矿尾矿中的含金品位为 0.2～0.6 克/吨，铁矿尾矿的全铁品位约为 8%～12%，铜矿尾矿含铜约为 0.02%～0.1%，铅锌矿尾矿含铅锌在 0.2%～0.5%。可见，中国矿山尾矿中赋存的资源十分可观，利用价值很大。目前中国的尾矿出现了随意埋藏、肆意堆放的状况，不仅浪费了资源，还占用了良田，甚至污染了环境。山西的煤矸石，堆积如山，扬尘漫天。有用物质得不到开发利用，实在可惜。这种现象，恰如易学六十四卦中的明夷——优质资源被埋没，惋惜！

明夷卦的生态解析

明夷卦的产生背景。铁器时代，铁器的利用大大促进了生产力的发展，铁矿成为珍惜矿藏。然而，在铁矿的开采过程中，矿渣的丢弃，使古人扼腕叹息，却因技术限制，束手无策。为了告诉后人，尾矿的资源价值，古人画出了明夷卦。明夷卦由坤卦和离卦组成，代表地球之骨，即矿产资源，尤其是被人们忽略的尾矿资源。

矿产资源的含义。明入地中。明，指有价值的物质；明入地中，指有价值的物质深埋于地下。明夷，就是生态学中的矿产资源。

矿产资源种类及其资源保护。明夷卦中有两阳爻，阳为刚，说明地下矿产资源有坚硬的固体形态的金属矿藏或非金属矿藏；内卦为离，为火，地下有地热资源，火热则升气，地下气态矿藏。互卦为坎，坎为水，说明地下矿藏有液体形态的（石油）。祖先用经卦离卦昭示，地下有熊熊大火正吞噬着宝贵的煤炭资源。现代科学也证实，地下有不明之火正以每年毁掉两亿多吨煤炭的速度在燃烧。笔者赞同秦先生的观点，认为，明夷卦提示后代，地下的自然灾害正在摧毁自然矿藏，希望后代及时利用科技手段加以解决。

把尾矿亦当资源。明夷卦，用上泥土下光明，四阴爻压制两阳爻的卦象，再配之以鸟垂双翼，股受伤痛，饥寒前行仍受责罚等凄惨爻辞暗示，后代主宰的生态世界，极可能存在着金子被厚重的大地掩埋而失去光泽、明珠被有眼无珠者践踏而不当位的问题。进一步说明，除了上述提到的自然天火焚烧煤矿，吞噬矿产资源外，人在开采矿藏的过程中，也会把金子当垃圾，把珍珠当瓦砾扔掉。进而暗示，不要把尾矿当垃圾，尾矿之中还有很多金属、贵金属甚至战略元素，尚有很多可利用的宝贵资源。

案例与启示：阿舍勒铜矿

案例：2010 年中国政府采用灾区重建模式，实施了 19 省市对口援疆规划战略。笔者有幸作为专家，去新疆阿勒泰市进行为期半个月的调研。在走访哈巴河县的阿舍勒铜矿中了解到，阿舍勒铜矿是中国第二大铜矿，是大型火山喷发沉积矿。矿石储量大约 3 800 万吨，有铜 92 万吨、锌 40 万吨，金 18 吨、银 1 174 吨。为了增加感性认识，我戴着安全帽在机器轰鸣中下到矿下，查看了采矿、碎矿、洗矿等的全过程，很震撼。矿领导给我们讲了一个故事。说从前，有一个日本客户，考察了他们的尾矿渣以后，签订了进口合同。厂里把尾矿当垃圾出口，赚了外汇，很高兴。后来听说，日本用高技术从尾矿中分离出大量有价值的战略资源，于是赶紧叫停。自此，尾矿不得不采取填埋方式处理，希望有朝一日再加以利用。

启示：在河北藁城和北京平谷刘家河商代遗址出土的铁刃铜钺得知，中国在商代中期已经开始用铁，但属于稀有之物。西周晚期，中国开始使用铁器，进入铁铜石器并用的时代。春秋时候，铁农具开始出现，战国时，铁农具使用范围迅速扩大。秦汉时期，完全进入铁器时代。铁器的使用，大大促进了经济社会的发展。先祖用明夷卦提示我们，矿产资源弥足珍贵，尾矿也是资源，要细心地冶炼，将尾矿中的有用物质提取出来，千万不可当成垃圾丢弃。笔者一直关注新疆阿舍勒铜矿。2013 年 1 月 9 日子时，当我坐在竞蔓书斋电脑前，为了分析明夷卦的生态意义而上网时，惊喜地看到：阿舍勒铜矿正在采取循环经济政策，把尾矿吃干榨净，为打造零排放矿山而努力着……读到此，我眼睛潮湿了，合掌祝福新疆阿舍勒铜矿再创辉煌，祝福我美丽的祖国变革体制，慧眼识金，珍惜资源，不断繁荣昌盛，和谐强大。

明夷卦：矿产资源

34. 大有☲☰——地球之祖：太空

卦辞： 元亨。

象曰： 火在天上，大有。君子以遏恶扬善，顺天休命。

彖曰： 大有，柔得尊位，大中而上下应之，曰大有。其德刚健而文明，应乎天而时行，是以元亨。

爻辞： 初九：无交害，匪咎，艰则无咎。象曰：大有初九，无交害也。九二：大车以载，有攸往，无咎。象曰：大车以载，积中不败也。九三：公用亨于天子，小人弗克。象曰：公用亨于天子，小人害也。九四：匪其彭，无咎。象曰：匪其彭，无咎，明辨析也。六五：厥孚交如，威如吉。象曰：厥孚交如，信以发志也。威如之吉，易而无备也。上九：自天祐之，吉，无不利。象曰：大有上吉，自天祐也。

大有卦六爻的生态内涵

大有，大丰收，大有作为之意。古人用离火卦与乾天卦相叠，构成大有卦。大有卦说明，太空中有丰富的资源，要积极开发利用太空资源。

初九：无交害，匪咎，艰则无咎。太空行星都按自己固有的轨道运行，不会相互碰撞，无需杞人忧天。九二：大车以载，有攸往，无咎。太空资源异常丰富，马拉牛载运之，无可厚非。充分利用太空资源，有利于节约地球资源，促进经济发展。九三：公用亨于天子，小人弗克。太空资源属于公共资源，应天下人共享。为了争夺太空资源而发动战争，属于小人的行为。九四：匪其彭，无咎，明辨析也。太空也有承载限度，只要经济系统不过度膨胀，就能与太空生态和谐相处。六五：厥孚交如，威如吉。太阳蕴含巨大的能量，给地球生态经济带来不可估量的福祉。上九：自天祐之，吉，无不利。只要顺天时遵规律合理开采，就能得到天的庇佑，实现持久发展。

生态原理：太空资源

太空资源的含义。太空中可利用资源比地球资源要多得多，有待探测与开发。因此，地球属于太空中的一颗小行星，是太空物质经过演化而成的适于生物生长的球体，可以说，太空是地球的鼻祖，太空资源简称地球之祖。仅从太阳系范围来说，这些天体上有丰富的矿产资源、氢能资源；在行星空间和行星际空间有真空资源、辐射资源、大温差资源；利用航天器的飞行，还可派生出轨道资源和微重力资源。

太空资源的分类。在近地包括空间轨道资源、太阳能资源、太阳风资源、微重力资源、真空环境资源、月球基地资源、空间高速公路轨道特征点资源、空间环境资源等。第一，空间轨道资源。太空轨道上，运行的人造卫星、空间站等航天器可以快速地追踪地球的变化，监测和预报天气以及自然灾害；也可以穿云破雾观测大气地表的变化，是气象预报、地球资源勘探、环境监测的重要信息来源。第二，微重力资源。太空微重力的开发利用，将推动流体力学、材料科学和生物技术的发展，在材料、制药、农业、电子等领域显示巨大的发展潜力。第三，太阳能资源。太空中的太阳能电池板没有大气层的阻隔，没有干扰，接受太阳光的强度是地球上的 8～10 倍，而且更清洁。而且它可以 24 小时持续不断地接收阳光，解决了地面太阳能发电间断和稳定性差的问题。第四，月球资源。月球表面有丰富的核聚变燃料氦，而且还富含硅、铝、钙、钠、铁等元素矿物资源。第五，其他行星资源。

太空研究。利用航天器和太空的特殊环境，如微重力、太空辐射等，在航天员的参与下，建造良好的空间实验平台。航天员可以像在地面实验室一样开展各种科学实验，开辟认识和掌握科学规律的新途径，并从事服务于人类现实生产活动的应用研究。

大有卦的生态解析

大有卦的产生背景。地球资源的有限性，引发古人对浩瀚太空的无限遐想。雨、风、阳光、空气给人类带来生态福祉的现实启示古人，太空一定有很多资源，开采太空资源一定大有作为，期待嫦娥奔月。于是，仰观天文，用离卦和乾卦相叠勾勒出大有卦卦象，暗示太空资源。

太空资源的含义。《序卦》："与人同者，物必归焉，故受之以大有。"大有，就是大大的有，是力量、物资、能量充沛的卦象。象曰："火在天上，大有。"火在天上，代表太空中有发光的火力资源，大有作为。

坚守中道，得天庇佑。其一，"柔得尊位，大中而上下应之"。人类作为柔顺者，在探索太空资源时要行中道，才能使天地相应，即"上下应之"。人道处于天道与地道中间，其探索太空资源的行为不能损害天道与地道，这样天道与地道才会应和人道。其二，"其德刚健而文明，应乎天而时行"。人类开发太空资源的行为要"刚健而文明"，且"应乎天而时行"，配合天体的运行法则，这样才会"是以元亨"。其三，"顺天休命"。太空资源是上天赋予人类的珍贵资源，要按照规律顺从天命，不超越太空经济承载能力。其四，"自天祐之，吉，无不利"。《系辞上》："祐者，助也。天之所助者，顺也；人之所助者，信也。履信思乎顺，又以尚贤也。是以自天祐之，吉无不利也。"太空资源的探索与发展在得到上天的庇佑时，才会更加顺利。

太空资源的开发。其一，"大车以载，积中不败也"。促进太空开发技术的发展，用太空车、太空船开采资源，用于经济建设。其二，"公用亨于天子"。人类要共享太空资源，相互帮助共同开发。其三，"明辨析也"。在开发太空资源的过程中，要明确分辨资源类型，哪些可再生，哪些不可再生，不能耗竭性开采使用。

案例与启示：火星黏土

案例：在地球资源异常紧张的情况下，各个国家都在进行太空资源的探索，甚至在追寻太空生命的痕迹。美国宇航局的"机遇"号火星车在持续了近9年的火星考察任务中，发现一个可能含有黏土的火星岩层。这一发现，令科学界异常振奋，因为，火星黏土含有中性水，换言之，有水，就有生命存在的可能。"机遇"号项目首席研究员、美国康奈尔大学教授史蒂夫·斯奎尔斯表示："我们之所以下大力气在火星上寻找水存在的证据，是因为水是形成生命的一个必要条件。此前，这辆火星车为我们找到了硫酸盐矿物。这种矿物在酸性极高的环境下形成。即使存在水，水的酸性也很高，导致生命很难形成。如果不是酸性很高的水，而是我们能够饮用的中性水，便非常有利于生命形成。这便是发现黏土的重大意义。"

启示：其一，太空，人类未来的家园。"火在天上，大有"，火在天上，预示太空资源有无限的开采前景，人类只要不断进取，就能在资源紧张的情况下，开辟更大的发展空间，就可大有作为。其二，对太空资源的开采利用，要植入生态文明观，要顺应规律。对于太空资源的探索和开发，要"应乎天而时行"、"顺天休命"，使"上下应之"，才会"自天祐之，吉，无不利"。人类社会的快速发展终将超越地球的承载限度，进入太空，发掘太空中丰富的自然资源。太空资源的探索和开采要顺应天道，在上天的庇佑之下才会"无不利"，顺利发展。最后，太空资源也有承载限度，包括对垃圾的容纳等。但是，现代人在开发太空资源的过程中，却代谢了很多垃圾，在太空轨道运行，影响太空安全，乃至地球安全，应及时清理，才能"无交害也"。

大有卦：太空资源

35. 萃☷——地球之貌：草原

卦辞：亨，王假有庙。利见大人，亨，利贞。用大牲吉。利有攸往。

象曰：泽上于地，萃。君子以除戎器，戒不虞。

彖曰：萃，聚也，顺以说，刚中而应，故聚也。王假有庙。致孝享也。利见大人亨，聚以正也。利贞。用大牲吉。利有攸往，顺天命也。观其所聚，而天地万物之情可见矣。

爻辞：初六：有孚不终，乃乱乃萃。若号，一握为笑，勿恤，往无咎。象曰：乃乱乃萃，其志乱也。六二：引吉，无咎。孚乃利用禴。象曰：引吉无咎，中未变也。六三：萃如嗟如，无攸利，往无咎，小吝。象曰：往无咎，上巽也。九四：大吉无咎。象曰：大吉无咎，位不当也。九五：萃有位，无咎，匪孚。元永贞，悔亡。象曰：萃有位，志未光也。上六：赍咨涕洟，无咎。象曰：赍咨涕洟，未安上也。

萃卦六爻的生态内涵

萃，乃草丛生茂、积聚的样子。萃卦，有地上有沼泽，沼泽有茂密草丛之象。古人用兑卦与坤卦相叠，构成萃卦，用以说明草原生态资源的内涵、作用以及如何保护草原生态等问题。

初六：有孚不终，乃乱乃萃。孚，为复。乃，刚刚。乱，乳，生子，孵化。冬去春来，小草破土而出，欢悦积聚，终成草原。六二：孚乃利用禴。禴，灌溉。草原在成长发育过程中，需要施布雨水，适度浇灌。六三：萃如嗟如，无攸利，往无咎，小吝。仲夏，草儿成长发育迟缓、晚熟，令人忧虑，虽不至于有大的灾祸，但也有小难。九四：秋天，积极主动实施草原保护，维持草原生态平衡，有利于经济发展。九五：萃有位，无咎，匪孚。元永贞，悔亡。入秋，万物不生。草原处于正常的生态位，秋日就会有好的收成。上六：赍咨涕洟，无咎。冬季来临，草原貌似哭泣，实为储存能量。

生态原理：草原生态资源

草原生态资源的含义。草原生态资源是草原、草山及其他一切草类资源的总称，包括了野生草类和人工种植的草类。它是一种生物资源，其实体是草本植物。

草原生态资源的特征。草原生态资源具有下列基本特性：第一，资源分布的广泛性。草本植物的抗逆性和适应性很强，资源分布广泛而量大。第二，资源结构的整体性。它是在气候、土壤等自然条件下形成的植物群落，并与环境因素构成为一个整体。第三，资源类型的地域性。地球上有多种多样的草地生态环境，从而形成了各种类型草原生态资源的地域性特点。第四，资源演变的不可逆性。草原生态资源的演变常取决于环境因素的影响，但也改变着环境因素，从而形成了草原生态资源演变过程的不可逆性。第五，资源量的有限性和生产潜力的无限性。草原生态资源及其利用是有限的，但科学技术的进步可不断提高草原生态资源的量与质，因而生产潜力是无限的。

草原生态资源的功能。草原对人类具有生产功能、防护功能和环境功能，它是人类发展畜牧业的天然基地。此外，草原对大自然保护有很大作用，不仅是重要的地理屏障，而且也是阻止沙漠蔓延的天然防线，起着生态屏障作用。还具有调节气候、涵养水源、保护水土以及美化环境、净化空气、防治公害等重要作用。

中国的草原生态资源。中国的草原总面积为 3.2 亿公顷，在中国各类土地资源中占首位。中国是世界上草原生态资源最丰富的国家之一，仅次于澳大利亚和前苏联，居世界第三位。中国的草原大体可分为东南、西北两部分。西北部分草原是以畜牧业为主的牧区，面积广袤；东南部分则是以种植业为主的农区，草原与耕地、林地交错分布。

萃卦的生态解析

萃卦的产生背景。古人辛勤狩猎，猎物积聚，把吃不完的牛、羊、马等性情温顺的动物圈养起来。在主人的精心饲养下，这些动物变成家畜，繁衍成群，规模壮大，由此产生了对草原生态资源的巨大需求。随着畜牧业的发展，草原生态资源进入古人的研究视野。为了告示后人草原生态的重要性，发展与维护问题，古人留下了萃卦。

风吹草低见牛羊的景象。萃卦由兑卦与坤卦相叠而成，互卦为艮卦与巽卦。描述在和风细雨、肥沃土壤作用下，草丛茂盛，聚集成片，形成辽阔草原。母亲、长女、少男、少女在草原上悠然放牧，风吹草低见牛羊的场景。《序卦》："物相遇而后聚，故受之以萃。萃者，聚也。"萃卦代表着聚集、聚合。《象》曰："泽上于地，萃。"泽水汇聚而高出地面，表现出聚集的样子。"有孚不终，乃乱乃萃"，春天到来，草儿萌发，聚集成片。

萃卦阐述草原的生态作用。第一，"用大牲吉。"告示：草原生态具有生产功能。因为，草原为畜牧养殖提供饲草养料以及活动空间，人们在草原上放牧，以满足生产生活需要。如"观其所聚，而天地万物之情可见矣"。第二，"泽上于地，萃"。说明：草原具有生态功能。草的根系具有涵养水源的作用，能调节空气湿度，净化环境；参与大气水循环，调节气候；固定土壤，防止水土流失等。第三，"观其所聚，而天地万物之情可见矣"。古人告示，草原具有生态教育功能。草原为人类无偿提供生产、生态服务，增加人类生态福祉，其高尚情怀，可以教化人类，减少掠夺，增加保护，进而进行生态文明建设。

萃卦的草原保护思想。"王假有庙"，告示：要礼拜、感恩草原生态的无偿付出。"利见大人亨"，告示：政府要对草原生态实施保护与补偿。

案例与启示：呼伦贝尔大草原

萃卦描述草原生态，其案例不胜枚举，其中呼伦贝尔大草原具有一定的代表性。

案例：呼伦贝尔大草原，位于内蒙古东北部，总面积993万公顷，因境内的呼伦湖和贝尔湖而得名。呼伦贝尔牧场辽阔，植物种类繁多，草木茂盛，河湖遍布，是中国生态保持较好的草原，有"最纯净的草原"之称。由于生长着碱草、针茅、苜蓿、冰草等120多种营养丰富的牧草，呼伦贝尔草原又有"牧草王国"之称。其所出产的肉、奶、皮、毛等畜产品备受国内外消费者青睐。它是一代天骄成吉思汗的出生地，同时也是中外闻名的旅游胜地。每逢盛夏，在几千条大小河流的滋养下，草原上鸟语花香、空气清新；星星点点的蒙古包上升起缕缕炊烟；微风吹来，牧草飘动，处处"风吹草低见牛羊"。蓝天白云之下，一望无际的草原、成群的牛羊、奔腾的骏马和牧民挥动的马鞭、策马驰骋的英姿尽收眼底。

启示：萃卦蕴含着草原生态资源可持续利用以及草原生态保护的思想，对于当代合理利用并实施草原生态保护具有重要启示。其一，草原生态资源的发展，要"顺天命也"，遵循草原生态运行规律，保护好珍贵的草原生态资源，从而可以"顺以说，刚中而应"；其二，要"孚乃利用禴"，以诚信之心对待草原生态资源，但不能"有孚不终"，有了诚信，就应该坚持到底，保护草原生态；其三，人类应处在尊重草原生态、保护草原生态的生态位上。若不安于其位，"未安上也"，过度开发草原资源，就会使得草原资源"赍咨涕洟"，草原生态生产力下降，载荷能力减弱，最终降低人类生态福祉。

萃卦：草原资源

36. 晋☷——地球之嗣：生物多样性

卦辞： 康侯用锡马蕃庶，昼日三接。

象曰： 明出地上，晋。君子以自昭明德。

彖曰： 晋，进也。明出地上，顺而丽乎大明。柔进而上行，是以康侯用锡马蕃庶。昼日三接也。

爻辞： 初六：晋如，摧如，贞吉。罔孚，裕无咎。象曰：晋如，摧如，独行正也。裕无咎，未受命也。六二：晋如，愁如，贞吉。受兹介福，于其王母。象曰：受兹介福，以中正也。六三：众允，悔亡。象曰：众允之志，上行也。九四：晋如鼫鼠，贞厉。象曰：鼫鼠贞厉，位不当也。六五：悔亡，矢得勿恤，往吉，无不利。象曰：矢得勿恤，往有庆也。上九：晋其角。惟用伐邑，厉吉无咎，贞吝。象曰：惟用伐邑，道未光也。

晋卦六爻的生态内涵

晋，通进，有扩展，增进之意。离火与坤地相叠构成晋卦，有明出地上，呈现生机勃勃的景象。古人以康王用御赐良马配种，一日多次交配，繁衍优良品种，增加马匹总量的事例，用晋卦描述生物多样性资源。

初六：晋如，贞吉。罔孚，裕无咎。晋如，摧如，指春季阳盛，万物竞相生长的样子。罔孚，裕无咎。哺乳生物不断孵化，增长迅速，只要保持总量稳定，就无灾祸。六二：晋如，愁如，贞吉。受兹介福，于其王母。愁，湫，乃积聚之意。王，太阳，母，大地。受生态自然恩泽，草木茂盛，生物多样性保持旺盛发展势头。六三：众允，悔亡。众人保护生物资源，有利于生物多样性的保持。九四：晋如鼫鼠，贞厉。生态错位，灾害性生物增加。六五：进入冬季，保护生物多样性的机制形成，没有忧虑。上九：晋其角。惟用伐邑，厉吉无咎，贞吝。生物战争，即把动物的厉角当武器，强占领地，虽胜但无誉。

生态原理：生物多样性资源

生物多样性的含义及组成。生物多样性，是指在一定时间和一定地区所有生物（动物、植物、微生物）物种及其遗传变异的总称。通常包括遗传多样性、物种多样性和生态系统多样性。第一，遗传多样性。广义的遗传多样性是指地球上生物所携带的各种遗传信息的总和，遗传多样性也就是生物的遗传基因的多样性。基因的多样性是生命进化和物种分化的基础。第二，物种多样性。这是生物多样性的核心。物种多样性是指地球上动物、植物、微生物等生物种类的丰富程度。物种多样性是衡量一定地区生物资源丰富程度的一个客观指标。第三，生态系统多样性。生态系统的多样性主要是指地球上生态系统组成、功能的多样性以及各种生态过程的多样性，包括生境的多样性、生物群落和生态过程的多样化等多个方面。

生物多样性的保护措施。第一，就地保护。为了保护生物多样性，把包含保护对象在内的一定面积的陆地或水体划分出来，进行保护和管理。第二，迁地保护。即通过建立动物园、植物园、树木园、野生动物园、种子库、基因库、水族馆等不同形式的保护设施，对那些珍贵的、具有观赏价值的物种或其基因实施由人工辅助的保护。第三，建立基因库。目前，人们已经开始建立基因库，来实现保存物种的愿望。第四，构建法律体系。人们还必须运用法律手段，完善相关法律制度，来保护生物多样性。

生物多样性的重要意义。生物多样性，是人类社会赖以生存和发展的生态基础。人们的衣、食、住、行及物质文化生活等方面都与生物多样性密切相关。例如，生物多样性为我们提供食物、木材、药材、工业原料，还可以保持土壤肥力、保证水质、调节气候等。因而，保护生物多样性平衡，具有战略意义。

晋卦的生态解析

晋卦的产生背景。先祖伏羲氏，"仰则观象於天，俯则观法於地，观鸟兽之文"，结绳记事，用以告示后人，"有天地然后万物生焉，盈天地之间者唯万物"，万物，即生物多样性，是生态经济发展不可或缺的生态资源。为了明示生物多样性的发生、发展、优势物种的繁育、规律性、如何保护生物多样性等问题，用离卦与坤卦相叠画出了晋卦。

晋卦描绘物种繁育之象。《序卦》："物不可以终壮，故受之以晋。晋者，进也。"意思是说，生物多样性不可以停息繁衍的步伐，要不断增进，不断发展。晋卦用离卦与坤卦相叠，预示：地上有火，一片光明。即"明出地上"，"顺而丽乎大明，柔进而上行"，描绘旭日东升，阳光普照大地，春暖花开，草木萌发，动物思春，大地一片生机盎然。自然繁殖不够充沛，"康侯用锡马蕃庶，昼日三接"。周康王用御赐的良马配种，一日三次交配，以繁衍马匹，增进优势品种的马匹数量。

晋卦倡导生物多样性保护。"顺而丽乎大明，柔进而上行"，"君子以自昭明德"意思是，顺应生物发展规律，政府制定生物保护政策，生物群落就能得以发展壮大、物种繁茂。为了壮大生物种群，其一，"受兹介福，于其王母"。饲草、食料丰厚是生物群落壮大的前提条件，而饲草、食料充盈与否，取决于雨露滋润。因而，保护生态环境，就是保护生物多样性，自然界蒙受大福。其二，"众允之志，上行也"。保护生物多样性的重要意义，需要得到公众的认可，只有众人努力，生物多样性才能得到真正的保护。其三，保护优势物种，繁衍优势物种。

告诫。"鼫鼠贞厉，位不当也"。生物多样性减少，生物链断裂，灾害性生物就会壮大，威胁经济发展安全。"惟用伐邑，道未光也"。用生物武器侵略他国，是反生态反伦理的行为，不提倡。

案例与启示：濒危物种基因库

案例：建立濒危动植物种质基因库和实施濒危动植物的基因保护工程，对于中国濒危野生动植物的保护和繁衍，具有重大意义。中国是世界上生物多样性最为丰富的国家之一，同时也是世界上拥有独特珍稀动植物最多的国家之一。因此，尽快建立濒危野生动植物基因资源库，启动国家层面上的保护工程，对这些动植物进行完整的基因收集、分析和保护，已成为我们的当务之急。发达国家较早就开始启动建立濒危物种基因库项目，如日本在2000年就对濒临灭绝的动植物的基因进行研究和分析，并将结果集中起来，建立一个基因资料库，向世界开放。2012年中国在浙江大学启动立体保护工程，中国也由此成为世界上第一个启动濒危野生动植物基因库建设的发展中国家。该工程计划为2 000种濒危野生动植物建立完整的基因资料库，其中动物1 600种，植物400种；包括大熊猫、朱鹮、扬子鳄、中华鲟、白鳍豚、东北虎在内的诸多珍稀濒危野生动物将成为该库的首批基因采集和研究对象。

启示：晋卦所描绘的生物多样性景象，告知我们要保护物种、保持生态链的平衡。其一，"君子以自昭明德"。人类社会的发展不能再以自然环境为代价，要与自然环境相协调，保护生物多样性，彰显自己光明的德行。其二，"鼫鼠贞厉，位不当也"。《说文》将"鼫鼠"称为"五技鼠"，用于描写贪而无所成。晋卦警告我们，不能贪婪地、过度地开发利用自然资源，否则会造成物种濒临灭亡，破坏生物多样性。其三，生物多样性的保护要靠众人的力量，要"众允"，集合众人的智慧，大力保护生物多样性。其四，"矢得勿恤，往有庆也"。我们应该及时保护生物多样性，追求长远目标，不计眼前损益。

晋卦：生物多样性资源

第六章 生态经济预警篇

本章解析易经中的生态经济预警思想，包括观卦、颐卦、小过卦、大过卦、归妹卦与无妄卦。该思想有着深刻的思想逻辑与实践背景。

（一）思想逻辑背景

古人对生态经济系统的研究本着化整为零、步步深入的原则，将纷繁复杂的生态经济分层、分阶段、分步骤地展开，提出问题，解决问题，目的是给人留下生态经济理论瑰宝。第一步，揭示生态经济系统从嫩芽到暮年的演化大周期，告知后人否极泰来、泰极否来的客观性；第二步，提出生态经济愿景，谋划人们未来的奋斗目标；第三步，揭示生态经济运行规律，以便告示当代人及后代人要按照天道、地道、人道行事，从而得到天的庇佑，避免遭受大自然的报复；第四步，古人深知，经济系统是一个投入产出的系统，需要投入生态资源。自然界有哪些资源，如何实现资源的可持续利用成为他们的课题。在科学勾画出生态资源线路图，提出实现生态资源可持续利用路径的基础上，古人认识到，避免生态承载力递减诱发生态危机，维护生态承载力的平衡与稳定，应该对生态系统的变动时时观察、监测，及时发现警兆，发布警情，以便未雨绸缪，制定应对策略。为此，古人构建的生态预警体系，按照警情严重程度，由低到高的次序排列为绿灯预警，黄灯预警，橘灯预警，红灯预警以及黑灯预警等。由此，有了生态经济预警篇。

（二）生态经济实践背景

为了实现生态经济发展壮大的美好愿景，古人不断加大对生态资源的索取力度，生态系统长期处于能量输出量大于输入量的亚健康状态。人类对生态资源的耗竭性使用，造成土地不断盐碱化、鱼类资源日益贫瘠化、狂风淫雨频繁肆虐的生态危机实证，使古人对生态系统服务功能持续下降的问题产生担忧。他们意识到，日日时时观测天象、地象、物象，在生态实质性损害未发生之前，就能及时发出生态亚健康警报。采取措施，就能减少财产损失，避免生态更加恶化。因此有必要建立相应的生态预警系统，实时监测，于是产生了生态预警的实践诉求。

（三）生态预警的逻辑框架图

古人在长期的生态经济实践中，深刻认识到，生态承载力在人力扰动下在上下限区域内震荡平衡。生态承载力的变化存在量变点与质变点。所谓量变点，是指人类过度使用生态资源，导致生态承载力从可持续承载区域进入不可持续区域的转折点。量变阈值点，具有可修复、可逆性特征，亦即，如果减少人为扰动，生态承载力有望回到可持续区域。为了描绘生态承载力的变化，以提醒人们注重生态保护，促进生态平衡，于是，将预警思想引入其中。并根据不同的颜色带给人的感觉，如绿色代表安全、可持续；黄色代表出现小问题，轻度预警；橘色代表问题很大，中度预警；红色代表问题性质发生巨大变化，重度预警；黑色代表危机来临，超重度警报，有无力回天趋势。因此将预警分为颐卦：绿灯预警，小过卦：黄灯预警；大过卦：橘灯预警；归妹卦：红灯预警；无妄卦：黑灯预警。最终，形成生态预警逻辑体系。

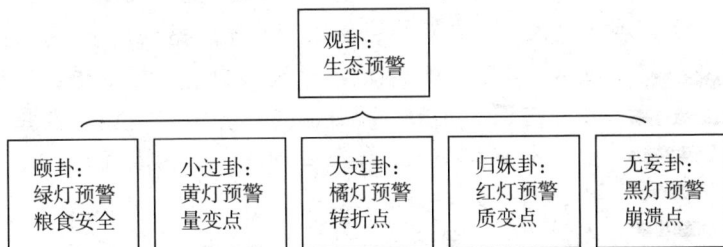

观卦：
生态预警

颐卦： 绿灯预警 粮食安全	小过卦： 黄灯预警 量变点	大过卦： 橘灯预警 转折点	归妹卦： 红灯预警 质变点	无妄卦： 黑灯预警 崩溃点

37. 观☴☷——生态预警

卦辞： 盥而不荐，有孚颙若。

象曰： 风行地上，观。先王以省方，观民设教。

彖曰： 大观在上。顺而巽，中正以观天下。观，盥而不荐，有孚颙若，下观而化也。观天之神道，而四时不忒。圣人神道设教，而天下服矣。

爻辞： 初六：童观，小人无咎，君子吝。象曰：初六童观，小人道也。六二：窥观，利女贞。象曰：窥观女贞，亦可丑也。六三：观我生，进退。象曰：观我生进退，未失道也。六四：观国之光，利用宾于王。象曰：观国之光，尚宾也。九五：观我生，君子无咎。象曰：观我生，观民也。上九：观其生，君子无咎。象曰：观其生，志未平也。

观卦六爻的生态内涵

观，有细心观察，仔细探究之意。观卦，由上巽下坤构成。巽，代表木竿，坤，代表圭丘。观卦，是古人用土圭表、立杆观日影的案例，阐释生态预警必要性以及相关方法等的理论卦。

初六：童观，小人无咎，君子吝。以超微观的视角仰观、俯察生态，所发出的预警常常具有局限性，有利于局部利益，不利于大局。六二：窥观，利女贞。以微观、短期利益为视角，进行预警。所发出的预警会陷入生态信息失真、短见的境地。六三：观我生，进退。从本国生态福祉的视角，观察生态，所发出的预警，有利于维持该国的生态平衡。六四：观国之光，利用宾于王。以全球生态利益为视角，所发出的预警有利于促进生态保护的国际合作。九五：观我生，君子无咎。以民生生态福祉为视角，所发出的生态预警，有利于政府与百姓的生态保护合作。上九：观其生，君子无咎。从政府、宏观角度观察生态，所发出的生态预警，对执政有利，但在预警工作的落实中存在困难。

生态原理：预警理论

预警的含义。预警一词最早出现于军事领域，通过选定各种假想敌、确定预警目标、目标量，并在预警目标的构成模式与目标量接近或超过设定目标量的情况发生时，预先发出警报，为预警主体作出科学决策提供参考和依据，是一种应对突然袭击的防范措施。随着科学的不断发展，预警学已成为一门交叉学科，广泛应用于现代政治、经济、技术、医疗、灾变、生态、治安等自然和社会经济领域，并逐步成为围绕某一特定目标展开的一整套监测和评价的理论和方法体系。

生态预警。生态预警是对生态环境的变化以及生态系统逆向演化所做的评价、预测和警报。它以区域可持续发展为目标，建立在区域生态环境监测、观测和统计分析的基础上，从时间和空间尺度上对生态环境的变化做出预测，并从自然、社会和经济三方面选取有关要素作为评价生态环境质量的指标因素，对区域生态环境、经济发展的协调性和适应性进行评价，对超负荷的区域和重大的生态环境问题做出预警，以便采取必要的调控措施，调整社会经济政策，改善生态环境结构。因此，生态预警研究具有重要的决策支持价值。

生态预警的内容。通常，生态预警包括：预警分析、预控对策。预警分析是对生态系统的逆化演替、退化、恶化等现象进行识别、分析和诊断，并由此做出警告；预控对策是根据预警分析的活动结果，对系统演变过程中的不协调现象或可能发生的生态危机表现出的征兆进行早期控制与矫正。按照对象，生态预警包括的内容广泛，如水生态预警、海洋生态预警、土地生态预警、森林生态预警、草原生态预警、生物多样性预警等。预警分为黄灯预警、橘灯预警、红灯预警与黑灯预警。

观卦的生态解析

观卦的产生背景。狂风、雷电、虫灾、旱涝、寒热、山洪等自然灾害的发生给古人的经济活动带来极大的挑战。甚至人为原因导致的生态灾害也经常困扰古人的生产、生活。基于灾害的严重性，古人希望通过对天文、地理、鸟兽的深入、细致的观察，提前发出灾害警报，以便未雨绸缪，采取应对措施，减少灾害损失，于是产生观卦。

观卦阐述生态预警理论。观卦，由巽卦与坤卦相叠而成，将竹竿立于地上，用以观察天象变化。古人用这个阐述预警理论。《序卦》说："物大然后可观，故受之以观"，意思是，随着经济的发展壮大，生态约束趋紧，只有时时观察生态变化，及时发出警报信息，才能趋吉避凶。"盥而不荐，有孚颙若"，即在土圭上，插竹竿，形成太阳影子。仔细观察日影，预测气候变化、天象、年景变数。观测与预警的内容：一是对天时预警。"观天之神道，而四时不忒"。观测日影，预警春夏秋冬四季的非正常变化；二是对地利预警。"下观而化也"。观察地理变迁，对山崩、地裂、洪水、猛兽及时发出预警；三是对人和预警。"先王以省方，观民设教"。观察人与生态的和谐状况，及时发出不和谐预警，以便纠正人的不生态行为，促进人与自然的和合。

观卦的生态预警观。其一，深入细致地观测，与时消息。"风行地上，观"。风，无孔不入，预警要深入细致，巡视四方，观察环境，事先预防。其二，要严肃认真。"有孚颙若"，对预警工作不能马马虎虎，要严肃认真地对待警情，科学预警。其三，反对丢了西瓜捡芝麻。"初六童观，小人道也"。像孩童那样观看，而没有从大局出发，只顾眼前利益，则不会实现生态环境长久的发展。最后，反对以偏概全的短期行为。"窥观女贞，亦可丑也"。

案例与启示：动物预警

案例：发生在 2004 年 12 月 26 日的印度洋海啸，超过 20 万人丧生。然而，在这次海啸中，许多野生动物幸免于难。对此现象，科学家并不感到惊奇。因为任何种类的动物总是能先于人类发现危险的逼近，发出预警，成群结队，提早逃之夭夭。如白尾鹿尾部有鲜明的白斑，奔跑时白色极其醒目，这是对其他个体发出的一种视觉报警信号。黄鼠和多种小鸟常使用听觉报警，报警鸣叫也使其他物种受益。有些动物靠释放特殊的化学气味报警。玉米田蚁释放气味，目的是吓退捕食者。动物在自然灾害面前的先知先觉能力以及由此采取的避险行动，让人类从中受益。公元前 390 年，高卢人夜袭罗马。夜半，罗马的大雁哀鸣不止。睡梦中的罗马人被大雁的哀鸣惊醒，躲过劫难。1944 年 11 月 27 日，飞翔在德国弗莱堡上空的一只大雁因预感到敌机的到来而惊鸣不止。在空袭前的半小时，大雁绝望地飞离了该城，跟着大雁离开城市的居民也因此得救。直到今天，该城的城市公园中还矗立着大雁的雕像。

启示：观卦，即为观察天下的生态环境，根据观察的结果，做出生态预警，预防生态环境的持续恶化。观卦及案例启示我们：其一，"观天之神道，而四时不忒"。对于生态环境变化，要通过随时观察，才能了解其运行规律及偏差，从而及时预防生态环境变化带来的灾难。其二，既要观察天时"观天之神道"，又要观察地利"下观而化也"，还要观察人和"先王以省方，观民设教""观我生"，"观其生"，才能做好全面的预防。其三，观察时不能像"小人"、"女子"一样片面，只顾眼前利益，要全面、宏观、长远地观察，带着诚信之心，不偏离正途。

观卦：生态预警

38. 颐☰☰——绿灯预警：粮食安全

卦辞：贞吉。观颐。自求口实。

象曰：山下有雷，颐。君子以慎言语，节饮食。

象曰：颐贞吉，养正则吉也。观颐，观其所养也。自求口实，观其自养也。天地养万物。圣人养贤以及万民。颐之时大矣哉。

爻辞：初九：舍尔灵龟，观我朵颐，凶。象曰：观我朵颐，亦不足贵也。六二：颠颐，拂经于丘颐，征凶。象曰：六二征凶，行失类也。六三：拂颐，贞凶。十年勿用，无攸利。象曰：十年勿用，道大悖也。六四：颠颐，吉。虎视眈眈，其欲逐逐，无咎。象曰：颠颐之吉，上施光也。六五：拂经，居贞吉，不可涉大川。象曰：居贞之吉，顺以从上也。上九：由颐，厉，吉。利涉大川。象曰：由颐，厉吉，大有庆也。

颐卦六爻的生态内涵

颐，养。颐卦由上艮下震构成，有吞吃食物的嘴巴之象。古人用颐卦说明吃的道理，引申为粮食安全。

初九：舍尔灵龟，观我朵颐，凶。灵龟，宝贝。朵颐，塞满饭的腮帮子。引申为，由于粮食短缺，引发舍弃珠宝、贪恋他人口中之食的不安全问题。六二：颠颐，拂经于丘，征颐，凶。经，阡陌。丘颐，抢夺他人食物。解决粮食短缺，应开荒种田，不应强抢越货。六三：拂颐，贞凶。十年勿用，无攸利。拂，抹去。抢劫邻国粮食，违反大的生态伦理纲常，十年不得善果。六四：颠颐，吉。虎视眈眈，其欲逐逐，无咎。生态大自然垂爱，生态条件改善，民众如老虎添翼般努力发展农业，值得提倡。六五：拂经，居贞吉，不可涉大川。农民的职责是在家养地种田，保证粮食安全，相反，弃农经商四处漂泊则是不利的。上九：由颐，厉，吉。利涉大川。坚守粮食安全正道，创业虽艰难，但最终会有丰硕成果。

生态原理：粮食安全

颐者，养也。颐卦，阐释粮食安全，蕴含的道理与粮食安全相符。

粮食安全的概念。粮食安全就是能确保所有的人在任何时候既买得到又买得起他们所需的基本食品的状态。第一，确保生产足够数量的粮食；第二，最大限度地稳定粮食供应；第三，确保所有需要粮食的人都能获得粮食。粮食既是关系国计民生和国家经济安全的重要战略物资，也是人类最基本的生活资料。粮食安全与社会的和谐、政治的稳定、经济的持续发展息息相关。

粮食安全的影响因素。第一，人口因素。人口是粮食消费主体，人口的增减反向影响粮食安全。第二，气候自然力。粮食生产与气候保持着高度的因果联系，特别是在目前生态环境遭受一定程度的损害、极端天气反复发作的条件下，气候变化成为直接影响粮食安全的关键性因素。第三，土地自然力因素。土地为粮食安全提供自然生产力支撑，土地肥力越大，粮食越安全。第四，消费方式。节约型粮食消费方式有利于粮食安全，相反，浪费式粮食消费方式则将粮食推向不安全境地。第五，生态技术。良种培育技术的提高、生物肥技术的应用与推广有利于提高粮食安全水平。

粮食安全面临的挑战。近年来，粮食数量短缺、质量下降日益成为国际社会关注的焦点。其一，日益严峻的气候危机，是粮食安全面临的最大挑战。温度上升带来的洪涝灾害、高温、旱寒等极端气候严重影响全球农业生产。其二，土地自然力下降。土壤板结、重金属污染、生物多样性减少等土地自然力递减，严重影响粮食数量与质量安全。其三，反生态的消费方式。餐桌浪费严重影响粮食数量安全。

颐卦的生态解析

颐卦的产生背景。亘古以来，粮食短缺问题从来没有得到很好的解决，粮食安全不断挑战人类生存安全、养生安全以及生态经济发展安全。为了告知后人这一悬而未决的问题，古人用艮卦与震卦相叠画出颐卦。颐卦，代表粮食安全。

颐卦描述粮食安全之象。颐卦的卦象如同一个人的口，上下爻都是阳爻，如同人的上下颚和嘴巴，中间四个阴爻，如同人的两排牙齿。《序卦》说："物畜然后可养，故受之以颐。颐者，养也。""观颐，自求口实。"所以，"颐"是养，口腹之养。颐者，养也、吃也、食也，民以食为天。颐卦有珍惜粮食之意，可以从粮食安全角度解读颐卦的生态思想。

粮食安全的战略意义。其一，"天地养万物"。天地培育了粮食，粮食养育了人类，粮食是人类生存与社会发展的最基本生活资料，实施粮食安全预警具有重大意义。其二，人类从自然界求取粮食，达到"自养"、"养他"的目的，说明粮食安全关系民生。其三，"由颐，厉吉，大有庆也"。天下百姓顺应规律土中刨食，对于保障粮食安全意义深远。不仅能保障自身需要还有利于其他行业发展，"利涉大川"。

保障粮食安全的路径。其一，建立粮食安全预警机制。"观颐，观其所养也。自求口实，观其自养也"。通过观察分析粮食市场需求情况，生产需求的多少，分析现有粮食储备以及后续生产能力是否在安全线以内，及时发布粮食预警信息，有利于保障粮食安全。其二，节约粮食。"节饮食"，节约粮食，珍惜粮食，注意颗粒归仓，牢记粒粒皆辛苦，不可挥霍浪费、暴殄天物。其三，重视农业生产。"颠颐，拂经于丘颐，征凶"。应开荒种田，将农业生产摆在战略高度，不可横征暴敛，否则"十年勿用，无攸利"，"道大悖也"。

案例与启示："光盘"行动

案例："光盘行动"，指就餐时倡导人们不浪费粮食，吃光盘子里的东西，吃不完的饭菜打包带走。光盘行动，是 2013 年 1 月中国北京市一家民间公益组织推行的公益活动。主题是：在饭店就餐打包剩饭，"光盘"离开，形成人人节约粮食的好风气。随后，国土资源报副社长徐侠客也在网上发起"光盘行动"，倡导网友珍惜粮食，加入行动。该倡导得到了多数名人和媒体的支持。《新闻联播》报道该活动，号召大家"节约粮食，从我做起"。在这个远离饥饿的年代，人们早已不对所谓的剩菜剩饭斤斤计较，但不少偏远山区的居民，食物依旧单调，粮食依旧匮乏。因此，"光盘行动"的发起，显然是在提醒与告诫人们：饥饿感距离我们并不遥远，即便时至今日，尊重粮食仍是需要被奉行的传统美德之一。"丰年不忘灾年，增产不忘节约，消费不能浪费"。人们应该对粮食充满敬意。诗人海子曾经说，"从明天起，关心粮食和蔬菜"。所以，人们也不妨这样赶紧行动起来，成为"光盘"一族。

启示：颐卦通过其卦象、卦意告诉我们粮食对人类重要的养育作用。粮食养育了人类，是人类生活与社会发展最基本的生活资料。因此，我们要高度重视粮食安全，实施粮食安全预警。其一，要"观颐，自求口实"。人们要根据自身情况，自力更生，养活自己。其二，要"观其所养"，"观其自养"。不断观察粮食对人们的满足程度，分析粮食产量及储备情况，及时发布粮食安全预警，从而保障粮食安全。其三，要"慎言语，节饮食"，节约粮食，珍惜粮食。确保粮食产量，减少粮食安全风险，促进全社会可持续发展。

颐卦：粮食安全

39. 小过☳☶——黄灯预警：量变点

卦辞： 亨，利贞。可小事。不可大事。飞鸟遗之音，不宜上，宜下，大吉。

象曰： 山上有雷，小过。君子以行过乎恭。丧过乎哀。用过乎俭。

彖曰： 小过，小者过而亨也。过以利贞，与时行也。柔得中，是以小事吉也。刚失位而不中，是以不可大事也。有飞鸟之象焉，飞鸟遗之音。不宜上，宜下，大吉。上逆而下顺也。

爻辞： 初六：飞鸟以凶。象曰：飞鸟以凶，不可如何也。六二：过其祖，遇其妣。不及其君，遇其臣，无咎。象曰：不及其君，臣不可过也。九三：弗过防之，从或戕之，凶。象曰：从或戕之，凶如何也。九四：无咎，弗过遇之。往厉必戒，勿用永贞。象曰：弗过遇之，位不当也。往厉必戒，终不可长也。六五：密云不雨，自我西郊。公弋取彼在穴。象曰：密云不雨，已上也。上六：弗遇过之，飞鸟离之，凶，是谓灾眚。

象曰： 弗遇过之，已亢之。

小过卦六爻的生态内涵

过，有过失，遇见之意。小过卦，由上震下艮构成，有雷鸣山上，飞鸟遗失之象。揭示经济系统若超越生态承载警戒线，就会遭致灾害的黄灯预警问题。

初六：飞鸟以凶。艮为山，为止；震，为雷。飞鸟飞到山上，遭受雷雨袭击。预示，人类对自然的利用若像越界的飞鸟一样超越生态警戒线，就会引发危机。六二：过其祖，遇其妣。不及其君，遇其臣。超越祖父遇见祖母，没见到君王遇见了大臣。预示，经济虽超越生态承载，但若有可替代资源，则无大忧。九三：弗过防之，从或戕之。应防止过度利用自然，避免覆舟之凶。九四：无咎，弗过遇之。往厉必戒，勿用永贞。适度有宜，过度有害。六五：密云不雨，自我西郊。密云不雨，天气不正常，只能等待生态的调整。上六：人若如飞鸟般超越生态阀限，必将遭受生态报复。

生态原理：量变点与黄灯预警

　　小过卦所阐述的生态原理，与现代生态经济学中的生态资源承载力变化的量变阈值点，预警理论中的黄灯预警比较吻合。

　　生态承载力。生态承载力，是指在一定条件下，生态资源能承担的经济数量或养育的人口数量。生态承载力越大，生态资源自然力越大，能养育的人口数量越多，给人类带来的生态福祉越高。包括土地粮食承载力、石油汽车承载力、水生态承载力、景区游客承载力，生物多样性承载力等。生态承载力具有可变性、层次性和可调控性。

　　生态承载力量变阈值点。生态承载力，有上下限，在上下限区域内震荡平衡。生态资源在使用年限内的变化存在量变点与质变点。所谓量变点，是指人类过度使用生态资源，导致生态承载力从可持续承载区域进入不可持续区域的转折点。量变阈值点，具有可修复、可逆性特征，亦即，如果减少人为扰动，生态承载力有望回到可持续区域。

　　黄灯预警与补救。从生态预警理论角度，生态承载的量变点，通常用黄灯表示，属于一级预警，即刚发现警兆，危机尚处于萌芽阶段，警情较轻。告示，生态承载力即将进入危险区，要减少对生态的压力，给生态减负，给生态以恢复的空间、时间与余地。如下图 B 点所示，在黄灯左侧，生态承载力可自我调控恢复到原来的水平，自然力利用为可持续。在黄灯右侧，即超越黄灯，生态承载力自我调控能力减弱，恢复到原来的水平的难度加大，需要外力辅助。

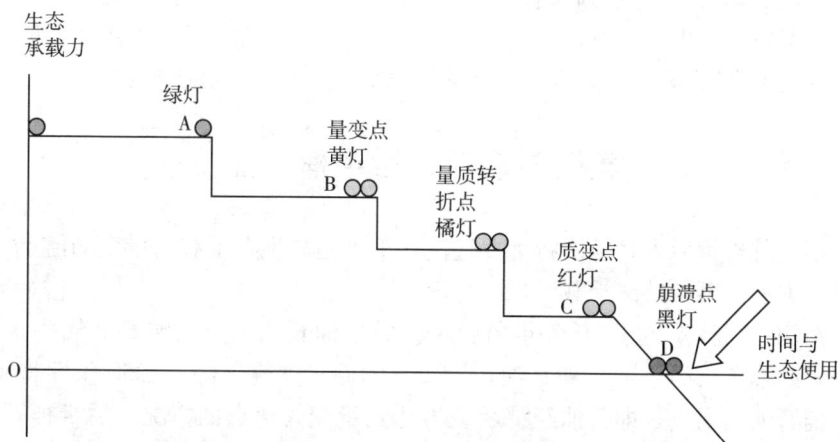

小过卦的生态解析

小过卦的产生背景。狗急跳墙、鸟儿飞离安全区被粘网网住、向河流中倒垃圾使河水不再清澈等生态问题，引发古人对"度"的思考，为了提倡适度反对过度，古人用震卦与艮卦相叠形成小过卦，告示后人，山上有雷，及时矫正过度行为，不要越过雷池，否则后患无穷。

越雷池之象。小过"有飞鸟之象焉，飞鸟遗之音"。飞鸟面临"上逆而下顺也"的境况，但不听劝阻，飞的过高，偏离安全航线，即"不宜上，宜下"，结果被网住，遗失了。古人用飞鸟指代人类，指出经济行为不要"行过乎恭"，"丧过乎哀"，"用过乎俭"，否则，越过雷池，超越生态承载限度，就会如被网的飞鸟一般，难以持久发展。

矫正过度行为，回到安全区。除了过谦、过俭、过衰而外，"刚失位而不中"是导致"小过"的根本原因。即刚在柔位，柔在刚位，阴盛阳衰，阴阳不在生态位上。更进一步，小过卦用"不及其君，臣不可过也"的君臣比拟生态系统与经济系统的关系。君代表生态系统，是权力的边界，臣代表经济系统，臣不可越君。经济发展越过生态系统边界就是"过"。"不宜上，宜下，大吉。上逆而下顺也。"只要回退到安全线以内，就会遇难呈祥。"过其祖，遇其妣。不及其君，遇其臣，无咎。"即只要找到替代资源，问题也能得到妥善解决。

量变点的黄灯预警。小过卦代表经济系统超越生态承载边界的量变阈值点，属于轻度超载，仅仅是"位不当"的问题，尚有改正空间。这一点之前是"弗过遇之"，而这一点之后则是"终不可长也"。"密云不雨"，说明人的经济活动已经破坏了生态环境，自然力羸弱。若是"弗遇过之"，即越过了量变阶段将是"灾眚"，人类的生存"已亢之"，到达了极限，无法持续下去。

案例与启示：后半桶石油

小过卦告示后人，经济行为要适度，不可超越生态承载的量变阈值点，诱发自然力进入不可持续承载区域。

案例：闫林先生于 2007 年出版了《后半桶石油——全球经济战略重组》一书，阐释了人类过度开采石油，导致石油储量严重下降，2050 年即将出现后半桶石油的拐点，即石油经济承载力达到量变阈值点的情况。后半桶石油，是小过卦的一个经典佐证。工业革命以后，在超前消费理论的误导下，发达国家的消费者使用大排量汽车，过度消耗电力，对石油产生过高的需求。1965—2005 年，石油消耗量增长了 2.5 倍，而人口数量仅翻了一番。如巴西近海预计储量为 80 亿桶的图皮油田也仅能维持全世界运转 3 个月。人们对石油的需求量已经超过了石油的生态承载力，石油承载力亮起了黄色警灯。后半桶石油，对世界经济发展提出了严峻挑战。人们在石油的利用上已经犯了"小过"，如何纠正"小过"，用好后半桶石油，小过卦给了我们很好的启示。

启示：其一，"可小事，不可大事"。古人告示，超越生态承载的量变点，有限的资源只能满足人们微小的需求，只能办小事。要从宏观着眼，就要纠正小过行为，力争满足大的需求，办大事。其二，"不宜上，宜下"。在不可持续阶段内，不要追求经济的高速度、高增长，要适度经营，确保经济行为有益于促进生态承载力修复补偿，使其尽快回缩到可持续区域内。其三，"行过乎恭，丧过乎哀，用过乎俭"。对超越生态承载量变点的矫正行为，要秉着适度原则，不能矫枉过正。最后，"过其祖，遇其妣，不及其君，遇其臣"。努力寻找替代能源，减少对不可再生资源的不利扰动。

小过卦：黄灯预警

40. 大过☰☰——橘灯预警：转折点

卦辞： 栋桡。利有攸往，亨。

象曰： 泽灭木，大过。君子以独立不惧，遁世无闷。

彖曰： 大过，大者过也。栋桡，本末弱也。刚过而中，巽而说行，利有攸往，乃亨。大过之时大矣哉。

爻辞： 初六：藉用白茅，无咎。象曰：藉用白茅，柔在下也。九二：枯杨生稊，老夫得其女妻，无不利。象曰：老夫女妻，过以相与也。九三：栋桡，凶。象曰：栋桡之凶，不可以有辅也。九四：栋隆，吉。有它吝。象曰：栋隆之吉，不桡乎下也。九五：枯杨生华，老妇得其士夫，无咎无誉。象曰：枯杨生华，何可久也。老妇士夫，亦可丑也。上六：过涉灭顶，凶，无咎。象曰：过涉之凶，不可咎也。

大过卦六爻的生态内涵

大过，大的过错，大的过失。大过卦由兑卦与巽卦相叠而成，有水淹木、水覆舟之象。古人在大过卦中，以弯曲房梁、干枯的杨树为例，阐释生态承载力从量变区向质变区转折的橘色预警原理。

初六：藉用白茅。用茅草铺地，跪拜自然。预示，要发扬白茅铺席的谦卑警戒精神，对生态承载力要敬畏并时时预警，防患于未然。九二：枯杨生稊，老夫得其女妻。老夫娶少妻，枯木生花，表面风光，实则属于耗竭自然力的行为，不可取。九三：栋桡，凶。生态承载力如两端歪曲的房梁，很难补救。九四：栋隆，吉。有它吝。房梁中部粗壮两端纤细难以抗震。九五：枯杨生华，老妇得其士夫，无咎无誉。老妇嫁少夫，如同枯杨开花，没有过错，但也得不到好的赞誉。不能持久。上六：过涉灭顶，凶，无咎。大水淹没头顶，凶险无比。比喻，经济系统严重超越生态承载力，如同大水漫过头顶般凶险无比。此时，如果能力挽狂澜，尚有生机。

生态原理：量变与质变的转折

大过卦所阐述的生态原理，与现代生态经济学中的生态资源承载力从量变到质变的转折点，橘灯预警理论相吻合。

生态承载区。生态承载区建立在生态承载力递减规律内容基础上。根据生态承载力递减规律，将生态承载力划分为可持续区域、不可持续可逆区域以及不可持续不可逆三个区域。其中在不可持续可逆区域内，又可以细分为两个区域，一为不需人为干预，只要给予休养生息时间，就能恢复平衡的低成本区；二是需要生态补偿，生态才能得以有效恢复的高成本区。当生态承载力处于不可持续可逆的高成本区域，说明生态破坏已经到了很严重的程度，如不补偿就会继续恶化。

转折点与橘色预警。从生态预警理论角度，转折点，是生态修复从低成本到高成本的转折点，也是量变点到质变点的转折点，还是黄灯预警到红灯预警的转折点，用橘灯表示。橘灯预警，属于二级预警，即警兆继续发生，生态持续恶化，警情较重。在橘灯预警左侧，生态承载力小幅度递减，生态承载力自我修复机能比较强大，只要给予充分的休息，就能回逆到量变点，即黄灯预警点，再从黄灯到达绿色区域。在橘灯右侧，生态承载力继续递减，生态修复成本较高，临近红灯预警点。告示，减少对生态的压力，给生态减负。

转折点的补救。一是防止生态承载力递减程度越过橘灯点。在生态修复低成本可逆区，以生态保护、减少不利扰动为主。二是一旦越过橘灯转折点，在生态修复高成本可逆区内应以经济效益反哺生态环境，在建立生态保护区的基础上以科技手段补偿、修复生态承载力，使生态承载力向低成本可逆区回归。

大过卦的生态解析

大过卦的产生背景。房梁两端纤细变形弯曲，承受不住房顶的重量；茂盛的林木被洪水淹没，种种凶象引发古人对人类行为"大过"引发生态问题的思考。于是，用兑卦与巽卦相叠形成大过卦，用以告示后人，不当位的行为，会导致生态恶化，引发橘灯预警。

生态承载力的"栋桡"之象。大过"栋桡，本末弱也"。房梁中间粗壮，作为支撑点的两端却细弱，房梁弯曲，无法承受房顶的重量。古人用房梁指代生态承载力，指出经济行为不要"大者过也"，不能忽视生态承载力限度而过度扰动，否则，生态承载力递减将导致生态修复成本不断提高，生态服务功能下降，经济发展就会"何可久也"。

生态承载力持续递减的内在机理。一是资源配置过度不合理。古人用"枯杨生稀"，"老妇得其士夫"为例，即老太太嫁给年轻小伙子，朽木生花，说明资源配置过度不对称，导致生态资源损害程度上升，经济效率下降，是经济发展不能持久的原因。二是过度利用资源。古人用"老夫得其女妻"，"过以相与也"为例，即老头子娶了年轻姑娘，说明为了经济利益，过度耗精竭力，生态资源服务功能必将遭受损伤。三是，预警不利。古人用"过涉灭顶"，说明，没有及时的预警，就会导致人们盲目过河，最终水过淹木。

及时预警，力挽狂澜。一是"籍用白茅，柔在下也"。启示，面对强大的自然力，要以柔软、谦卑的态度，时刻反省自身行为，改正对生态的做法，建立生态预警系统，及时发现、预报、处理危险。二是"君子以独立不惧，遁世无闷"。预警发出后，政府应该力挽狂澜，调整人与生态的关系，"巽而说行"，进行生态补偿，才能"利有攸往"，实现人与生态的互补双赢。

案例与启示：糖尿病人与饥饿儿童

案例：进入工业化社会后，发达国家的生活水平不断提高。伴随着营养过剩、运动量过少，糖尿病发病率不断提高，严重威胁人的健康安全。世卫组织估计，全世界 2.2 亿多人患有糖尿病。如不进行干预，这一数字到 2030 年可能会增加一倍以上。与营养过剩相反的情景是，非洲、亚洲的部分国家，由于过度贫困，营养过度不良而导致的疾病蔓延，死亡率不断提高。2009 年，非洲约有 500 万人死于与饥饿有关的各种疾病，有近 2 亿人长期营养不良。根据"2010 年全球饥饿指数"显示，全球有 10 亿人正处于营养不良的状态，其中大多数是非洲和亚洲的孩童。全球贫富差距的继续拉大，如何调整营养过剩与营养不良之间的平衡，我们可以从大过卦中寻求部分破解之道。

启示：一是"大者过也"。过度扰动生态环境，无补偿地从中掠夺生态福利是导致生态承载力递减的主要原因，要避免过大，避免过度。二是"柔在下也"，应对生态承载力递减挑战，应建立健全生态承载力预警机制，时时监测，及时预报警情。三是"栋桡，本末弱也"，根据警情，及时发现生态系统不平衡之处，及时补偿及时修复，避免进一步递减。四是避免"枯杨生华"，"老夫得其女妻"般过度利用资源，以及"枯杨生稀"，"老妇得其士夫"般无效的资源配置，应以科学态度，按照生态规律实现资源的优化配置。五是出现"栋桡"之象时，要调整不生态行为，改变以生态代价换取经济效益的发展方式。要减少对生态的不利扰动，实施生态补偿与修复战略，防止出现"过涉灭顶"，"不可咎也"的极端情况。六是面对生态承载力递减，生态恶化，补偿修复成本高昂的问题，应该"独立不惧"，正视生态危机，坚定生态兴则文明兴的思想，大力加快生态文明建设，促进生态友好发展。

大过卦：橘灯预警

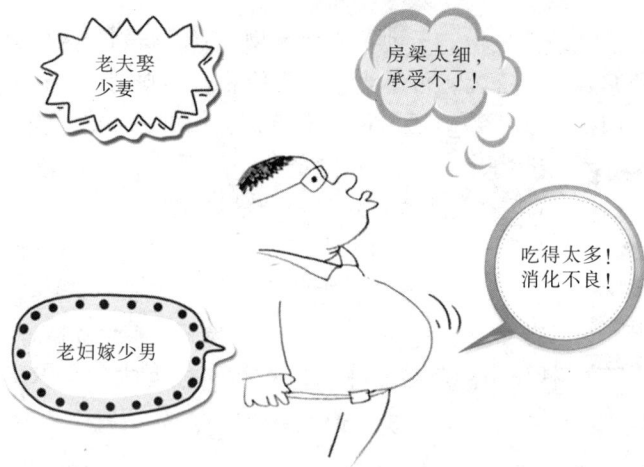

41. 归妹☶——红色预警：质变点

卦辞： 归妹。征凶。无攸利。

象曰： 泽上有雷，归妹。君子以永终知敝。

象曰： 归妹，天地之大义也。天地不交而万物不兴。归妹，人之终始也。说以动，所归妹也。征凶，位不当也。无攸利，柔乘刚也。

爻辞： 初九：归妹以娣，跛能履，征吉。象曰：归妹以娣，以恒也。跛能履，吉相承也。九二：眇能视，利幽人之贞。象曰：利幽人之贞，未变常也。六三：归妹以须，反归以娣。象曰：归妹以须，位未当也。九四：归妹愆期，迟归有时。象曰：愆期之志，有待而行也。六五：帝乙归妹，其君之袂，不如其娣之袂良。月几望，吉。象曰：帝乙归妹，不如其娣之袂良也。其位在中，以贵行也。上六：女承筐无实。士刲羊无血，无攸利。象曰：上六无实，承虚筐也。

归妹卦六爻的生态内涵

妹，为姐妹，为昧。归妹：让妹妹随同姐姐嫁出去。归妹卦由震卦兑卦相叠构成。古人以嫁妹不成为例，用归妹卦阐释经济系统已经越过生态承载力的质变点，进入红灯预警区的相关问题。

初九：将妹妹随姐姐嫁出去，如同瘸子能走路一样吉祥。归妹，引申为生态补偿。在生态经济中，如果能实施生态补偿，受损伤的生态，就会慢慢从质变点处回归到量变点。九二：独眼人能看见物体，有利于幽居之人坚守正道。引申为，及时进行生态补偿，生态就如独眼人一般发挥视物的作用。六三：时空不当位，嫁女不成，即生态补偿没得以实施。九四：嫁女延期，但保护生态的行动不能延误，否则会超越质变点。六五：人类主动实施生态补偿，生态承载力恢复会比自然恢复的质量好。上六：若经济超越生态承载的质变点，就会出现婚媾无子嗣，生态承载力就会进入崩溃区。

生态原理：质变点与红灯预警

归妹卦所阐述的生态原理，则是现代生态经济学中的生态资源承载力变化的质变点，即预警理论中的红灯预警。

生态承载力质变点。所谓质变点，是指人类持续过度使用生态资源，导致生态承载力从可逆性承载区域进入不可逆性区域的转折点。质变点，具有不可修复、不可逆性特征，亦即，一旦超越质变点，生态承载力将变为零。

红灯预警与补救。从生态预警理论角度，生态承载的质变点，通常用红灯表示，属于三级预警，是级别最高的预警，此时警情最为严重，生态资源的生态承载力已经到了临界点。例如，土地资源出现盐碱化、沙漠化。一旦生态资源的生态承载力发出红色预警，说明生态承载力情况已然十分危急，如果没能采取有效的措施来休养生息，恢复自然力，生态承载力将会持续下降，越过质变点，进入不可持续不可逆承载区域，不仅生态资源将成为无用资源，还可能出现负作用，产生负福利。故而当生态承载力跨过橙灯预警区发出三级预警即红灯警报时，我们要高度重视当前警情的严重性，从长远利益出发，及时采取措施补救生态资源，让生态资源慢慢恢复承载力，以保证资源的可持续发展。如下图所示，在质变点 C 左侧，生态承载力可通过人类大力补偿使之恢复到原来的水平，承载力为可逆。而在质变点 C 右侧，即超越质变点，人类已无法弥补对生态资源的过度利用，生态承载力将下降为零甚至为负。

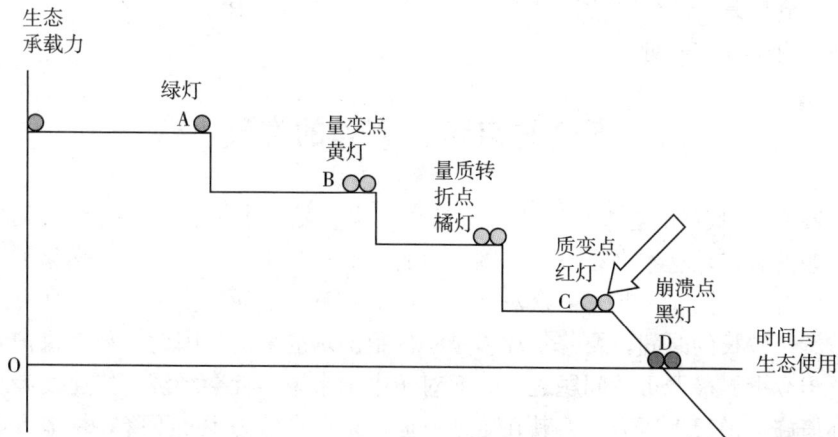

归妹卦的生态解析

归妹卦的产生背景。土地盐碱化、草原沙漠化、河流污染化，生态的持续恶化，引发古人对"量变"与"质变"的区分，为了避免彻底丧失生态资源，古人用震卦和兑卦相叠形成归妹卦，警告后人，雷震响于大泽，为不祥之兆，及时补偿，方可免去灾难。

质变点的红灯预警。归妹卦代表经济系统临近生态承载边界的质变点，即人类以"柔乘刚也"，使生态资源严重超载，违背了"天地之大义也"，造成"天地不交而万物不兴"。最终使"女承筐无实"，失去自然界赋予的生态财富，生态承载力进入崩溃区。这是由于"位未当也"，"位不当也"，没有对生态资源实施补偿政策。但即使打算采取补偿政策，政策要尽快实施，不能"归妹愆期"，延误保护生态的行动，否则将是"征凶，无攸利"。

实施生态补偿，维持长久发展。归妹卦将嫁妹比喻为生态补偿，阐释为了防止生态承载力超过质变点、进入崩溃区，要像"帝乙归妹"一样，主动实施生态补偿措施，"其君之袂，不如其娣之袂良"，使生态承载力得到更好的恢复。虽然生态承载力不会在短期内完全恢复，但也是"跛能履"、"眇能视"，依然可以发挥其正常服务功能，有望从质变点处回归。因此，为了能够"归妹以娣，以恒也"，要"吉相承也"，在生态承载力质变的临近点，及时进行挽救，从而避免生态资源成为无用之物，达到生态经济的可持续发展。同时，对于生态承载力发出的红灯预警，不能"有待而行也"，要"以永终知敝"，进行防范，以免去"征凶"。最终，要在人类补偿政策的辅助之下，使生态承载力逐渐得到恢复，达到"说以动"，"月几望"的程度，让"凶"变成"吉"，使人类与自然和谐共处。

案例与启示：寂静的春天

案例：《寂静的春天》1962 年在美国问世，是一本标志着人类首次关注环境问题的著作。这本书在世界范围内引起人们对野生动物的关注，唤起了人们的环境意识，同时引起了公众对环境问题的注意。然而，由于人类对环境的破坏持续了较长的时间，要修复环境是一件很困难的事情。因此，环境保护问题仍是当今世界最严重的问题之一。而对于中国来说，社会经济的快速发展对生态环境施加了很大压力，尤其在土地方面，土地自然力不断下降，耕地土壤中的蚯蚓数量大量减少。蚯蚓是改良土壤的"功臣"，它可以使土壤变松，使空气和水抵达植物的根部。而且蚯蚓在土壤中每天能吞吃相当于自身重量的有机物质，其中约有一半作为粪便排泄到地面上。据监测，蚯蚓粪是一种理想的天然生物肥。蚯蚓对土壤及植物生长的贡献是巨大的。然而，由于这些年耕地中化肥、杀虫剂等的过度使用，残害了土壤中的蚯蚓，使得蚯蚓数量直线下降，濒临消失。因此，消失的蚯蚓，迫使我们重视生态资源，修复生态承载力，使生态资源可以持续利用。

　　启示：归妹卦阐述生态承载力发出红灯预警，即将超越质变点，进入不可逆区域的理论。启示我们：其一，要"以永终知敝"，时刻观察生态资源的变化情况，做出预警。尤其对红灯预警，要格外引起重视，采取补救措施，避免生态承载力衰减超过质变点。其二，人类作为柔顺者，不可"柔乘刚也"，凌驾在自然界这个刚强者之上，过度开采利用生态资源，使其承载力持续下降，甚至超越质变点，变得不可逆。其三，为了能使生态资源维持长久的发展，必须要"吉相承也"，让生态承载力延续下去，而不是逐渐衰减。

归妹卦：红灯预警

42. 无妄☳——黑灯预警：崩溃点

卦辞： 无妄。元亨，利贞。其匪正有眚，不利有攸往。

象曰： 天下雷行，物与无妄。先王以茂对时育万物。

彖曰： 无妄，刚自外来而为主于内。动而健，刚中而应。大亨以正，天之命也。其匪正有眚，不利有攸往。无妄之往，何之矣？天命不佑，行矣哉？

爻辞： 初九：无妄，往吉。象曰：无妄之往，得志也。六二：不耕获，不菑畲，则利有攸往。象曰：不耕获，未富也。六三：无妄之灾，或系之牛。行人之得，邑人之灾。象曰：行人得牛，邑人灾也。九四：可贞，无咎。象曰：可贞无咎，固有之也。九五：无妄之疾，勿药有喜。象曰：无妄之药，不可试也。上九：无妄行，有眚，无攸利。象曰：无妄之行，穷之灾也。

无妄卦六爻的生态内涵

妄，胡作非为，望。无妄卦，也叫无望卦，不许胡作非为卦。无妄卦由乾卦与震卦相叠构成，古人用以告示后人，过度利用生态，将生态承载力推向崩溃点，生态就会陷入恢复无望的境地，到达黑灯预警区。

初九：无妄，往吉。不胡作非为，就能吉祥。引申为，不超越生态承载，生态功能就能保持完整，经济就能顺利发展。六二：不耕获，不菑畲，则利有攸往。不耕不获，不养地就没有沃土。只有补偿生态，生态才不至于崩溃。六三：无妄之灾，或系之牛。顺手牵牛，牛主遭受损失。非人为的自然灾害，给生态经济系统带来挑战。九四：可贞，无咎。坚守生态保护之道，生态承载力就有望恢复。九五：无妄之疾，勿药有喜。不必人为治理，生态系统通过自我修复机制，不治而愈。上九：无妄行，有眚。不要违背生态规律，不要胡作非为，否则，大灾爆发。

生态原理：崩溃与黑灯预警

　　无妄卦所阐述的生态原理，与现代生态经济学中的生态资源承载力超越质变点，进入崩溃区，即预警理论中的黑灯预警理论比较吻合。

　　生态承载力崩溃点。所谓崩溃点，是生态承载力已经发出三级红灯预警时，人类不仅视而不见，反而继续过度使用生态资源，最终导致生态承载力超越了质变点，进入不可逆性区域，达到崩溃的点。崩溃点，即生态承载力变为零或负值，不可修复、不可逆，生态资源再也无法为人类提供生态服务，人类失去了赖以生存的宝贵资源的点。

　　黑灯预警与崩塌。黑灯预警，是一种警告与通知，因为一旦进入黑色崩塌区域，再发出预警也于事无补，生态承载力已经消失，生态资源已彻底废退。因而，此时的预警只是为了告示人类，过度利用资源的行为已经造成了无法挽救的后果，恢复无望，人类只有选择逃亡。如下图所示，由于人类对生态资源的持续过量使用，如连续垦种土地、不断排放污水、过度砍伐森林等，使生态承载力从不可持续但可逆性承载区进入不可持续不可逆性承载区，超越了质变点 C，达到崩溃点 D，生态承载力变为零或负值。D 点以下，土地完全沙漠化、河流彻底变成污水、森林消失，生态资源的承载力完全崩塌。

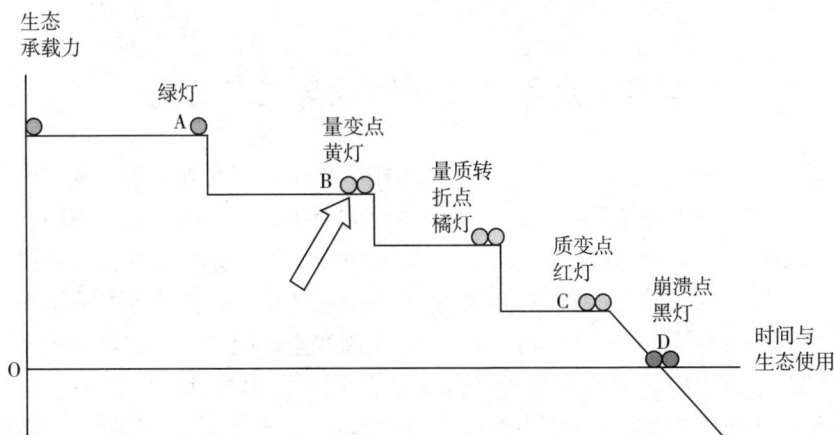

无妄卦的生态解析

　　无妄卦的产生背景。曾几何时，泛着金色麦浪的沃土变成不毛之沙漠，渔歌唱晚的湖泊变成干裂的大洼塘。生态资源恶化，使古人思考"质变"之后的崩塌问题。为了防止资源崩塌，古人用乾卦和震卦相叠形成无妄卦，告示人们，超越质变点，回天无力、恢复无望之理。

无妄与黑灯预警。无妄有两层含义：不胡作非为、恢复无望（黑灯）。其一，不胡作非为。"无妄。元亨，利贞。其匪正有眚，不利有攸往。"按照生态规律办事，不胡作非为，得到天地庇佑，则有利于生态经济和谐发展。相反，反生态而行，妄自尊大，则生态灾害发生，毁掉劳动成果。其二，恢复无望。"先王以茂对时育万物"。天地相交，化生万物，人类享受自然无私的赠予，但人类妄行，自然严重受损，以至于"天下雷行，物与无妄"，即恢复无望，进入黑灯预警。

妄行的生态后果。人类的"匪正"与无视"天之命也"行为，再加之"不菑畬"，导致生态严重恶化。生态报复经常发生，不仅出现"天命不佑"的现象，还如"或系之牛，行人之得"，大自然夺回了曾经对人类的赠予。

避免无妄的路径。《序卦》："复则不妄矣，故受之以无妄。"生态恢复了，不能再胡作非为了。首先，从"刚自外来而为主于内"入手，由外到内，以外来的正能量修复生态系统，且行动要"动而健，刚中而应"，才会"大亨以正"。其次，要多"耕获"，多"菑畬"，凡事做到"无妄"，才会达到"利有攸往"，逐渐修复生态承载力。再次，"可贞"，坚持生态规律运行之道，生态承载力就会有效恢复。最后，不可得意"妄行"，胡作非为，否则人类将遭到"无妄之灾"。

案例与启示：死棚绝地与生态灾民

案例：目前，中国大多数的耕地都施用了化肥，都受到了不同程度的化肥污染。无污染的"净土"少之又少。中国目前处于"亚健康"的土壤面积已经很大，而病态土壤则占到了约 10%。其中，氮肥曾经或者说现在仍是促使中国农作物增长的动力。但是在 30 年持续大量施用后，一些科研人员认为，它将对中国的粮食安全造成负面影响。一些大棚和土地因过量施肥，已出现"死棚"、"绝地"现象。据预测，2015 年中国除江西、山西外的中部和东南部所有省份，均将因为过量用氮肥而成为地下水硝酸盐含量超标的潜在高风险区。而这些死棚绝地及自然力的报复中最大的受害者就是农民，尤其是生态灾民。在中国边远省区，有大量的生态灾民。如果说中国农民生活整体上是艰难的，那么，这些生态灾民的生活则为难中之最。在自然条件严酷的地方，每一种灾难都足以使农民陷入贫困和饥饿之中。在这样的地方，过上小康生活是不可能的。因此，政府应该着重关注生态灾民，帮助他们逃离艰苦的生活环境，改善生活质量，整体上提高农民的生活水平。

　　启示：无妄卦作为警告之卦，警告我们凡事要三思，不可妄行。其一，"天下雷行，物与无妄"。无妄卦的卦象是"天下雷行"，有雷在天下运行，天命警告我们对生态资源的开发利用不可妄行，即"物与无妄"。其二，"其匪正有眚，不利有攸往"。人类对生态资源的"匪正"行为，是"不利有攸往"。如果持续"无妄之往"，则"何之矣？天命不佑，行矣哉"。其三，"无妄之行，穷之灾也"。生态资源的承载力已经处在质变的临界点，此时就应该停止行动，否则就会使生态承载力进入崩溃区，这是"穷之灾也"，"无攸利"。

无妄卦：黑灯预警

第七章　生态经济危机篇

本章解析易经中的生态经济危机思想，包括损卦、剥卦、姤卦、噬嗑卦、坎卦、震卦、艮卦、蛊卦、蹇卦与困卦。该思想有着深刻的思想逻辑与实践背景。

（一）思想逻辑背景

古人对生态经济系统的研究从天地人三才着手，将完整的生态经济系统进行分类，把生态经济实践中出现的不同问题归入不同方面，然后分析问题，解决问题。其目的是警醒后人善待自然，避免生态自然力报复，以实现人类社会的可持续发展。通过揭示生态经济发展的小周期，演化大周期，警示后人延长生态经济小周期才是实现可持续发展的关键，同时提出美丽生态愿景，并遵循生态经济规律，合理利用生态资源，制定可持续发展的方案。在追求人类社会发展的过程中，难免会对生态环境产生不利扰动，为此古人建立生态经济预警系统，及时发现警兆，发布警情，排除险情。在发布警情的过程中，古人发现生态经济系统的危机主要分为天的危机、地的危机以及人的危机，由此形成了危机篇。

（二）生态经济实践背景

在实践生态经济愿景的过程中，由于人们过度扰动生态环境，向空气中大量排放污染物质，超过大气过滤极限，诱发空气污染，甚至一些化学物质改变了大气成分，导致出现臭氧空洞。由于人们过度向生态索取，滥捕滥杀野生动物、竭泽而渔、乱砍滥伐、围湖造田，严重破坏了生态平衡，导致出现了生物灾害、洪水泛滥、地面塌陷等危机。且伴随着生态赤字的不断扩大，生态危机严重制约了经济的发展，引发了滞胀危机以及超长波危机。因此，有必要对生态经济系统中出现的各类危机进行整理、归纳、分析，以寻求破解之道。

（三）生态经济危机的逻辑框架图

古人通过对生态经济系统中出现的各类危机进行分类总结，得出生态经济系统中存在三大类危机，即天的危机、地的危机、人的危机。天的危机主要是指人们过度向大气圈中排放污染物质，导致空气质量下降，大气保护作用递减，包括空气污染（损卦）和臭氧空洞（剥卦）。地的危机主要是指过度扰动生态平衡导致生态多样性锐减以及对生物生存环境，即无机环境的破坏，分为生物圈危机，如生物灾害（姤卦）、生态法治缺失（噬嗑卦）；水圈危机，如水患（习坎卦）；岩石圈危机，如山体灾害（艮卦），地震灾害（震卦）。人的危机主要是指生态福利缺失导致的资源与经济矛盾尖锐化，包括人圈危机，如生态赤字（蛊卦）；经济圈危机，如滞胀危机（蹇卦），超长波周期（困卦）。具体如下图所示：

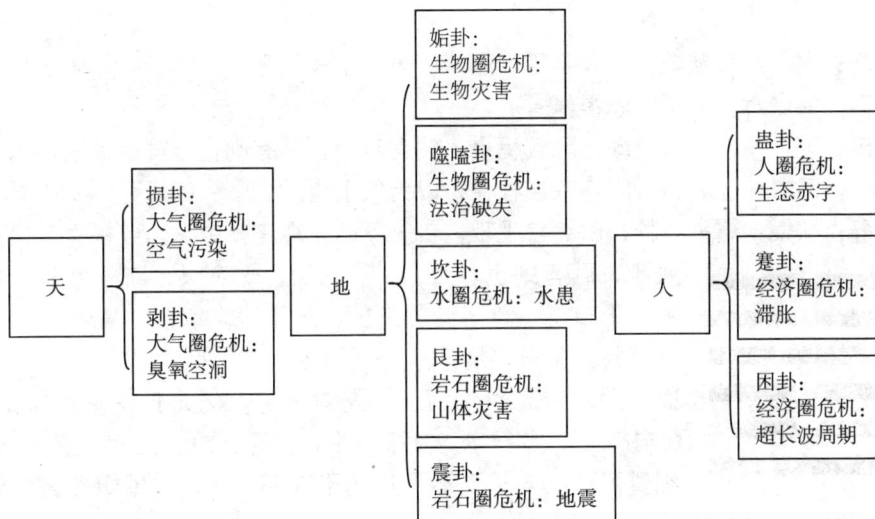

天	损卦： 大气圈危机： 空气污染	地	姤卦： 生物圈危机： 生物灾害	人	蛊卦： 人圈危机： 生态赤字
	剥卦： 大气圈危机： 臭氧空洞		噬嗑卦： 生物圈危机： 法治缺失		蹇卦： 经济圈危机： 滞胀
			坎卦： 水圈危机：水患		困卦： 经济圈危机： 超长波周期
			艮卦： 岩石圈危机： 山体灾害		
			震卦： 岩石圈危机：地震		

43. 震☳——岩石圈危机：地震

卦辞：亨。震来虩虩。笑言哑哑。震惊百里，不丧匕鬯。

象曰：洊雷震，君子以恐惧修省。

彖曰：震，亨，震来虩虩，恐致福也。笑言哑哑，后有则也。震惊百里，惊远而惧迩也。出可以守宗庙社稷，以为祭主也。

爻辞：初九：震来虩虩，后笑言哑哑，吉。象曰：震来虩虩，恐致福也。笑言哑哑，后有则也。六二：震来厉，亿丧贝，跻于九陵，勿逐，七日得。象曰：震来厉，乘刚也。六三：震苏苏，震行无眚。象曰：震苏苏，位不当也。九四：震遂泥。象曰：震遂泥，未光也。六五：震往来厉。亿无丧有事。象曰：震往来厉，危行也。其事在中，大无丧也。上六：震索索，视矍矍。征凶。震不于其躬于其邻，无咎。婚媾有言。象曰：震索索，中未得也。虽凶无咎，畏邻戒也。

震卦六爻的生态内涵

　　震卦表示如雷的吼声，巨大的震动。故，古人用震卦表达巨大而令人惊恐的地球震动之意，即地震灾害。

　　初九：地震发出轰隆隆的响声，震后，人们轻声欢笑。地震令人惊慌不安，但若采取减灾防灾措施，民众依然化险为夷。六二：地震猛烈，上亿珍宝损失了。人们陷入危险境地，命在旦夕。生态系统及家园重建需要数年之久。六三：轰隆隆的大地震令人惊惧，但若能提前预警、规避、沉着应对，则会减少损失。九四：地震会引发山体滑坡、泥石流等次生灾害。对地震的次生灾害要多加预防。六五：地震、余震接连发生，即使没有物质损失，也会有精神损害，甚至生态损害。因此要对地震保持高度警惕，对精神损害多加重视。上六：强地震使建筑物、家具等发出哗啦啦的响声，人们的视觉受到影响，视物模模糊糊。地震没有给自己带来损害，但波及邻居。婚礼受到影响。

生态原理：地震灾害

　　震卦，描述的地震灾害，与生态经济学中的地震理论比较吻合。

　　地震灾害。 地震灾害主要是自然原因诱发的，少量属于人工地震。地震涉及震级、震中距、震源深度、发震时间、发震地点、地震类型、地质条件、建筑物抗震性能、地区人口密度、经济发展程度和社会文明程度等问题。综合防御工作做好了可以最大程度地减轻地震灾害。

　　地震灾害的特点。 一是突发性。地震灾害是瞬时突发性的灾害，一次地震持续时间往往只有几十秒。二是成灾广泛。地震波到达地面以后造成大面积的房屋和工程设施的破坏。三是社会影响深远。地震由于突发性强、伤亡惨重、经济损失巨大，所造成的社会影响也比其他自然灾害更为广泛、强烈。四是防御难度大。地震的预报是一个世界性的难题。五是产生次生灾害。地震不仅产生直接灾害，而且不可避免地要产生次生灾害。六是持续时间比较长。一个是主震之后的余震往往持续很长一段时间，另一个是灾区的恢复和重建的周期比较长。七是地震灾害具有某种周期性。一般来说地震灾害在同一地点或地区要相隔几十年或者上百年，或更长的时间才能重复地发生。八是地震灾害的损害与社会和个人的防灾意识密切相关。

　　地震灾害的类型。 地震灾害包括地震直接灾害和次生灾害。地震的直接灾害是指由于地震破坏作用导致房屋、工程结构、物品等物质的破坏；地震次生灾害是指由于强烈地震造成的山体崩塌、滑坡、泥石流、水灾、核爆炸等威胁人畜生命安全的各类灾害。包括社会层面的，如交通瘫痪、火灾、通讯中断、瘟疫等，以及自然层面的灾害等。地震属于地质灾害，发生原因很多，如板块移动等。

震卦的生态解析

　　震卦的产生背景。 自古以来，地震是众多自然灾害中，来得最快、最猛烈、造成的损害最大、最难以预测的灾害。面对族人的大量伤亡，辛苦累积的财产毁于一旦，古人束手无策。痛定思痛，古人用震卦来代表地震灾害，描述了地震发生时的种种情状，告知预防措施。

　　震卦描述地震发生时的状态。《序卦》说："震者，动也。"震卦为震动之意。震卦为八经卦中两个象征"雷"的震卦相叠而成，表示"洊雷震"，"震苏苏"，为连续不断的震动，即地震及余震的连续发生。地震作为一种强大的自然灾害，"震来虩虩"，"震索索，视矍矍"，令人胆战心惊，且"震惊百里"。震卦两阴下的一阳爻，表示地震时火光冲天，"震来厉"，破坏力最强的地质灾害。

地震造成的种种危害。 其一，地震不仅会造成"亿丧贝"，巨额财产损失，还令人"震来厉"陷入危险、命在旦夕。令人"跻于九陵"不得不四处逃散。其二，地震还会"震遂泥"，产生多种多样的次生灾害，如山体滑坡、泥石流、堰塞湖等，造成接续性的损失。其三，地震、余震"震往来厉"，不断发生，"危行也"，相当危险，即便无物质损失，也有精神损害，甚至生态损害。其四，地震造成的巨大损失，属于沉没成本，"勿逐"，得到恢复，则需要"七日"，即七年之久。其五，地震灾害波及范围广，"震不于其躬于其邻"，不仅自身性命有忧患，邻人也会遭受劫难。

地震的预防。 地震"惊远而惧迩也"，要"恐惧修省"，不断自我反省，减少人为地震；做好预防工作，做到"震行无眚"。做好灾后重建工作，即"后有则也"，使民众大灾过后依然能"笑言哑哑"，变灾祸为福祉，即"恐致福也"。

案例与启示：5.12 汶川祭

地震学家商宏宽先生（1990），根据多年的地震工作实践，提出震卦是古人描述大地震事件之卦，有大量案例与深刻启示。

案例： 2008 年 5 月 12 日 14 时，中国四川省汶川地区发生里氏 8.0 级、震源深度为 10～20 千米的大地震。地震时火光冲天，房倒屋塌，鸡飞狗跳，响声如震雷，大地开裂。汶川大地震造成 69 227 人遇难，374 643 人受伤，17 923 人失踪。直接经济损失 8 452 亿元，四川损失最严重，占到总损失的 91.3%，甘肃占到总损失的 5.8%，陕西占总损失的 2.9%。此次地震为新中国成立以来除 1975 年唐山大地震外，破坏性最强、波及范围最广、总伤亡人数最多的一次地震。为表达全国各族人民对汶川大地震遇难同胞的深切哀悼，2009 年国务院决定，每年 5 月 12 日汶川祭，为防灾减灾日。

启示： 震卦以其巨大的震动之意，代表了生态经济危机中的地震灾害，形象地描述了地震发生时的种种情况，并且启示人们：其一，"惊远而惧迩也"，地震警醒我们要时刻警惕身边的危险，如地震等自然灾害，一定要认识到，大自然的力量非人力所及。其二，即使发生了地震，我们也要"恐惧修省"，反省自己，是否因人祸而导致了地质灾害。现代，人类为了经济需要，不断地修建水库、无度地下采矿。这些经济行为，都可能引发地质灾害。因而，一定要科学论证而后行。其三，地震之后，一定要有所行动，"后有则也"，计划进行灾区重建工作，同时减少次生灾害影响。其四，要保持处变不惊的心态，地震虽然恐惧，但也不能乱了方寸。祸事也可以"致福"，因此，人们不必在祸患面前心灰意冷，将"恐"化为"福"，也是大吉。

震卦：地震灾害

44. 艮☶——岩石圈危机：山体灾害

卦辞： 艮其背。不获其身，行其庭，不见其人，无咎。

象曰： 兼山艮。君子以思不出其位。

彖曰： 艮，止也。时止则止，时行则行。动静不失其时，其道光明。艮其止，止其所也。上下敌应，不相与也。是以不获其身，行其庭，不见其人，无咎也。

爻辞： 初六：艮其趾，无咎，利永贞。象曰：艮其趾，未失正也。六二：艮其腓，不拯其随，其心不快。象曰：不拯其随，未退听也。九三：艮其限，列其夤，厉薰心。象曰：艮其限，危薰心也。六四：艮其身，无咎。象曰：艮其身，止诸躬也。六五：艮其辅，言有序，悔亡。象曰：艮其辅，以中正也。上九：敦艮，吉。象曰：敦艮之吉，以厚终也。

艮卦六爻的生态内涵

艮，为山、为止、为伤害、为笃实、为狗、为少男。艮卦为同卦相叠，古人用之表述岩石圈中山体灾害的种类、级别及预防等问题。

初六：伤害了脚趾，没有大危险。引申：山脚的生态被人类破坏，属于轻度损伤，绿灯预警。人们停止进一步侵害，山脚生态会自然恢复，不会遭致更大的灾祸。六二：伤害了小腿，不治疗，心情不快。引申为：山腰下方山体松动，其生态功能受限，属于黄灯预警。此时，生态自然较为义愤。九三：损伤腰部，肋部肌肉崩裂，心如火烧。引申：山腰崩裂，生态恶化程度加重，危及生命财产安全，属于橘灯预警。六四：损伤胸部，无法躬身。引申：山体腹、胸部受到损害，发生泥石流等。人们避祸祈福，属于红灯预警。六五：损伤口唇。引申：山口损害，火山爆发，黑灯预警。稳定情绪，沟通信息，有转机。上九：山体稳定、敦厚、静止才能提供生态服务。人要以笃实的情怀，敬山、爱山、学山。

生态原理：山体灾害

艮卦描述的山体灾害，与现代生态经济理论中的山灾比较吻合。山体灾害种类比较多，如泥石流、山体滑坡、山体崩塌、火山喷发等。

泥石流。 泥石流是指在山区等地形险峻的地区，因暴雨、暴雪或其他自然灾害引发的山体滑坡并携带有大量泥沙以及石块的特殊洪流。泥石流具有突发性、流速快、流量大、物质容量多和破坏力强等特点。泥石流常常冲毁公路铁路等交通设施等，造成巨大财产损失。

山体滑坡。 山体滑坡是指山体斜坡上某一部分岩土在重力（包括岩土本身重力及地下水的动静压力）作用下，沿着一定的软弱结构面产生剪切位移而整体向斜坡下方移动的作用和现象。俗称"走山"、"垮山"、"地滑"、"土溜"等。山体滑坡，会造成一定范围内的人员伤亡、财产损失，对附近道路交通造成严重威胁。

山体崩塌。 简称山崩，是山坡上的岩石、土壤瞬间滑落的现象。暴雨、洪水或地震可能引起山崩。人为活动，例如伐木和破坏植被，路边陡峭的开凿，或漏水的管道也能引起山崩。有些山崩现象不是地震引发的，而是由于山石剥落受重力作用产生的。在雨后山石受润滑的情况下，也能引发山崩。山崩会引发地震。

火山喷发。 火山喷发是一种奇特的地质现象，是地壳运动的一种表现形式，也是地球内部热能在动态平衡中的表现形式。火山喷发，是岩浆等喷出物在短时间内从火山口向地表释放的过程。不仅会造成直接灾害，而且还会引起间接灾害，如火山碎屑流、火山熔岩流、火山喷发物等。其中，火山碎屑流是大规模火山喷发中比较常见的物质，会对地球环境和人类社会带来严重的危害。

艮卦的生态解析

艮卦的产生背景。 自古以来，山在人们心中都是神圣的，是笃实的象征。人们认为，山是有灵性的生物，会欣喜，福泽人类，也会发怒剥夺劳动成果。为了趋利避害，古人用两个八经卦中代表山的艮卦相叠成一个六爻的艮卦，阐述山体灾害以及如何敬山、祭山等问题。

艮卦描述的山体灾害。 《序卦》说："物不可以终动，止之，故受之以艮。艮者，止也。"古人在序卦阐明，艮有停止、阻止之意。并且，艮卦六爻皆为敌应,即前进道路中遇到山体阻止,发生山灾。

艮卦阐释山体灾害的种类与级别。第一,"艮其趾,无咎",由于人类妄行,群山脚下生态恶化,但还没有形成灾害,属于绿灯预警。人类停止侵害,山体生态恢复平衡。第二,"艮其腓,不拯其随,其心不快",山腰下方山体松动,其他功能也受限,可能导致山体滑坡,已达到黄灯预警,人们忧心忡忡。第三,"艮其限,列其夤",山腰崩裂,造成山崩,危及山体核心功能,发出橘灯预警。第四,"艮其身",山体腹部受伤,泥石流倾斜而下,危险重重,已经到了红灯预警。第五,"艮其辅",艮卦的互卦为"震",震动之后,使互卦"坎"冲出山口,形成火山喷发,造成巨大的危害,属于黑灯预警。

山体灾害的预防。山体灾害固然可怕,但是我们可以对其进行预防。经济行动要秉着"时止则止,时行则行"的原则,按照生态规律办事。若行为反生态,就该停止侵害山体生态的行为。对于生态补偿,该行则行。集体之间不可"上下敌应,不相与也",应该相互应和、齐心协力,面对山体灾害。以"君子以思不出其位"的态度帮助受灾同胞;以"以厚终也"的思想看待自然灾害,最终会渡过难关,达到"动静不失其时",从而会通行无阻,"其道光明"。

案例与启示:飞机变灰机

案例:在有历以来的 2000 年中,死于火山灾害的超过 100 万人。据有关地质学家的研究结果,7.1 万年前,印尼苏门答腊岛上的多巴火山爆发,使人类遭到灭顶之灾。公元 79 年,意大利维苏威火山爆发,喷射出大量的火山灰、浮石和岩浆,产生了沿斜坡向下的火山碎屑流,位于下游处的罗马帝国的庞培城被火山碎屑流所掩埋,死亡总数估计达 4 000 人。1815 年,坦博拉火山猛烈爆发,岛上 12 万人当场死亡。此后,疾病和饥荒又使 8 万人丧生。火山灰漂浮在大气层中,阻挡了太阳光,使全球气温发生变化,欧洲的气温明显下降,1816 年被称为全球"没有夏季的年"。1883 年,印尼科拉克托火山爆发,并引发海啸,导致 36 000 多人死亡。1985 年,哥伦比亚的鲁伊斯火山爆发,该火山海拔 5 000 米,历史上曾多次爆发。这次爆发,使火山顶覆盖的冰帽被火山碎屑流融化,形成大规模的火山泥石流,摧毁了附近村庄中的房屋,1 000 多人死亡。灰尘漫天,飞机变成"灰机"。

启示:艮卦描述了多种山体灾害,包括山体滑坡、山崩、泥石流及火山喷发,并且给了我们很多的启示:其一,"时止则止,时行则行",山体生态发出预警时,要重视警情,止住侵害,解除危险。且要"止其所也",止得其所。

其二，"君子以思不出其位"，要在自己能力范围内帮助生态难民渡过难关，其所思所为不应"出其位"。其三，不可"上下敌应，不相与也"，大灾之时，要以公益之心团结互助，形成合力，进行灾后重建工作。其四，要"以厚终也"，保持良好的心态。平时要敬山，爱山，保护山体生态。若遇山灾，人们要以山的笃实、厚重的态度，处理自然灾害问题。

艮卦：山体灾害

45. 坎☵——水圈危机：水患

卦辞： 习坎。有孚。维心亨。行有尚。

象曰： 水洊至，习坎。君子以常德行习教事。

彖曰： 习坎，重险也。水流而不盈。行险而不失其信。维心亨，乃以刚中也。行有尚，往有功也。天险不可升也。地险山川丘陵也。王公设险以守其国。险之时用大矣哉。

爻辞： 初六：习坎，入于坎窞，凶。象曰：习坎入坎，失道凶也。九二：坎有险，求小得。象曰：求小得，未出中也。六三：来之坎坎，险且枕，入于坎窞，勿用。象曰：来之坎坎，终无功也。六四：樽酒簋贰，用缶。纳约自牖，终无咎。象曰：樽酒簋贰，刚柔际也。九五：坎不盈，祗既平，无咎。象曰：坎不盈，中未大也。上六：系用徽纆，寘于丛棘，三岁不得，凶。象曰：上六失道，凶三岁也。

坎卦六爻的生态内涵

习，为严重、为极端；坎，为水、为坑阱、为险阻。坎卦为同卦，古人以洪水灌入居住地——洞穴为例，阐释水灾的生态经济效应以及预防等问题。

初六：特大洪水灌入人们居住的涵洞、房屋，凶险无比。洪水不断灌入涵洞，危及人类生命财产安全。洪灾，属于水流的不当位行为，失去了它应有的方向、轨道与作用。九二：水深天冷，棉衣少，勉强御寒。此时，能有衣物就不错了，不要有大的奢求。六三：一个陷阱连着一个陷阱，沟沟坎坎，水深凶险。大水进入窨洞，窨洞不宜继续居住。六四：所幸，还能用瓦罐，从窗户给被困在室内的人送去吃的。九五：万幸的是，大水没有把洞穴灌满，与外面相比，相对安全，没有大的危险。上六：大水冲毁了基础设施，人们流落荆棘之中。暗示，农业经济遭遇自然困境，良田被毁，林木被毁，牲畜被毁。农业生态的恢复至少需要三年以上。

生态原理：水灾

坎卦，是洪水之象，适用于生态经济中的水灾理论。

水灾的含义。从生态经济学角度，水灾，是非正常的大水，即灾害型水肆虐，减损了人类福祉的现象。水灾的表象是：洪水泛滥、海啸、海平面上升、暴雨积水、地下水喷涌和土壤水分过多等。一般所指的水灾，以洪涝灾害为主。"洪"，指大雨、暴雨引起山洪暴发、河水泛滥；"涝"，指雨水过多或过于集中或返浆水过多造成农田积水成灾。水灾多发生在夏、雨多的时候，发生在低海拔的地区，如中国东南部。水灾同样可以分为人为水灾和自然水灾两种。

水灾的影响。从个人角度，水灾威胁生命安全，造成房倒屋塌、私人财产毁于一旦。从生态经济角度，水灾对农业经济发展产生重大影响。洪水冲毁庄稼，农业丰收无望，卷走肥沃的土壤层，影响农业后续发展。洪水淹没树木，毁坏森林，影响林业发展。洪水冲毁道路、桥梁，破坏基础设施建设。洪水淹死动物，摧毁动物巢穴，影响生物多样性正常发展。

中国的水灾。中国幅员辽阔，大约 3/4 的国土面积存在着不同类型和不同程度的洪水灾害。防洪重点的东部平原地区，如辽河中下游、海河北部平原、长江中游、珠江三角洲等，皆位于湖泊周围低洼地和江河两岸及入海口地区。另外，东南沿海一些山区和滨海平原的接合部，也属于洪水危险程度较大的区域。它们大多都在受洪灾影响最大的洪泛区。中国有洪泛区近 100万平方千米，全国 60％以上的工农业产值，40％的人口，35％的耕地，600多座城市，主要铁路、公路、油田以及许多工矿企业都受到洪水灾害的威胁。

坎卦的生态解析

坎卦的产生背景。水是生命之源，但过量的水则会带来灾害，会淹没房屋、道路、耕地、生物等，造成巨大的危害。从古到今，水灾不断发生，且面积逐渐扩大。由此，古人用两个代表水的八经卦坎卦相叠而成坎卦，描述了水灾的坎陷、凶险。

坎卦描述的水灾。习坎卦，习，为严重、为极端；坎为水。《序卦》说："坎者，陷也。"其含义为坎陷、险阻、大的坑穴。坎卦遇水则险，险上加险，为我们阐释了特大水灾的情形。如"水流而不盈"，"水洊至"，水流连续汹涌的翻动，"入于坎窞"，淹没了一切，造成了严重的灾害。

水灾发生时的情况。水灾来临，湍流的洪水不仅"入于坎窞"，带来凶险，使人深陷其中，生命垂危；而且"失道凶也"，淹没了道路，阻碍了交通，让人无法通行，造成"来之坎坎，险且枕"的局面。被困的人们，只能"求小得"，通过"用缶，纳约自牖"获取外界的救助。万幸，"坎不盈"，洞穴还未灌满，才能使洞中灾民"无咎"。然而，水灾还是给人们带来了巨大的损失，其"系用徽纆，寘于丛棘"，冲毁了基础设施，使经济发展遭遇困境，"终无功也"。而这些生态物质及经济发展则要"凶三岁也"，至少三年以上才能恢复。

勇敢面对水灾。虽然"天险不可升也"，洪水灾害是无法避免的，但是我们一定要沉着冷静，勇敢面对洪水灾害。本着"有孚，维心亨，行有尚"的心态，带着诚信，以通达的内心和上进的行动克服困难，战胜灾难；应该做到"以常德行习教事"，不断修养德行，以免天灾；凡事都要"求小得"，面对水灾，舍大求小，舍去身外之物，保住生命，日后才会有更大的收获。

案例与启示：3.11 海啸与福岛核电泄露

案例：2011 年 3 月 11 日，日本本州岛海域发生里氏 9.0 级地震。地震引发了海啸，重创了这一地区，海啸又引发了日本福岛核电站核泄漏事故，使灾难升级，造成了重大人员伤亡和财产损失，大约有 15 000 人死亡、14 000 人失踪，在大地震及其余震中受到不同程度损坏的房屋超过 30 万栋。由于日本处在太平洋板块和亚欧板块的交界处，太平洋板块俯冲到亚欧板块下方，这种地质剧烈变动的地区极易发生地震。3 月 11 日，福岛第一核电站在受到大地震的影响后，1 号机组中央控制室的放射线水平已达到正常数值的 1 000 倍。在 1 号机组的第一道防护门处不久就检测出辐射量的水平达到了正常时期的 8倍。后来的几天里，2 号、3 号、4 号机组也相继发生氢气爆炸。日本当局随即宣布福岛核电站进入紧急状态。日本福岛县第一和第二核电站周边的双叶町、大熊町、富冈町的全部居民 12 日上午开始到划定的危险区域之外避难，总计约两万人。

启示：习坎卦以洪水灌入洞穴为例，描述了特大水灾发生的情形及其影响。启示人们：其一，"来之坎坎"。灾害来临，危险遍布各处，"勿用"，此时不可任意作为。其二，要做到"有孚，维心亨，行有尚"。面对水灾，诚信为先，不慌不乱，团结一致，积极行动，克服困难。其三，要做到"以常德行习教事"。修养德行，避免人祸，减少天灾。其四，即使水灾淹没道路，使得"上六失道"，也不能迷失方向，否则会"失道凶也"。其五，"坎有险，求小得"，发生了水灾，妄想能够保住一切则是"有险"，应该只是"求小得"，保住生命，抛去身外之物，懂得舍大求小。

坎卦：洪水灾害

46. 姤䷫——生物圈危机：生物灾害

卦辞： 女壮。勿用取女。

象曰： 天下有风，姤。后以施命诰四方。

彖曰： 姤，遇也。柔遇刚也。勿用取女，不可与长也。天地相遇，品物咸章也。刚遇中正，天下大行也。姤之时义大矣哉。

爻辞： 初六：系于金柅，贞吉。有攸往，见凶。羸豕孚蹢躅。象曰：系于金柅，柔道牵也。九二：包有鱼，无咎，不利宾。象曰：包有鱼，义不及宾也。九三：臀无肤，其行次且，厉，无大咎。象曰：其行次且，行未牵也。九四：包无鱼，起凶。象曰：无鱼之凶，远民也。九五：以杞包瓜，含章。有陨自天。象曰：九五含章，中正也。有陨自天，志不舍命也。上九：姤其角，吝，无咎。象曰：姤其角，上穷吝也。

姤卦六爻的生态内涵

姤，雌雄非正常地交配。姤卦由乾卦与巽卦相叠构成，古人以姤卦的一阴五阳之象、以女嫁父的不伦之恋为例，阐释生物多样性危机问题。

初六：金柅，为金属的制动器。羸豕，为发情的猪。蹢躅，烦躁不安，来回走动。春天，阴气渐消、阳气渐长则生态兴盛，反之，则会有灾祸。雌性生物应停止对雄性生物的侵害行为，生态世界才能吉祥。九二：阴阳合德本来是件好事情，但是，生态有其伦理道德。如果女儿嫁给父亲，不仅使人陷入生态不伦境地，遭到世人耻笑，还会留下畸形后代。九三：生物灾害使生物多样性减少，短期内可能没有大的灾祸。九四：生物灾害包括雌性生物不能生育。引申为，生物多样性锐减，民众生态福祉丧失，生物危机到来。九五：要积极抑制生物危机，促进物种繁衍。上九：雌性生物过少，过度侵害雄性，是生物多样性灾害的表现形式之一。雌性侵害雄性，灾害型生物增加，危及资源型生物的生存与发展。所幸，没触及生物自然力承载的极限。

生态原理：生物多样性危机

生物多样性危机，有多种多样，主要表现为生物多样性福祉下降。

生物性比例失调。生物性比例，是指族群中雄性对雌性的比率。生物性比例失调，表现为雄性过多，或雌性过多。性比例失调，一是有效种群规模就会减少；二是种群内部极易产生近交效应，违背生态伦理，丧失基因多样性，从而危及生物多样性质量安全；三是导致生态位空位，极易出现外来物种入侵，生物链断裂。

外来物种侵袭。外来物种入侵，是指生物物种由原产地通过自然或人为的途径迁移到新的生态环境的过程。该外来物种能在当地的自然或人工生态系统中定居，自行繁殖和扩散，最终明显影响当地生态环境，损害当地生物多样性，甚至危及人类健康。外来物种的形式有两种形式，有意引种和无意引种两类。

生物多样性锐减。生物多样性，是指在一定时间和一定地区所有生物（动物、植物、微生物）物种及其遗传变异和生态系统的复杂性总称。它包括基因多样性、物种多样性和生态系统多样性三个层次。生物多样性减少原因很多，有自然原因，比如小星星陨落，生态自然演化；有人为原因，如减少生物生存领地，滥捕滥杀等。生物性比例失调也是导致物种基因多样性减少、外来物种入侵损害当地物种多样性的一个重要原因。

灾害型生物增加。灾害型生物是指生态系统中存在的，危及其他生物生存，减损人类福利的生物。原因是：生物多样性锐减，生物食物链条断裂，物种上下级遏制关系丧失，使某一物种种群迅速膨胀，环境适应力增强，侵占其他生物的生态位，以获取更多的生存机会。灾害型生物种群繁衍，不利于生态平衡，对人类的生产生活造成损害。

姤卦的生态解析

姤卦的产生背景。野猪入侵使母猪躁动，池塘中的鱼儿近乎灭绝，杞果未熟而落等生物多样性问题，引发古人对生物危机的思考。为了遏制生物危机，维护生物多样性安全，古人用乾卦与巽卦相叠形成姤卦，告示后人，效法风行天下之道，遵循生态伦理，调整反生态行为，遏制生物多样性锐减、生态失衡问题，经济发展才有前景。

姤卦阐释生物繁衍伦理。古人认为，阴阳交合，化生万物，但阴阳交合、繁衍子嗣有其伦理之道。古人强调，"刚遇中正，天下大行也"，即坚守生物婚配伦理纲常之道；明晰"天地相遇，品物咸章"，即雄雌当位婚配，子嗣量质俱佳之理；主张雌雄正常的"遇"，反对反生态的"姤"，即"女壮"，"勿用取女"，避免生物界性比例失衡，杜绝近交、滥交、杂交等不伦现象。

柔遇刚，生物危机之象。一是，姤卦有"柔遇刚"之象，一阴统五阳，阴长阳衰，雄性面临"臀无肤，其行次且"的困境，雌性"壮"于雄性，生物性比失调。二是，姤卦中"包无鱼"，生态位空余，外来物种进入，"起凶"，损害当地生物，"远民"，使当地生物种群数量锐减甚至消失，引发生物危机。三是，姤卦中"姤其角"，生物间为争夺生态位而角逐较量本是"无咎"，但由于"女壮"，最终雄性数量"吝"，大幅度减少，致使"上穷吝也"，生物多样性锐减。四是，姤卦中"以杞包瓜"，"有陨自天"，人们辛勤种植的杞果未熟而被其他生物吃掉，灾害性生物增加，减损人类劳动成果。

刚遇中正，遏制生物危机。由于人们没有做到"女壮，勿用取女"，才导致生态平衡"不可与长也"，因此应该及时"系于金柅"，悬崖勒马，保护生物多样性，才能实现"贞吉"。

案例与启示：大粮仓的二代黏虫

案例：2012 年，就在中国其他省份大范围发生旱灾、洪灾，威胁粮食安全的情况下，东北大粮仓发生了多年不遇的二代黏虫之灾，农民在喷洒农药的过程中，出现不同程度的中毒现象，一度引起恐慌。据统计，虫灾使吉林省直接经济损失达 9.3 亿元以上，黑龙江省损失 2 亿元。此次大范围突然爆发的虫灾，归根结底是人类过度扰动生态造成的生物多样性比例失衡，灾害型生物增多，减损人类福利的后果。一是温室气体过度排放导致全球气候异常，吉林省中部地区的雨水比较充足，土壤湿度和田间湿度都比较大；8 月初吉林省的气温比往年偏低，只有摄氏 20 多度。这样的气候条件最适合于黏虫的生长发育。二是农户为追求高产量，增施化肥农药，导致黏虫变异，抗药性提高。如何纠正反生态行为，避免生物危机，姤卦给了我们很好的启示作用。

启示：姤卦通过"女壮，勿用取女"，"刚遇中正，天下大行也"等启示我们要维持生物链平衡，防止外来物种入侵，维护生物多样性数量安全。一是"柔遇刚也。勿用取女，不可与长也"，即保持生态链稳定。外来物种入侵，是生态失衡、冲击本地生态链的表现。在拯救物种时，不可使某物种数量过多，以便保持生物链条咬合的紧密性。二是"包有鱼，无咎，不利宾"，遵循生态伦理。生物圈中种群繁衍要按照生态伦理进行，不可滥交、滥配，不可基因重组滥用，否则就会引发生物质量以及遗传基因问题。三是避免"姤其角"，不必要的生物战争。生物间为争夺生态位而角逐较量本是"无咎"，但因"女壮"，最终雄性数量"吝"，大幅度减少，致使"上穷吝也"。四是应该坚持"刚遇中正"，保持物种间数量均衡，实现"天下大行也"。

姤卦：生物灾害

47. 剥☷——大气圈危机：臭氧空洞

卦辞： 不利有攸往。

象曰： 山附于地，剥。上以厚下安宅。

彖曰： 剥，剥也。柔变刚也。不利有攸往，小人长也。顺而止之，观象也。君子尚消息盈虚，天行也。

爻辞： 初六：剥床以足，蔑贞凶。象曰：剥床以足，以灭下也。六二：剥床以辨，蔑贞凶。象曰：剥床以辨，未有与也。六三：剥之，无咎。象曰：剥之无咎，失上下也。六四：剥床以肤，凶。象曰：剥床以肤，切近灾也。六五：贯鱼，以宫人宠，无不利。象曰：以宫人宠，终无尤也。上九：硕果不食。君子得舆，小人剥庐。象曰：君子得舆，民所载也。小人剥庐，终不可用也。

剥卦六爻的生态内涵

剥，为剥蚀、削薄之意。剥卦，由艮卦与坤卦构成，五阴一阳，阳气被过多的阴气侵袭，山附于大地。古人把床榻比喻为天体，以床榻被拆为例，用剥卦说明大气层遭受人为损害，不断削薄，从而天体对地球的保护屏作用被削减的天象危机问题。

初六：人类肆意损害天体，天体像砍掉腿的床榻，无法保护地球上的生物。六二：人类肆意损害天体，天体像掀掉席子的床榻，其功能无法正常发挥作用，必将遭受天体塌陷之灾。六三：由于有相应的天体保护政策，变薄的天体在一定期限内有望得到修复。六四：人类肆意损害天体，天体像掀掉床板的床榻，不断变薄。生态效益减少，经济效益减少，天灾降临。六五：人类应该像宫女一般服侍天体这位至尊的君王。要礼拜天体生态，顺应天道，才可能重新得到天的垂爱。上九：惩戒反生态行为的人，在天的庇佑下，经济得以繁荣，政治得以稳定。

生态原理：臭氧空洞

众所周知，臭氧，在地面属于污染气体，在大气层中则是保护地球生物免遭紫外线伤害的保护屏，换言之，具有屏障紫外线的作用。然而，工业革命以后，由于人类无度排放，导致臭氧层变薄，出现了臭氧空洞，恰如剥卦所描述的天体变薄、天塌之象。

臭氧空洞及形成原因。臭氧空洞指的是因空气污染物质，特别是氧化氮和卤化代烃等气溶胶污染物的扩散、侵蚀而造成大气臭氧层被破坏和减少的现象。一种大量用作制冷剂、喷雾剂、发泡剂等化工制剂的氟氯烃是导致臭氧减少的"罪魁祸首"。人类排放的氟氯烃进入平流层与那里的臭氧发生化学反应，就会导致臭氧耗损，使臭氧浓度减少，进而，在部分地区臭氧浓度极度减少，因像一个空洞穴儿而得名。

臭氧空洞的生态负效应。大气中的臭氧吸收了 90％对生命有破坏作用的太阳紫外线，从而大大减弱了它到达地面的强度。地球上的一切生命就像离不开水和氧气一样离不开大气臭氧层，大气臭氧是地球上一切生灵的保护伞。一旦保护伞受到损害，就会导致灾害。一是对人类的影响。臭氧减少会使人类受到过量太阳紫外线的辐射，严重时会导致生物的遗传病，产生突变体，导致皮肤癌等疾病的发病率显著增加。据统计，臭氧减少 1％，皮肤癌患者增加 4％～6％。损害眼睛，增加白内障患者。紫外辐射增强使患呼吸系统传染病的人数增加。削弱免疫力，传染病患者增加。强烈的紫外辐射促使皮肤老化。二是对生态环境的影响。紫外辐射增加使植物的叶片变小，因而减少俘获阳光的有效面积，对光合作用产生影响，破坏森林，使农产品减产及其品质下降。紫外辐射的增加对水生生态系统也有潜在的危险，紫外线辐射可杀死 10 米水深内的单细胞海洋浮游生物，减少渔业产量。

剥卦的生态解析

剥卦的产生背景。烈日暴晒使山上的土石龟裂剥落、人们皮肤过敏甚至病变、农作物枝叶枯黄失去生机，引发古人对太阳、大气层变薄危机的思考。为了遏制紫外线增多，维护人类健康与发展，古人用艮卦与坤卦相叠形成剥卦，告示后人，谨防烈日照射，警惕因紫外线过度导致的各种健康问题、生态问题。

剥卦阐述的大气圈危机。古人认为，"致饰然后亨"，臭氧层的存在如同给地球穿上一件隔离服，能够将地球生命承受不了的过多的光、热、紫外线等反射到太空中，保障地球上生命的繁衍。古人强调不可"尽"，保护地球生命的紫外线不可减少，更不能出现空洞，否则"烂也"，地球生命将面临生存危机。因此古人反对"剥床"，反对破坏臭氧层的行为，提倡"顺而止之"，"尚消息盈虚"，在发现臭氧层出现空洞时，及时修复，否则"终不可用也"，人类有灭亡的危险。

柔变刚，臭氧空洞之象。从卦象上看：剥卦以五阴剥一阳之象，告知后人，天太薄了，就要出现空洞化了。从卦名看，剥与薄匹配，引申为空洞。此外，在六爻中，以剥蚀床榻为例，说明人类对大气层的剥蚀，引发的大气层空洞化危机，发生天灾。一是"剥床以足"，臭氧层变薄，近地面紫外线增多，对人类健康和农作物产生不利影响。二是"剥床以辨"，向空气中排放的腐蚀性物质堆积，大气层出现裂隙，若不加以遏制，凶险无比。三是"剥床以肤"，过度剥蚀大气层，导致原本出现裂隙的臭氧层更加空洞化，大量的有害射线到达近地面，给地球生命带来巨大的灾难。避免天灾，要"硕果不食"，"顺而止之"，"厚下安宅"。缓解天空的空洞危机，要"贯鱼，以宫人宠"，投入大量人力物力财力，向大自然投资，修复空洞，求得天的谅解。

案例与启示：臭氧空洞与皮肤癌

案例：1977—1984年，每到春天南极上空的臭氧浓度就会减少约30％，有近95％的臭氧被破坏。1996年几乎南极平流层的臭氧全部被破坏，臭氧空洞发生天数增加到80天。2000年10月，南极上空臭氧空洞的面积达到最大值，大约为2 900万平方千米。2012年9月略有缩小，为2 080万平方千米，但这并不代表臭氧层正在恢复。科学家表示由于氯氟烃类物质在大气中的寿命很长，到2060年前后才能恢复到20世纪80年代的水平。臭氧空洞严重影响人类健康。臭氧减少将使人类暴露在太阳紫外辐射下，产生突变体，皮肤癌等疾病的发病率显著增加。臭氧减少1％，照射到地面的紫外线就增加2％，皮肤癌患者增加4％～6％。大气中的臭氧每减少1％，人的皮肤癌就增加3％，还受到白内障、免疫系统缺陷和发育停滞等疾病的袭击。

启示：剥卦通过"致饰然后亨则尽矣"，"柔变刚也，不利有攸往"等启示我们要保护臭氧层，修复臭氧层，防止臭氧空洞面积的进一步扩大，以维护地球生命安全。一是，"致饰然后亨"。要充分认识到，臭氧层是地球生命的保护伞，只有臭氧层完好无损，才能保证地球生命繁荣昌盛。二是，"剥床以足，以灭下也"，"剥床以辨，未有与也"。臭氧层十分脆弱，氯氟烃类物质排放稍有不慎，就会破坏臭氧层。且臭氧层调节修复所需时间较长，因此必须及时矫正人类行为，减少过度排放，才能"无咎"，否则，"失上下也"，臭氧层会进一步空洞化，地球生命将面临生存危机。三是，要实现经济社会的可持续发展，必须有舍有得，"硕果不食"，减少对氯氟烃类物质的使用，鼓励研发新产品以替代氯氟烃类物质。只有积极修复臭氧空洞，增加其厚度、密度，恢复其正常功能，人们才能继续得到"天"的庇佑。

剥卦：臭氧空洞

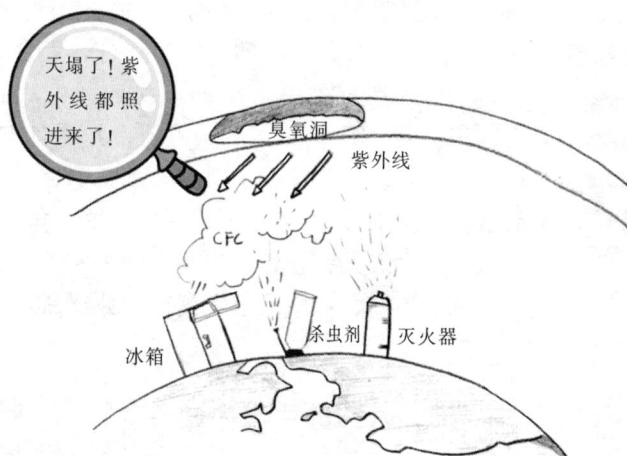

48. 损☶——大气圈危机：空气污染

卦辞： 有孚，元吉，无咎可贞，利有攸往。曷之用？二簋可用享。

象曰： 山下有泽，损。君子以惩忿窒欲。

象曰： 损，损下益上，其道上行。损而有孚，元吉，无咎。可贞。利有攸往。曷之用？二簋可用享。二簋应有时。损刚益柔有时。损益盈虚，与时偕行。

爻辞： 初九：已事遄往，无咎，酌损之。象曰：已事遄往，尚合志也。九二：利贞，征凶，弗损益之。象曰：九二利贞，中以为志也。六三：三人行，则损一人。一人行，则得其友。象曰：一人行，三则疑也。六四：损其疾，使遄有喜，无咎。象曰：损其疾，亦可喜也。六五：或益之十朋之龟，弗克违，元吉。象曰：六五元吉，自上佑也。上九：弗损益之，无咎，贞吉。利有攸往，得臣无家。象曰：弗损益之，大得志也。

损卦六爻的生态内涵

损卦由艮卦与兑卦构成，有大泽在下损折山跟之象。古人用损卦阐述人类过度排放导致大气污染，造成生态损害、福祉减损的大气圈危机问题。

初九：表面意思是，祭天是一件大事，要积极参加，贡品多少不是问题，心意笃诚最为重要。引申为：大气有一定的过滤能力，只要斟酌排放，不超越大气的净化承载力，就不会造成大气损害，就符合大气净化规律。九二：表面意思是，利于坚守正道。如有征伐，凶险。不要损害邻居利益，邻居有难，应多帮助。引申为：坚持适度的原则有利，否则有害。过度排放，就会造成环境损害。不应损害环境，应促进环境修复。六三：多人排放，至少一人受损；一人补偿，则多人受益。六四：对生态损害，要尽快治理、补偿，使受损的生态尽快得以恢复。六五：大量投入资金与物资（十朋之龟），濒危的大气生态就能得到恢复，焕发生机（元吉）。上九：将濒危生态（臣）视为家人，收留、营救，就能再次从中受益。

生态原理：环境损害

损卦，表示空气污染、大气环境损害问题，与环境损害原理相吻合。

环境损害。 环境损害有两层意思，一是人类对环境造成的损害，一是环境对经济造成的损害。前者主要是指人类活动扰动生态环境使其失衡，生态功能正向作用下降的现象。后者说的是生态环境受到破坏以后，给人类自身及经济系统造成的直接或间接损害。

人类对环境的损害。 表现为：一是环境污染。包括大气污染、水体污染、土地污染等。环境污染是指人类直接或间接地向环境排放超过其自净能力的物质或能量，从而使环境的质量降低，对人类的生存与发展、生态系统和财产造成不利影响的现象。二是生态破坏。生态破坏是指人类不合理地开发、利用造成森林、草原、耕地、山体等自然生态环境遭到破坏，使人类、动物、植物的生存条件发生恶化的现象。

环境对人类个体及经济系统的损害。 一是环境污染、生态破坏直接危及人的健康甚至生命，降低人的自然力，如疾病、智力衰退等。二是环境向人类提供福利的水平降低，如环境质量变差、气候灾害、地质灾害频发，疾病蔓延，资源缺乏等，抑制了人类社会的发展。

环境恶化与生态福祉降低的恶性循环圈。 环境与福祉有恶性循环圈，也叫生态陷阱。通常，生态越恶化，人类从中获得的生态福祉越低，人类越贫穷；福祉越降低，人类越无力向环境投入资金与精力，修复生态，生态环境恶化程度越严重；生态恶化程度越高，则推动人类贫困化越严重。一旦一个国家步入这个恶性循环圈，无力自拔，还可能累及其他国家。因而，应采取生态的国际救助，联合起来，对付生态损害问题。富裕国家，帮助贫穷国家尽快走出生态陷阱，步入良性循环轨道，这是国际环境伦理之意。

损卦的生态解析

损卦的产生背景。 由于种种原因，使空气散发异味、有害漂浮物污染衣物、污染口鼻等问题严重，引发古人对大气污染的思考。为了降低污染程度，减少大气环境损害，古人用艮卦与兑卦相叠形成损卦，告示后人，警惕山下泽水恶化、污染空气等问题，纠正反生态的经济行为，向生态投资，补偿生态成本，使生态与经济步入良性互动轨道。

损卦描述大气污染之象。 古人认为"山下有泽，损"，"损下益上"，气流上行，自下而上形成污染空气。由于人们过度向河泽中排放废弃物，致使河泽被堵塞，变成死水，并散发出恶臭之气；通过蒸腾作用影响周边空气质量，空气污染范围扩大趋势明显，并蔓延至山区，污染山区新鲜空气，污染程度不断升级。"曷之用？二簋可用享"，导致空气毒化，只有经过过滤才可使用。

空气污染的渠道。一是固体废弃物污染空气。艮为山，堆积成山的固体废弃物腐化变质，产生气体污染空气。二是排放大量的粉尘颗粒污染空气。兑属金，排放重金属颗粒污染空气。坤为土，代表生产生活排放的粉尘颗粒污染。三是泽水臭化污染空气。河流中污染物堆积腐化，产生臭气，经蒸腾作用污染周边气体。四是有毒气体弥漫。震为雷，泛指工业有毒废气泄露与排放。震为木，引申为农业生产过程中农药化肥气化后的弥漫污染。

损益盈虚，提高空气质量。一是"弗损益之"，减少排放废弃物，进行生态补偿，扩大绿化面积，改善空气质量，这样才能"损而有孚，元吉"。二是"一人行，则得其友"，治理责任是共同的，不能仅靠一个人、一个国家治理空气污染，要加强国际合作，共同的但有区别地治理空气污染，缩小生态足迹，提高环境质量。

案例与启示：雾霾 PM2.5

案例：2013 年 1 月 13 日雾霾仍盘踞京城，北京连续 3 天空气质量六级污染。当日 9 时空气质量监测数据显示，除远郊少数地区外，其余区域空气质量指数 AQI 均达极值 500，为六级严重污染中的"最高级"。雾霾严重影响人类健康。雾霾会诱发肺癌，其致癌程度比香烟高，雾霾还是心脏杀手，会导致血管痉挛、血压波动、高血压、脑溢血等。亚洲开发银行等发布的报告则表示，雾霾污染物来自工业点源排放和机动车尾气排放。在极重污染日，北京市环保处勒令 103 家重点企业停工，从减少污染源入手。施工工地停止土方施工，冶金、建材、化工行业的污染减排量上升到 30%，在京党政机关和企事业单位带头停驶公务用车 30%。而中石油跟中石化也承诺要竞速提升油品品质。如何从源头上治理空气污染，缓解人与自然的矛盾，损卦给了我们启示。

启示：损卦通过"山下有泽"，"损下益上，其道上行"，警示人们控制空气污染，减少污染物排放，净化空气，提高环境质量。一是"山下有泽"，死水恶化，毒气蔓延。启示我们不能过度向河流中排放污染物，导致河水腐化。二是"酌损之"。警示我们大气净化是有极限的，"征凶"，过度向空气中排放废弃物，超过空气净化承载极限，导致"曷之用？二簋可用享"，空气中有毒物质增加，需净化去毒，否则有害健康。三是"损其疾"。告示我们在空气质量开始下降时，"使遄有喜"，要及时治理，受污染的空气短时间内会恢复，否则"或益之十朋之龟"，治理污染成本提高，大量投入资金与物资才可使空气质量恢复。四是，"利有攸往，得臣无家"，改善人与自然的关系，不可一味索取，要向对待亲人一样对待自然环境，实现人与自然的和谐互利。

损卦：空气污染

49. 噬嗑☲☳——生物圈危机：法治缺失

卦辞： 亨，利用狱。

象曰： 雷电，噬嗑。先王以明罚敕法。

彖曰： 颐中有物，曰噬嗑。噬嗑而亨。刚柔分，动而明，雷电合而章。柔得中而上行，虽不当位，利用狱也。

爻辞： 初九：屦校灭趾，无咎。象曰：屦校灭趾，不行也。六二：噬肤灭鼻，无咎。象曰：噬肤灭鼻，乘刚也。六三：噬腊肉，遇毒，小吝，无咎。象曰：遇毒，位不当也。九四：噬干胏，得金矢，利艰贞，吉。象曰：利艰贞吉，未光也。六五：噬干肉，得黄金，贞厉，无咎。象曰：贞厉无咎，得当也。上九：何校灭耳，凶。象曰：何校灭耳，聪不明也。

噬嗑卦六爻的生态内涵

噬嗑，为咬啃食物、如鲠在喉之意。古人以设立监狱、刑罚制止滥捕、滥杀、滥吃为例，运用噬嗑卦说明设立监狱，进行生态立法的必要性。进一步阐明，生态法治缺失，必将导致滥捕滥杀，使生物减少的危机问题。

初九：屦，通娄，拖。校，刑具。灭，没。表面意思是，拖着脚镣，磨掉脚趾，平安无事。引申为：给滥捕滥杀者戴上脚镣，即使磨掉其脚趾，也不必有用刑过重之忧。六二：肤，兽类皮毛。表面意思是，撕咬动物皮肉，要割鼻子。引申为：对食用野生动物皮者实施割鼻之刑，无需有量刑过重之虑。六三：腐败干肉，含有金属箭毒。食之，将引起食物中毒，小灾祸。不应该吃这种带毒的肉。九四：食用带骨之肉，发现肉中掺杂金属器物。说明，执法要严格。六五：食用干肉，发现肉中有重金属污染。说明要加强刑罚执行力。上九：不听劝告者，实施割耳之刑，使之失聪。

生态原理：法治生态

噬嗑卦，以如鲠在喉之象，讲述珍稀动物保护与生态食品安全保护中的刑罚制度设立问题，与现代法治生态理论相吻合。

法治生态。 法治生态是生态与法律有机结合的综合性概念，是指在法治建设中，立足于生态文明建设，根据经济发展中蕴含的或是已经出现的生态问题，制定的保护自然生态与人体生态法律制度与治理制度，用以规范人类的生态行为，依法促进人与生态的和谐。

法治生态的效应。 从法律的角度分析促进生态和谐的积极因素，分析有碍生态文明建设的消极因素，旨在促进人与生态的和谐友好，互利共赢，维护生态系统的动态平衡，实现经济社会可持续发展。一是通过法律的强制作用提高全民的生态文明意识。二是通过法律的惩罚作用，约束人们的反生态行为。三是通过法律的罚没制度，强制实行生态补偿，改善生态环境。四是通过法律的禁止制度，进行土地休耕，建立生态保护区和功能修复区，恢复生态承载力。五是依法促进人与生态的和谐统一，互利共赢。

法治生态的特性。 第一，多样而又统一的特性。法治生态治理要素具有多样性，但都统一于法治框架之内。第二，和谐性。法治生态理论认为，任何事物，彼此间都存在有机的内在联系和因果关系，事物之间的和谐相生是事物的本质特征，法治生态的目的是促进生态与经济的和谐相生。第三，交互主体性。法治生态讲求系统的整体性和关联性，法治生态体系是法律治理统一系统中的一个子系统，具有交互主体性。

法治生态的惩治范围。 一是滥捕滥杀贩卖野生动物、国家保护动物，毁坏偷采珍稀植被。二是有损生态以及间接有损公共生态安全的行为。如毁林开荒、过垦过牧、过度排放、非法排放、有毒食品等。

噬嗑卦的生态解析

噬嗑卦的产生背景。 偷猎、贩卖珍稀野生动物，食品中掺杂使假、贩卖低品质甚至腐败食物等事件常有发生，在劝阻无效的情况下，古人对依法打击生态犯罪进行了深入思考。古人用离卦与震卦相叠形成噬嗑卦，告示后人，要设立监狱、采用刑罚制止生态犯罪，以便遏制滥捕滥杀野生动物、打击影响人体生态健康的食品贩卖行为。

噬嗑卦阐述的法治生态。 古人反对猎杀并食用珍稀野生动物，如"噬肤灭鼻"；反对贩卖腐败掺假食物等不法行为，如"噬腊肉，遇毒"。认为，当道义劝告无效时，政府司法部门有必要采用强制性措施，制定生态保护法，即"先王以明罚敕法"，设立监狱，即"利用狱"，监禁那些滥捕滥猎滥杀滥吃滥卖的不法分子。以雷霆之强势，震慑生态犯罪，制止危害公共生态福利与公共食品安全的行为，保障生态安全，维护公众生态利益，促进"刚柔分，动而明，雷电合而章"的生态经济和谐发展，实现人与生态友好的可持续发展愿景。

法治生态缺失的危机。一是无法制止"噬肉"的不法消费行为。没有买卖就没有杀戮，人们对猎物肉的消费，刺激了偷猎、滥捕、滥杀等不法行为，导致生物多样性受损，生态系统失衡，损害公共生态福利。道义劝告对不当消费的作用是有限的，法治生态制度缺失，就会使滥食珍稀野生动物成风，生物多样性就会遭遇灭顶之灾。二是无法制止"噬腊肉遇毒"的贩卖生态食物行为。法治缺失，就会纵容不法商贩以劣质产品冒充绿色产品行为，使消费者食物中毒，损害消费者健康。三是无法制止"噬干胏，得金矢""噬干肉，得黄金"的滥捕滥猎行为。古人用食用带骨头的肉，吃出了青铜弓箭；吃肉干，从肉中发现了金属猎器的例子，除了说明食品安全而外，还暗喻法治缺位，使滥捕滥杀野生动物行为猖獗，生物多样性面临重大危机。

案例与启示：日本捕鲸船

案例：日本商业捕鲸有 400 多年的历史，是目前世界上最大的捕鲸、食鲸国。日本捕鲸活动是日本渔民在日本政府的鼓励下以"科学考察"为借口进行的捕鲸活动，是世界各国少见的大规模捕鲸活动（1986 年起世界绝大多数国家都禁止商业捕鲸），甚至商业捕杀一些稀有鲸种，受到一些国家和绿色和平组织的广泛抗议。日本捕鲸季是每年 12 月至次年 2 月，据说每年日本要捕杀 1 000 头鲸。国际爱护动物基金会报告说，日本市场销售多种濒危鲸种，包括座头鲸、长须鲸、灰鲸等。日本等国以科研名义捕杀了鲸鱼 2.5 万多头，引起世界各国环保人士和国际捕鲸委员会的担忧。日本 2006 年捕杀小须鲸 935 头、濒临灭绝的长须鲸 10 头和若干头濒危的驼背鲸。2007 年，日本的捕杀配额包括濒危座头鲸 50 只和长须鲸 50 只。日本的捕鲸行为严重扰乱了海洋生态系统的平衡，如何纠正这种恶劣的反生态行为，噬嗑卦给了我们启示。

启示：一是"雷电合而章"，"利用狱"。法治不应该仅仅局限于经济领域、社会领域，要着眼于目前愈演愈烈的生态危机，将法律引入生态保护领域，以法律的普遍性、强制性、不可违抗性，提高百姓的生态意识，提高环保效率。二是"刚柔分，动而明"。要赏罚分明，一方面要根据对生态损害的程度量刑，刑罚的目的在于提高全民的生态意识，不可刑罚过重，亦不可量刑过轻；另一方面对于在生态保护领域有卓越贡献者，抑或是以绿色产品倡导绿色生态生活的人，要予以名誉奖赏，以榜样的正能量推动生态保护。三是对生态保护、公共生态福利造成严重损害者，要"何校灭耳，聪不明也"，即量刑要重，要起到警示作用，彻底清除业务关系网。

噬嗑卦：法治缺失

50. 蛊☶☴——人圈危机：生态赤字

卦辞： 元亨。利涉大川。先甲三日，后甲三日。

象曰： 山下有风，蛊。君子以振民育德。

彖曰： 蛊，刚上而柔下。巽而止，蛊。蛊元亨，而天下治也。利涉大川，往有事也。先甲三日，后甲三日，终则有始，天行也。

爻辞： 初六：干父之蛊，有子考，无咎。厉，终吉。象曰：干父之蛊，意承考也。九二：干母之蛊，不可贞。象曰：干母之蛊，得中道也。九三：干父之蛊，小有悔，无大咎。象曰：干父之蛊，终无咎也。六四：裕父之蛊，往见吝。象曰：裕父之蛊，往未得也。六五：干父之蛊，用誉。象曰：干父之蛊，承以德也。上九：不事王侯。高尚其事。象曰：不事王侯，志可则也。

蛊卦六爻的生态内涵

蛊，有惑乱、错误、腹病生虫之意。蛊卦，由艮卦与巽卦相叠而成，有山下风波四起，腹中生虫之象。古人用蛊卦，暗喻人类超载利用生态，侵占儿孙资源是长辈的错误，将导致人的发展危机，应予以纠正。

初六：干，匡正。考，孝敬。父亲超越生态承载限度，过度利用资源是错误的。纠正父亲的过错是晚辈的孝敬之举。先有风险，后续吉祥。九二：在母系社会，母亲超越生态承载限度，过度利用资源是错误的。纠正母亲的错误，不能急躁冒进，要讲究策略，讲究方式方法。九三：纠正父亲超载错误，虽有眼前风险，但无长远风险。六四：有些人，不但不纠正父亲超载利用生态的错误行为，相反，还放大父亲的错误，继承该错误。这样做，迟早会遭致人的发展危机。六五：纠正父亲的超载错误，会受到社会的广泛赞誉。因为，这样做，对后续发展有好处，是对子孙负责的厚德载物之举。上九：不超载，不逢迎政府，对人圈发展有利，符合人际发展大道。

生态原理：生态足迹

蛊卦代表人圈危机，人类过度利用生态，导致生态足迹过大，出现生态赤字，引发人际资源利用权危机，与生态足迹理论相吻合。

生态足迹。生态足迹是指消费者消费的资源、能源数量与排放废弃物需要的环境面积，折合成统一计量单位——生物生产性土地面积，以此勾画人类在生态系统中留下的脚印。通常，人们消费的资源、能源、排放的垃圾越多，生态足迹越大，反之亦然。生态足迹理论，是在 20 世纪 90 年代初，由加拿大大不列颠哥伦比亚大学规划与资源生态学教授里斯提出。它显示在现有技术条件下，指定的人口单位内（一个人、一个城市、一个国家或全人类）需要多少具备生物生产力的土地和水域，来生产所需资源和吸纳所衍生的废物。

生态足迹的性质。一是具有广泛的应用范围，即可以计算个人、家庭、城市、地区、国家乃至整个世界不同对象的生态足迹，并进行横纵向比较分析。二是为度量可持续性程度提供了一杆"公平杆"，使人们能明确知晓现实距离可持续性目标尚有多远。三是计算的可复制性。生态足迹计算过程可软件程序化，有助于该指标及方法的普及。

生态赤字与生态盈余。为了度量人们对生态的利用是否适度，从生态角度的人圈矛盾，学术界提出了生态账户理论。设计生态足迹与生态承载力两个科目，比较二者的大小。生态足迹超过生态承载力，生态赤字；生态足迹小于生态承载力，生态盈余。生态赤字越大，人类的反生态行为越严重，占用儿孙的资源越多，激起的人圈资源矛盾越大。相反，生态盈余越多，人类行为越生态，给儿孙留下的资源就越多，人圈资源越友好。当前，人类生态账户已经出现很大的赤字，人圈资源矛盾加深，后代子孙发展权利受到约束。

蛊卦的生态解析

蛊卦的产生背景。古人为改善生活条件，不断加大向生态的掠夺力度，导致生态危机问题不断涌现。不仅如此，资源短缺、生态恶化导致后代人发展受到限制。父辈在生态利用上的过错，引发古人的思考。古人用艮卦与巽卦相叠形成蛊卦，告示后人，父辈犯下的生态错误，不可姑息，不可传承，要纠正，要改正，否则引发人圈发展危机。

蛊卦描述生态赤字、人圈危机。一是从卦名来看。古人用蛊字形容生态赤字之象，因为蛊的本意是腹中腐烂生出寄生虫，引申生态系统出现虫灾，给农业发展带来祸乱、病痛。二是从卦象来看。蛊卦由艮与巽构成，"山下有风"，上面厚重，下面基础空虚，"刚上而柔下"乃生态赤字之象。三是，爻辞中，多处"母之蛊"，"父之蛊"的表述，说明生态赤字，是由父辈母辈受到经济利益"蛊"惑，过度利用生态福利，掠夺生态资源的错误做法造成的，引发儿孙发展矛盾，造成人圈发展危机。

蛊卦阐述的纠正超载思想。古人提出，对待人圈危机，要以"天下治"的观点，指出要"干"，即纠正过去超载错误，缩小生态赤字。古人反对"裕父之蛊"，认为一味纵容超载行为，会使生态承载力严重递减，甚至出现生态报复，减损人类福利。古人强调纠正以往超载的错误要"用誉"，讲究改革的方法与策略，否则易遭到利益既得者的反抗。因此，古人提倡"先甲三日，后甲三日"，整顿超载行为要循序渐进，瞻前顾后，措施要高效有力，实施过程要富有弹性。以怀柔的手段纠正旧习积弊，要"承以德"，增强人们的人圈公平发展意识，不能剥夺儿孙的发展权。要"振民育德"，"不事王侯，高尚其事"，即不逢迎政府，要秉着对人圈长远发展有利的原则办事。

案例与启示：生态大脚黑名单

案例：2004 年，世界自然基金会的《2004 地球生态报告》使用了"生态足迹"这一指标，并列出了一份"大脚黑名单"。阿联酋以其高水平的物质生活和近乎疯狂的石油开采"荣登榜首"，人均生态足迹达 9.9 公顷，是全球平均水平（2.2 公顷）的 4.5 倍；美国、科威特紧随其后。中国排名第 75 位，人均生态足迹为 1.5 公顷，低于 2.2 公顷的全球平均水平。但中国人口数目庞大，其人均生态承载能力（即大自然能够给予的消耗量）仅为 0.8 公顷，生态赤字高达 0.7 公顷，而全球的平均生态赤字为 0.4 公顷。专家们认为，由于发展中国家的人均自然消耗量还将迅速增加，中国的整体生态形势更加不容乐观。以经济建设为中心的思想不能动摇，如何遏制不断扩大的生态赤字，缩小生态足迹，缓解人圈危机，蛊卦给了我们重要的启示。

启示：蛊卦"山下有风"形容人们过度利用生态，超过生态承载力极限的反生态行为，强调"蛊则饬也"，纠正超载行为，修复生态承载力，化解人圈发展矛盾。一是资源是有限的，不能盲目追求经济利益，以生态代价换取短期经济高速增长，应该"巽而止"，合理高效利用资源，实现稀缺资源的可持续利用。二是针对超载的错误，必须纠正，缩小生态足迹，才能实现"利涉大川"，实现可持续发展。三是纠正超载错误时要审时度势相机抉择，反对"裕父之蛊"，否则"往见吝"，以往的错误会进一步放大，生态赤字拉大。四是改革时弊的过程不是一帆风顺的，必然会遭到阻挠，只有坚持下去，才能实现"蛊元亨，天下治也"。五是改革要"先甲三日，后甲三日"，讲究改革的方法与策略。六是"不事王侯，高尚其事"，不逢迎政府反生态的行为，以维护生态平衡为宗旨，才有利于人圈的发展，符合人际发展大道。

蛊卦：生态赤字

51. 蹇☷☵——经济圈危机：滞胀

卦辞： 利西南，不利东北。利见大人。贞吉。

象曰： 山上有水，蹇。君子以反身修德。

彖曰： 蹇，难也，险在前也。见险而能止，知矣哉。蹇利西南，往得中也。不利东北，其道穷也。利见大人，往有功也。当位贞吉，以正邦也。蹇之时用大矣哉。

爻辞： 初六：往蹇，来誉。象曰：往蹇来誉，宜待也。六二：王臣蹇蹇，匪躬之故。象曰：王臣蹇蹇，终无尤也。九三：往蹇，来反。象曰：往蹇来反，内喜之也。六四：往蹇，来连。象曰：往蹇来连，当位实也。九五：大蹇，朋来。象曰：大蹇朋来，以中节也。上六：往蹇，来硕吉，利见大人。象曰：往蹇来硕，志在内也。利见大人，以从贵也。

蹇卦六爻的生态内涵

蹇，有跛足，作茧自缚，遭遇巨大艰难险阻之意。蹇卦由坎卦与艮卦相叠构成，有山高水险、行路艰难，当止则止之象。古人用蹇卦暗喻，人类过度利用生态自然，必将导致生态资源短缺，进而遭遇资源短缺型经济危机。告示后人，当止则止，不要作茧自缚。

初六：掠夺资源用于眼前的享乐，必将使后续经济发展受到资源短缺的影响，进而陷入危机。这种危机，如跛足之人行路一般，步履维艰。六二：政府采取为了经济而牺牲生态的不友好做法，导致经济停滞，引发财政赤字。九三：在万难之中，经济跛足复苏。六四：资源趋紧，政策得力，经济继续跛足复苏。九五：资源缺口巨大，经济发展遭遇资源瓶颈。恰好，邻国给予资源援助，化解了这场危机。上六：在巨大的资源约束下，经济陷入跛足难行的危机之中。只有改变原有的反生态的错误做法，借鉴他国好的做法，实施生态保护，才可能化解危机。

生态原理：滞胀危机

塞卦所阐述的因资源短缺引致的滞胀危机，与现代生态经济学中的滞胀危机相符。

滞胀危机。 西方经济学家把停滞和通货膨胀两词合起来，构成停滞膨胀，简称滞胀。滞胀包括两方面的内容：一方面是经济停滞，包括危机期间的生产下降和非危机期间的经济增长缓慢和波动，以及由此引起的大量失业；另一方面是持久的通货膨胀，以及由此引起的物价上涨。这两种现象互相交织并发，贯穿于经济周期的各个阶段。滞胀是 20 世纪 70 年代以后，出现的新的危机种类。停滞膨胀并非直线上升，而是波浪式地发展。有起有伏，有弛有张，甚至也不排除有可能出现某些间歇。

滞胀危机产生的背景。 工业化进程的高速发展是以资源的高投入，能源的高消耗为前提的。资源由相对稀缺转化为绝对稀缺，资源的价格与其稀缺程度成同向变化，资源越稀缺，价格越高。经济系统是一个复杂的综合系统，一个经济变量的变化，会引发"蝴蝶效应"。资源价格升高，企业成本会相应上升，随即带来市场上相关商品价格的升高。由于资源的特殊性，资源价格的升高强烈冲击着与资源相关的商品供给。市场上一方面物价暴涨，另一方面，由于企业成本升高而难以为继日常生产，从而引致高失业率的发生。即经济中出现了由于资源短缺而引致的滞胀现象。资源价格上涨以及集体协议的工资所具有的向下刚性，使得成本推动型通货膨胀与高失业率同时发生。

滞胀的效应。 滞胀引发物价上涨，人们收存现金贬值，使人们陷入贫困之中。滞胀引发经济停滞，生产开工不足，失业率增加，人类心理精神压力加大，引发多种社会问题。解决滞胀危机的根本出路是增加资源供给。为了增加资源供给，缓解经济危机，会加重生态危机。

塞卦的生态解析

塞卦的产生背景。 古人在生态实践中，观察到山高水险、跛足难行的状态，经济增长受到资源紧缺的遏制，由此引发古人对经济危机的思考。为了促进经济增长，解除资源紧缺瓶颈，化解由资源紧缺导致的危机，古人用坎卦与艮卦相叠形成塞卦，告示后人，合理利用资源，谨防资源紧缺，警惕因资源匮乏引致的滞胀危机。

蹇卦阐述的资源紧缺。古人发现"险在前",经济发展对资源的掠夺日益增大,资源紧缺的困难横亘在经济发展的道路上。因此,古人强调"见险而能止,知矣哉",在经济发展中,必须遏制资源异化消耗的欲望,合理利用资源,提高利用率,并进行资源储备。

乖必有难,资源紧缺引发滞胀之象。一是经济发展"不利东北",东北为艮为门阙,经济若朝东北方向发展,则资源索求更大,原本稀缺的资源变得更加紧缺,经济发展面临困难,"其道穷也"。二是"乖比有难",乖为违背、不和谐,过度利用资源这种不和谐的、背离生态经济系统平衡的经济增长模式长期持续,必会使举步维艰的经济面临新的难题,出现由资源紧缺引致的滞胀危机。

"志在内"才是解决滞胀危机的根本。一是经济发展"利西南",西南为坤为容畜,资源是有限的,古人强调在经济发展过程中要进行资源储备。二是"往有功",将经济发展的福利分享于生态环境,对生态环境进行补偿,恢复生态承载力,实现"当位贞吉",逐渐恢复的生态承载力会为人们提供更多的生态福利,促进经济社会的发展,"以正邦"。三是"大蹇,朋来",当经济发展严重受到资源紧缺遏制时,要扩大资源进口,解决眼前危机。四是"往蹇来硕,志在内也",转变经济发展模式,发展低碳经济、循环经济,高效利用资源才是治本之道。

案例与启示：70 年代的石油冲击

案例：美国是世界上最大的经济体,也是世界上最大的石油消费国。1973年美国35%的石油依赖进口。1973年中东战争爆发,阿拉伯参战国由于美国支持以色列开始采用石油禁运的贸易政策制裁美国。据统计,1973—1974年,国际石油市场上石油供应短缺,每桶石油价格从3美元涨至12美元。美国国内因为石油不得不关闭一些学校和办公场所,而加油站则排起了长龙。美国经济在这次石油危机中全面衰退,1973年美国9月份物价指数比1月份上涨了6个百分点,道-琼斯30种工业股票跌幅达11.4%,工业生产下降了14%,国内生产总值下降了4.7%。尼克松总统也不得不惊呼："我们正面临一场能源战!"1974年美国国内生产总值增长率为负。如何解决资源稀缺导致的滞胀危机,蹇卦给了我们启示。

启示：蹇卦通过"见险而能止","利西南,不利东北"等启示我们要合理利用资源,提高资源利用率,防止由资源紧缺引致的滞胀危机。一是"见险而能止"。经济发展不应该过分追求高速增长,防之以牺牲环境代价换取经济效率。必须遏制资源异化消耗的欲望，限制"三高一低"工业的过度膨胀，合理利用资源，提高利用率。二是"利西南"。在经济发展中，注重经济发展与资源环境的关系，尽早实施资源储备战略，谨防资源成为经济发展瓶颈，成为威胁国家安全的大问题。三是"志在内"，国家要审视经济增长政策对生态环境的影响，合理配置有限的资源，提高资源使用效率，发展低碳经济、循环经济，实现资源可持续利用。四是"反身修德"。政府要在全社会倡导节约文化和低碳生活，加快生态文明建设。

蹇卦：滞胀危机

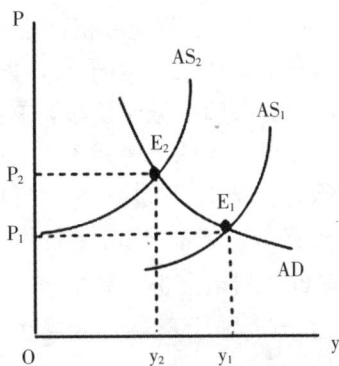

自然力供给不足引起滞胀

52. 困☷——经济圈危机：超长波周期

卦辞： 亨。贞大人吉，无咎。有言不信。

象曰： 泽无水，困。君子以致命遂志。

彖曰： 困，刚弇也。险以说。困而不失其所亨，其唯君子乎？贞大人吉，以刚中也。有言不信，尚口乃穷也。

爻辞： 初六：臀困于株木。入于幽谷，三岁不觌。象曰：入于幽谷，幽不明也。九二：困于酒食，朱绂方来。利用享祀，征凶，无咎。象曰：困于酒食，中有庆也。六三：困于石，据于蒺藜。入于其宫，不见其妻，凶。象曰：据于蒺藜，乘刚也。入于其宫，不见其妻，不祥也。九四：来徐徐，困于金车，吝，有终。象曰：来徐徐，志在下也。虽不当位，有与也。九五：劓刖，困于赤绂。乃徐有说。利用祭祀。象曰：劓刖，志未得也。乃徐有说，以中直也。利用祭祀，受福也。上六：困于葛藟，于臲卼，曰动悔有悔，征吉。象曰：困于葛藟，未当也。动悔有悔，吉行也。

困卦六爻的生态内涵

困卦，是大水覆舟、囹圄之象。将罪犯比做经济圈，将牢狱比为生态圈，困卦，表示经济过度膨胀，人过度践踏生态自然，最终，经济圈陷入生态圈设置的超长波危机之中的状态。以下，直译六爻。

初六：罪人受到刑杖，困于囹圄，多年不能出狱。九二：穿着红色囚衣，食物短缺，只能祈求神灵垂怜。六三：关在荆棘丛生的牢狱之中，困在反省石上。回到家里，妻离子散。九四：罪犯关在囚车，慢慢走来，大难临头。回头是岸。九五：穿着囚服，受到割鼻断足之刑，只能向上苍祈福。上六：被关在葛藟与木桩结构的牢狱之中，警告：妄动则更加不利，悔过可能有一线生机。

生态原理：超长波周期

困卦所阐述的经济过度膨胀，人类过度践踏生态自然，生态难以支撑经济，引发超长波经济周期问题，与超长波理论相吻合。

长波理论。长波又叫长周期或康德拉季耶夫周期，主要指资本主义经济增长过程中长达 50～60 年的明显规则性波动。前苏联农业经济学家尼古拉·康德拉耶夫使用英国和法国的统计资料，包括批发价格水平、利率、工资、对外贸易、煤炭和生铁的产量及消费量等，首次采用现代数理统计方法对这些系列指标作了处理和分析后发现，西方资本主义经济循环周期约 50 年。

超长波周期。超长波周期，就是超越长波经济周期的周期。从时间上看，该经济周期至少在 300 年以上。原因是生态系统发生重度危机，资源严重短缺，难以保障生产需要，如石油稀缺、土地贫瘠、森林严重毁坏、草地变成不毛之地；人力资源受损，人的健康问题、老龄化问题等使人力供给发展严重短缺；灾害性自然力增加，如气候异常、病菌增加、地震、火山喷发等引发超过 300 年以上的周期性经济波动，即高涨、萧条、危机、复苏、繁荣、高涨的周期。

超长波危机的传导。第一，由农业危机开始，逐渐传导到其他产业。农业危机会导致其他产业危机，动摇可持续发展的根基。第二，气候自然力供给不足导致生产要素短缺。马克思认为，人力与自然力是社会生产的两个原始要素。没有自然力就没有人力，就不能进行农业生产。第三，气候自然力供给不足会削弱生产力的能动作用。最后，气候自然力严重供给不足会导致财富源泉枯竭。为了获得剩余价值，长期推行高碳经济生产方式，破坏了人的自然力和自然的自然力，终将引发气候自然力的报复，导致人类生产和生存的总危机。

困卦的生态解析

困卦的产生背景。古人智者告知不要竭泽而渔，不要过度捕猎，不要过度砍伐等道理。然而，百姓为了私利，不听劝告，从江河之中过度引水灌溉，导致"泽无水"，过度捕获导致"包无鱼"等问题发生。面对干枯的河流、荒凉的山峦，人类经济因资源枯竭遭受的重大打击，引发古人对经济发展"困"境的思索。用兑卦与坎卦相叠形成困卦，描述经济系统陷入持久危机的凄惨景象，启示后人避免覆辙之道。

困卦阐述的资源短缺景象。一是从困卦的构成看，代表主动力、刚健发展的阳爻被困在阴爻之中，而阴爻有承载辅佐之意，代表经济发展必不可少的自然资源。就是说资源短缺遏制了经济的进一步发展。二是"泽无水"，古人清晰地告诉我们，由于对资源的耗竭式利用，生态系统所能提供的资源已近乎枯竭。

超长波危机之象。一是"臀困于株木，入于幽谷"，在经济利益最大化目标的刺激下，盲目追求经济增长，过度利用资源能源，导致资源紧缺成为遏制经济发展的瓶颈，以至于"三岁不觌"，经济长期徘徊于低谷，超长波危机出现。二是"困于石，据于蒺藜"，经济处于低谷，人们不反思，反而继续刺激经济增长，以生态环境代价换取经济效益，导致原本紧缺的资源绝对稀缺化，经济不增，反而疲软无力。"入于其宫，不见其妻"，这种耗竭式的资源索取方式不仅对当代人产生不利影响，更波及后世子孙，诱发超长波危机。

避免超长波危机。一是"入于幽谷"经济发展受困资源短缺，"幽不明也"要明确生态系统对经济系统的制约关系，不可"有言不信"。二是"以刚中"，转变经济发展方式，高效合理地配置利用资源。三是面对隐藏的超长波危机，要"有悔"，改善生态环境，避免超长波危机。

案例与启示：恐怖的大停电

案例：诺亚方舟超过吃水线的现代版案例，是恐怖的大停电。美国时间2003年8月14日下午四点，俄亥俄州第一能源公司高压线接地短路，由此造成美国和加拿大供电系统的中断，时间长达20多个小时。突然的停电，让人们陷入恐怖袭击困境中。电梯停止运转，乘客困在其中；电脑显示屏一片空白；提款机还原成地地道道的金属身份；地面与空中联系信号中断，空中交通陷入混乱；红绿灯没有了，地面交通陷入瘫痪。人们无法回家只好夜宿街头；学校教学楼一片漆黑，学生们或在黑暗中围坐床边，或小声哭泣。对于许多人而言，短暂失去以电为形式的太阳能，虽然还不算是灾难，但2003年的大停电，正是未来几个世纪人类面临的生态危机，经济步入超长波危机预兆。

启示：困卦通过"泽无水"，"刚掩也"等警示我们资源是有限的，不可过度使用，通过"志在下"，"有悔，吉行"启示我们要合理利用资源，保护生态环境，及时改变反生态的经济行为，防止超长波危机发生。一是生态系统是经济系统的最大边界，一旦经济系统过度膨胀，就会"困于株木"、"困于酒食"、"困于石，据于蒺藜"、困于"金车"之中，数年不能恢复。古人警告不可"有言不信"，不要把超长波危机当成儿戏，当成危言耸听。二是"泽无水，困"，是人们过度利用资源，索取生态力造成的自掘牢狱之象。如果对这种反生态行为"有悔",修复自然,尚有可能出现"征吉"的兆头。三是要想缩短甚至避免超长波危机,就要"志在下",调整经济结构、能源利用结构,合理配置高效利用资源,"虽不当位",短期内无法解决资源短缺,但是"有与也",生态系统对经济系统的超长波惩罚会缩短。四是"以致命遂志",避免超长波危机,应该联合起来,共同防治危机。

困卦：超长波危机

第八章　生态经济政策篇

《易经》生态经济政策思想，是古人在研究生态环境发展及规律的过程中提出的，具有深刻的思想逻辑背景与实践背景。

（一）思想逻辑背景

古人在长期的生态经济实践中，总结出了生态经济系统从诞生到衰亡的循环发展周期。为了有序发展，提出了生态经济愿景思想；为了实现发展愿景，就必须遵循生态经济发展规律。易经在长期观察与证伪的基础上，总结了生态经济的主要规律，如生态平衡规律，生态位规律等。在此基础上，古人用立竿见影观察气候变化规律，据此提出生态预警理论，设计了预警节点。预警是为了防止生态危机的发生。生态经济危机思想是古人在长期的实践活动中对于所遭受的各圈层（大气圈、岩石圈、水圈、生物圈、人圈、经济圈）的自然危机进行的描述和警示，古人在揭示生态经济系统的危机之后，告诉我们，自然原因引起的灾害危机，虽然不能避免，但可以通过制定政策，加强防范，减少灾害成本；而对于人类过度扰动自然而带来的生态危机，应通过树立生态理念，体制改革，制定经济政策，从根本上避免、减缓危机。据此，古人提出了生态经济政策思想：人与自然和解思想、好家长思想、绿色政府思想、绿色机制创新思想、绿色支持的宏观思想、生态补偿思想、循环经济思想、绿色畜牧思想、低碳交通思想、建立碳交易的国际联盟思想、减灾防灾的遁移思想以及建立生态储备的防御思想。

（二）生态经济实践背景

在应对生态经济危机的过程中，人们不得不面对诸多类型的经济问题、生态问题。由于生态理念缺失，导致人与生态对立，人对生态的扰动超过生态承载力。而且人类在经济发展过程中时常不重视生态，甚至以生态为代价来换取经济效益。因此，古人用易经十二卦建立了应对生态经济危机的政策体系，包括解卦阐释的和解生态理念，家人卦传递的好家长思想，临卦的绿色政府理念，革卦的绿色机制创新思想，鼎卦的绿色支持宏观政策，复卦阐释生态补偿的修复政策，节卦倡导循环经济的节约政策，大畜卦说明绿色畜牧的农业政策，旅卦阐释绿色交通的出行政策，同人卦建立碳交易的联盟政策，遁卦揭示减灾防灾的遁移政策，以及豫卦建立生态储备的防御政策。

（三）生态经济政策的逻辑框架图

古人根据生态经济系统中出现的各类危机制定相应的政策，总结出十二条政策。应对生态经济危机，首先建立和谐的生态理念（解卦）与好家长理论（家人卦）。将人与自然的和解理念植入政府管理者头脑，将生态纳入经济系统，将其当成家人一样对待，在好家长理论指导下制定生态保护机制，生态经济政策。其次，政府作为应对生态经济危机的领军者，应该君临天下，建立绿色政府（临卦），倡导革旧立新，进行绿色机制创新（革卦），以宏观政策全面支持（鼎卦）应对生态经济危机行为的开展。最后，有了理念，有了支持，就应该放手去行动，制定各方面的政策，包括进行生态补偿的修复政策（复卦）、倡导循环经济的节约政策（节卦）、实施绿色畜牧的农业政策（大畜卦）、建立绿色交通的出行政策（旅卦）、建立碳交易的国际联盟政策（同人卦）、进行减灾防灾的遁移政策（遁卦）以及建立生态储备的防御政策（豫卦）。具体如下图所示：

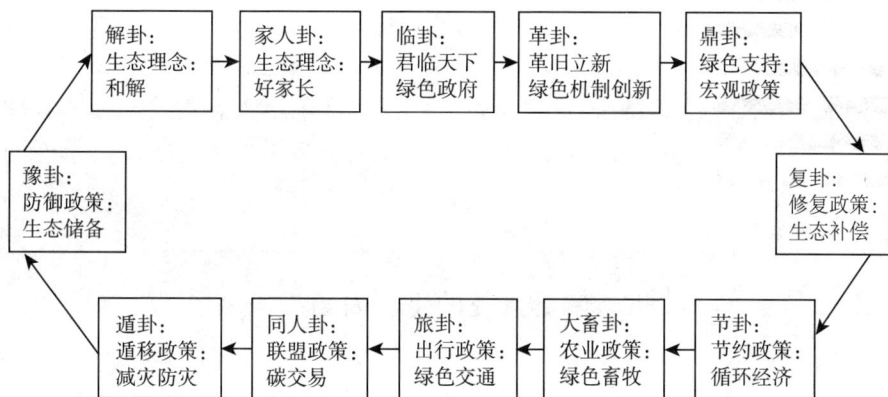

53. 解☷☵——生态理念：和解

卦辞： 利西南。无所往，其来复吉。有攸往，夙吉。

象曰： 雷雨作，解。君子以赦过宥罪。

彖曰： 解，险以动，动而免乎险，解。解利西南，往得众也。无所往。其来复吉，乃得中也。有攸往，夙吉，往有功也。天地解而雷雨作，雷雨作而百果草木皆甲坼。解之时大矣哉。

爻辞： 初六：无咎。象曰：刚柔之际，义无咎也。九二：田获三狐，得黄矢，贞吉。象曰：九二贞吉，得中道也。六三：负且乘，致寇至，贞吝。象曰：负且乘，亦可丑也。自我致戎，又谁咎也。九四：解而拇，朋至斯孚。象曰：解而拇，未当位也。六五：君子惟有解，吉。有孚于小人。象曰：君子有解，小人退也。上六：公用射隼于高墉之上，获之，无不利。象曰：公用射隼，以解悖也。

解卦六爻的生态内涵

解，为分解、化解、缓解、和解之意。解卦，由震卦与坎卦相叠而成，有雷雨配合，化解矛盾之象。古人用解卦阐释了人类改变与自然敌视的观念与做法，最终实现人与自然矛盾化解，达到天人合一的道理。

初六：入秋，雷雨停止。预示，人与自然解除了对立，化解了矛盾。九二：由于人与自然的和解，人们收获了一箭双雕的好处：捕获了狐狸，得到青铜箭头，解决了生活资料与生产资料短缺的难题。六三：有人在得到生态的恩赐后，竟然乘着豪车背着资源四处炫耀。这种做法，激化了人与人、人与自然的矛盾。炫富行为，不是人与自然的和解之道。九四：人与自然矛盾化解，春雨如期而至，有朋自远方来，生态系统有序运行。六五：政府唯有以和解的态度制定政策，才有利于生态经济的长远发展，使百姓安居乐业。上六：只有人与自然和解，生物多样性才能繁茂。

生态原理：人与自然的和解

人与自然关系问题，是生态经济学关注的核心问题。如何正确地认识和处理人与自然、经济系统与生态系统之间的关系，不仅是一个理论问题，也是一个严峻的现实问题。马克思在《1844年经济学—哲学手稿》中深刻批判了资本主义制度剥夺劳动者剩余价值的同时，对于人与自然的关系以及生态环境问题有着深刻的探讨，集中反映了他对自然的深切体恤、深度关爱的科学生态自然观。

人是自然的一部分。马克思指出："人直接地是自然存在物。"人起源于自然界，是自然界的一部分。人类以及人类活动受自然规律的制约，这是人和自然关系的基本点。自然界制约和规定着人的生存和发展。"不以伟大的自然规律为依据的人类计划，只会带来灾难。"而且，自然界为人类社会提供生活资料，为人类社会的物质生产活动提供劳动对象、劳动资料和活动场所。人离不开自然界，要靠自然界生活。人类社会寄生于自然生态系统中，对自然环境具有依赖性。

人与自然的和解。人通过自己的劳动作用于自然，一方面改变了自然界本身的形态和面貌，另一方面也把人的精神要求和价值目标物化到自然界中，改变了自然，也扰乱了自然，引起了生态恶化。人与自然之间的关系越来越表现为人与自然的对立，关系越来越恶化。这种恶化，制约了经济的发展，人的发展。为此，马克思把实现"人类同自然的和解以及人类本身的和解"确立为正确处理人、自然、社会三者关系的最高价值目标，并立足于人与人的社会关系去解决人与自然的关系。实现共产主义，才能达到人与自然之间的和解。"这种共产主义，是人与自然界之间、人与人之间的矛盾的真正解决。"

解卦的生态解析

解卦的产生背景。伴随着人类社会的发展，人与自然那种最初的简单的亲密关系，变得日益对立起来，并不断走向恶化。古人深刻认识到，人与自然恶化的关系，最终使人类走上不归路——危机。为了求得自然的宽恕与谅解，古人用震卦和坎卦相叠形成解卦，告知后人要善待自然，尽快通过理念更新、制度变革促进人与自然的和解。

解卦的"和解"理念。《序卦》："解者，缓也。"解卦为缓解、分解、化解、和解之意，即人与自然由对立走向和解。卦形："雷雨作"，预示，人与自然矛盾化解，如下雨上雷，春雷滚滚，大地解冻般，使万物重获生机。"夙吉"，生态愿景有望实现。"君子以赦过宥罪"。生态自然，赦免人类曾经犯下的反生态罪过，谅解了人类，因此，解卦提出了纾解困难，化解危机，促进人与自然和解的理念。

人与自然的关系。人作为自然界的一部分，要依靠自然界生活，通过"得中道也"来"田获三狐""得黄矢"，以获取生活资料与生产资料，自然界在人类的生存与发展中是不可或缺的。然而人类在利益驱动下"负且乘，致寇至"对自然行破坏之事，恶化了人与自然的关系，致使"贞吝"，人类这是"自我致戎，又谁咎也"。因此，"君子惟有解"，"解而拇"，化解矛盾，才能"朋至斯孚""有孚于小人"，达到"公用射隼于高墉之上，获之，无不利"的和谐状态。

人与自然的和解之道。一是"无所往"，对自然界不采取任何侵犯行为，使其自我修复；二是"有攸往"，即人类采取措施帮助自然界缓解危机。人类应该"以赦过宥罪"，知错就改，及时补偿；做到"朋至斯孚"，带着诚信之心，与大家团结一致缓解人与自然的紧张关系，开创"天地解而雷雨作，雷雨作而百果草木皆甲坼"的新局面。

启示与对策：植入和解理念

启示：解卦为纾解、和解之意，象征着人与自然之间矛盾的和解，提出和解理念。启示我们：其一，不可"负且乘，致寇至"。不能为了自身利益过度耗竭自然资源，污染环境，打破自然界的平衡，应该保持与自然的和谐关系。其二，要"君子惟有解"，化解人与自然的矛盾，根据情况，及时采取"无所往"或"有攸往"的措施，带着诚信，与大家团结一致解救人与自然的关系，化解自然界的生态危机。

对策：促进人与自然关系从对立走向和解，要迈出具有决定意义的、最为关键的第一步是：植入和解理念。植入和解理念，就要动大手术，将从前人与自然对立的、人凌驾于自然之上的非科学的认识割除掉，代之以科学的理念——和解，进而在马克思科学的人与自然和解理论指导下，创新生产力理论、生产要素理论以及财富源泉理论。第一，绿色生产力理论创新。传统经济学，将生产力定义为，人征服自然与改造自然的能力。在此理论指导下，人定胜天，与天斗与地斗的思想盛行，导致人与自然关系由和谐走向紧张。绿色生产力理论中的生产力，是指人类在人与自然和谐相处的前提下，科学利用自然、获得财富的能力。强调和谐、和解在先。第二，绿色生产要素理论创新。将公共自然力，如气候、大气、地下水水体、太空纳入生产要素函数，并在财富分配中给予必要的补偿，即生态补偿，实现生态能量守恒，是绿色生产要素理论的主旨，也是促进人与自然和解的物质基础。第三，财富源泉理论的创新。马克思指出，劳动不是财富的唯一源泉，自然与劳动一起构成财富的源泉。没有自然力，没有感性的自然界，工人就什么也创造不出来。承认自然生态在财富创造中的主体地位，破除劳动是财富唯一源泉的迷信，有利于促进生态自然回归其主体地位。

解卦——生态理念：和解

54. 家人☲——生态理念：好家长

卦辞： 利女贞。

象曰： 风自火出，家人。君子以言有物而行有恒。

彖曰： 家人，女正位乎内，男正位乎外。男女正，天地之大义也。家人有严君焉，父母之谓也。父父，子子，兄兄，弟弟。夫夫，妇妇。而家道正。正家而天下定矣。

爻辞： 初九：闲有家，悔亡。象曰：闲有家，志未变也。六二：无攸遂，在中馈，贞吉。象曰：六二之吉，顺以巽也。九三：家人嗃嗃，悔厉吉。妇子嘻嘻，终吝。象曰：家人嗃嗃，未失也。妇子嘻嘻，失家节也。六四：富家大吉。象曰：富家大吉，顺在位也。九五：王假有家，勿恤，吉。象曰：王假有家，交相爱也。上九：有孚威如，终吉。象曰：威如之吉，反身之谓也。

家人卦六爻的生态内涵

家人卦，古人以火上有木、火上有风、烟囱冒烟、父母子女团团围坐的温馨之象，阐释将生态视为家庭成员友善对待，将生态修复好传给后代的绿色传承管理理念。

初九：做为好家长，不仅要将生态视为家人般亲情对待，还要做好生态安全防范，防止短缺与退化，避免懊恼。六二：好家长的行为不可随心所欲，要主持正道，担起生态责任。九三：好家长要用严厉的态度进行治理，惩治与生态敌对的不法行为，杜绝蔑视生态的做法。六四：好家长应该带领大家积累资源财富，将更好的资源留给子孙后代。九五：政府应像好家长一般，关心爱护生态，促进天人合一理念的形成。上九：好家长治理家庭生态，不仅要有威严，还要有诚信。

生态原理：好家长理念

好家长理论的来源。好家长的思想来源于马克思在《资本论》中的科学论断："从一个较高级的社会经济形态的角度来看，个别人对土地的私有权，和一个人对另一个人的私有权一样，是十分荒谬的。甚至整个社会，一个民族，以及一切同时存在的社会加在一起，都不是土地的所有者。他们只是土地的占有者，土地的利用者，并且他们必须像好家长那样，把土地改良后传给后代。"

好家长理论的内涵。马克思的好家长理论有着深刻的内涵：其一，人类不是生态的主人，生态不是人类的奴仆，任何以所有者自居都是错误的。具体来说，人类不是土地的所有者，不能以主人的姿态任意凌辱、毁坏、耗竭性奴役土地等一切生态自然。其二，要把生态当成家庭的一个成员，像抚慰家人一般抚慰生态，并付出亲情。当生态出现病痛，发出不平衡警兆，人类要亲情体恤，感知生态，生态痛，人也痛。不仅如此，还要拿出人财物，实施对生态的救助，实施补偿，直到病痛消失、痼疾痊愈。其三，要绿色传承。人们都是土地的利用者，在一代人利用之后，经过改良再传给子孙后代。并且像好家长那样，以对子孙后代关心和负责的态度来保护和改良土地。任何自然资源都和土地一样，都是当代人和后代人所共有的，不能滥用资源，要做一名好家长，将资源传给后代，使其可以持久发展。

植入好家长理念。千百年来，人们在利益驱动下，掠夺性地滥用自然资源。针对生态危机，马克思揭露了在物质变换过程中对土地、森林等自然资源的破坏、在物质变换过程中不"清洁生产"的严重性以及"人类住区"的不可持续性，提出了善待自然的好家长及家人的理念，与国学易经的家人卦思想如出一辙，具有重大启示意义。

家人卦的生态解析

家人卦的产生背景。自古以来，家庭都是人们温暖的避风港，家庭的观念在人们心中已是根深蒂固。平民家里，房子中央，生着火盆，一家人围绕火盆而坐，相聚闲谈，喧闹欢笑。由此，古人用离卦和巽卦相叠形成家人卦，向后人传递好家长的生态管理理念。

家人卦提出好家长理念。《序卦》说："伤于外者必反于家，故受之以家人，"指出家是避难所，是亲情融融的地方。家人卦即为家庭、家长之意。作为一家之长，应该治理好家庭，展示好家长的风范，要"无攸遂，在中馈"，不可随心所欲，应主持正道，担起责任，且应"反身之谓也"，能够约束自己不被利益所诱惑，"有孚威如"，带领大家走向"富家"之路。

将生态视为家庭成员。 "风自火出，家人"，家人卦中的巽卦既代表风（氧气），又代表木材，这些都是家庭中经常使用的生活资料。可见，古人将生态当成社会大家庭不可缺少的成员看待，友善对待、爱惜、保护。同时，家人卦告示，"家人有严君焉，父母之谓也。父父，子子，兄兄，弟弟。夫夫，妇妇。"家庭中要有严格的家长，使得父像父，子像子，兄像兄，弟像弟，夫像夫，妻像妻。每个成员都要站好自己的生态位，不应将生态斥出家庭造成生态位错位问题。

好家长的治家之道。 我们应该秉承好家长理念，将生态纳入大家庭，考虑后代人的利益，以对子孙后代关心和负责的态度来保护和改善生态。遵守生态运行法，做到"言有物而行有恒"；时刻注意"闲有家"，进行生态安全防范；为了不"失家节也"，要用严厉的态度，"家人嗃嗃"，惩治与生态敌对的"妇子嘻嘻"的不法行为，以"有孚威如"的态度治理家庭，使"家道正"，最终"正家而天下定矣"。

启示与对策：和谐 5S 消费原则

启示： 易经通过家人卦告诉我们，要将生态视为社会大家庭的重要成员，以好家长的身份保护和改善生态，将其传递给子孙后代，从而实现人、生态及社会的可持续发展。其一，要做到"无攸遂，在中馈"，不可随心所欲，要主持家庭之道；其二，要做到"反身之谓也"，约束自己的行为，起到带头作用；其三，要"有孚威如"，讲诚信，有威严，以身作则，以严谨且温柔的态度承担责任，使家庭和谐发展。

对策： 家，是一个消费的集散地。秉承家人卦提出的好家长理念，在生态经济建设中，将生态纳入大家庭系统，体恤、爱护，要树立生态文明观，促进和谐消费，要按照 5S 原则进行消费。其一是简约性消费原则（saving）。即提倡消费上的勤俭节约，它包含着循环经济中对资源使用的减量化，是简约主义内核的体现，它追求的是自然、典雅、舒适、休闲、个性、简约而不简单的消费。其二是耐久性消费原则（sustained）。强调商品使用周期或寿命的延长，减少易耗品和一次性消费品的使用，使产品更耐久、更容易维护和升级。同时包含着对可以回收、重复、循环使用的物品的消费。其三是共享性消费原则（sharing）。即消费那些可以多人共用、共享的物品，以节约资源、减少环境负荷，从而节省不必要的重叠性消费品投资，用于维持自然力的和谐。其四是无害性消费原则（safe）。指不消费影响自然力和谐的物品，即不消费那些附带向大自然排放有毒有害的物品，体现了可持续消费的思想。其五是体恤性消费原则（sympathetic）。是指"天人合一"、"和为贵"、"和实生物"的消费方式。把自然视为伴侣，建立与自然和谐相处、共生共荣、友好相待关系的消费，有利于保护环境资源、生态资源，促进自然力和谐。

家人卦——生态理念：好家长

55. 临☷——君临天下：绿色政府

卦辞： 元、亨、利、贞。至于八月有凶。

象曰： 泽上有地，临。君子以教思无穷，容保民无疆。

彖曰： 临，刚浸而长。说而顺，刚中而应。大亨以正，天之道也。至于八月有凶，消不久也。

爻辞： 初九：咸临，贞吉。象曰：咸临贞吉，志行正也。九二：咸临，吉，无不利。象曰：咸临吉，无不利，未顺命也。六三：甘临，无攸利，既忧之，无咎。象曰：甘临，位不当也。既忧之，咎不长也。六四：至临，无咎。象曰：至临无咎，位当也。六五：知临，大君之宜，吉。象曰：大君之宜，行中之谓也。上六：敦临，吉，无咎。象曰：敦临之吉，志在内也。

临卦六爻的生态内涵

临，有近、君临天下之意。临卦，由坤卦与兑卦相叠而成。古人用临卦暗喻，政府要亲自处理生态问题，要大力实施生态保护与补偿政策。只有这样，才能真正起到保护生态的作用。

初九：咸临，贞吉。咸，通感，有感化之意。引申为，政府要体察生态，感知生态疾苦，以好家长的姿态，处理好生态问题。九二：咸临吉，无不利，未顺命也。政府以感化方式，以率先垂范的姿态，制定生态政策，有利于政策的贯彻落实。吉祥有利。六三：政府以华而不实的态度，解决生态问题，属于不作为，不当位，政策不会落到实处。六四：政府亲力亲为，属于当位，吉祥。六五：依靠知识、科学的力量进行生态治理与建设，是贤明之举。上六：政府以敦厚笃实的态度，进行生态建设，并督促鞭策，有利于政策落到实处，大吉大利。

生态原理：绿色政府

　　生态问题，具有公共属性，需要政府宏观干预。临卦，乃君临天下之意，与现代生态经济学中的绿色政府理论相吻合。

　　绿色政府。绿色政府，是"绿色经济"的有机组成部分。绿色经济，最早由英国经济学家皮尔斯于 1989 年在《绿色经济蓝皮书》中提出，意指遵循自然规律的经济发展方式。绿色政府，是指以可持续发展为目标，以生态环境友好为前提，以生态环保的形象，提供绿色服务，制定并实施生态管理与保护政策，大力推进生态文明建设的公共部门。绿色政府，通过实施绿色内需、绿色采购和绿色政府考核，引领经济实现绿色化转型，以经济效益反哺生态，促进人与生态友好发展。

　　政府的绿色服务。一是进行生态建设的体制机制创新，宣传生态文明，提高全民生态素质。二是治理污染，禁止反生态行为。三是建立生态功能区，推行休耕，修复生态功能。四是转变旧有的高碳方式，推行低碳生产与生活。五是储备稀缺资源，保障资源安全。

　　政府的绿色支持政策。一是建立低碳税收体系，建立排污收费制度。二是健全碳交易市场，发展碳金融。三是完善低碳津贴，增加财政对生态建设的补贴。四是搭建绿色产业融资平台，扶持绿色产业。

　　政府绿色需求。绿色需求，是遵循自然规律的内敛式需求。绿色内需，是满足人的正常需要的需求，凸显人文关怀的绿色消费需求、投资需求、政府购买需求及国外需求。政府绿色采购，是指公共机构在依法采购规定的产品时，要高度重视环境保护和生态平衡，将环境标准、评估方法和实施程序纳入并贯穿于整个公共采购体系之中，优先选择符合国家环保认证或绿色评价的货物、工程和服务，确保采购到环境友好型产品，推动国家绿色措施的落实。

临卦的生态解析

　　临卦的产生背景。人们过度砍伐森林、围湖造田等反生态行为，使生态失衡，洪水频发。但是，该行为无法用道义劝告来解决。由此引发古人对政府如何进行生态管理与建设的思考。为了控制生态危机，减少劳动成果的损失，古人用坤卦和兑卦相叠形成临卦，告示政府要亲力亲为，以笃实、友善的态度，实施自然管理，避免生态危机。

临卦的政府生态管理之象。 从卦象上看，泽化行为使生态失衡，洪水频发。地＋泽＝临，大地为政府，以宽广的胸怀，以慈母般的情感善待大自然。从卦名上看，临有君临天下，亲力亲为之意，意味着政府要参与生态管理。"君子以教思无穷，容保民无疆"，政府有效地进行生态建设与管理，促进生态修复，缓解人与生态的紧张关系，以便增加人的生态福祉。古人强调政府要尽早开展生态建设，不可拖延，否则"八月有凶"，即生态危机将升级，诱发超长波经济危机。因此古人反对"甘临"，反对华而不实的政府管理，反对忽视生态建设的行为，提倡"咸临"，"至临"，"知临"，"敦临"，像对待家人一般对待生态环境。

实施政府干预，进行生态建设。 一是"咸临"。咸，是政府干预的第一步。"咸"就是感，有感化之意。只有心怀感念，与自然和解，待自然如亲人一般，才有望实现人与生态的和谐共生，生态建设才会收到实效。二是"至临"。政府要发挥带头作用，率先垂范，从自身做起。三是"知临"。以智慧解决生态问题，将知识、科学的力量引入生态问题的解决之中，重视生态人才培养。要"行中"，兼顾经济利益与生态效益，不可偏行。四是生态建设不可"甘临"，即过度考虑经济利益，采取华而不实的政策。政策"位不当"会导致"无攸利"。应该"敦临"，以敦厚之道对待生态，循序渐进，才会"吉，无咎"。

启示与对策：绿色采购 5G 机制

启示： 临卦通过"咸临"，"至临"，"知临"，"敦临"，教化政府，要像对待家人一般对待生态环境，亲力亲为制定生态政策，践行生态文明建设。一是对于生态问题不忽视，不拖延，积极采取对策，制定绿色财政政策、货币政策，促进发展的绿色转型，避免"八月有凶"的生态危机。二是面对经济增长与生态补偿之间的矛盾，要"君子以教思无穷，容保民无疆"，"说而顺"，越早治理，越有利于生态问题的解决。三是抑制生态危机的关键在于政府要亲"临"天下，大力进行生态建设，包括治理污染、修复生态、资源储备等，"刚中而应"，"大亨以正"。实现人与生态的互利共赢，这才是"天之道也"。

对策： 政府亲力亲为，树立绿色形象，促进政府采购的绿色转型。一是绿色产品采购机制（GGPM）。在符合简约、耐久、共享、无害、体恤的 5S 消费原则的基础上来采购绿色产品。二是绿色项目建设机制（GPCM）。在遵循节约经济、持久经济、相伴经济、再生性及替代性基础上的 5R 投资原则上进行绿色项目的建设。三是绿色服务消费机制（GSCM）。包括餐饮、会议、卫生等，要求做到清洁、保质、周到，还应当包括政府的公共服务过程中环保材料及能源的使用，公用事业建设过程中对绿色项目建设的考量。四是绿领薪酬激励机制（GCSIM）。政府通过"看得见的手"的调控，对绿色企业提供优惠政策，如财政补贴、降低税收等方式激励企业发展，加大绿色环保组织建设和扶持力度，并且提高环保准入门槛，对非环保企业加大税收的负向激励方式，间接促进绿领工作岗位及薪酬增加，从而激励更多的人从事绿色行业。五是绿色宣传增加机制（GPIM）。不仅是对公众绿色知识的普及，对绿色行业、绿色企业的宣传，还应当包括对绿领的教育培训工作。

临卦——君临天下：绿色政府

56. 革☲——革旧立新：绿色机制创新

卦辞：巳日乃孚，元亨利贞，悔亡。

象曰：泽中有火，革。君子以治历明时。

彖曰：革，水火相息，二女同居，其志不相得，曰革。巳曰乃孚，革而信之。文明以说，大亨以正，革而当，其悔乃亡。天地革而四时成。汤武革命，顺乎天而应乎人。革之时大矣哉。

爻辞：初九：巩用黄牛之革。象曰：巩用黄牛，不可以有为也。六二：巳日乃革之，征吉，无咎。象曰：巳日革之，行有嘉也。九三：征凶，贞厉。革言三就，有孚。象曰：革言三就，又何之矣。九四：悔亡，有孚，改命吉。象曰：改命之吉，信志也。九五：大人虎变，未占有孚。象曰：大人虎变，其文炳也。上六：君子豹变，小人革面。征凶，居贞吉。象曰：君子豹变，其文蔚也。小人革面，顺以从君也。

革卦六爻的生态内涵

革，有割掉旧的不适用的秩序，建立新的秩序之意。革卦由兑卦与离卦相叠构成，是古人阐释生态体制机制改革创新之卦。

初九：巩用黄牛之革。时机未到，要将黄牛皮束在身上，不轻举妄动。六二：巳日革之，行有嘉也。时机成熟了，大胆地进行改革会受到赞誉。九三：革言三就。改革过火，就有失败的危险。要把握住火候，反复讨论、多次磨合、精心准备，改革就能成功。九四：改命之吉。割除旧的体制，需要建立起新的制度，即革旧立新。九五：大人虎变，未占有孚。最高层政府推行改革，如猛虎下山般有执行力，不用占卜就知道成功了。上六：君子豹变，小人革面。中层政府推行改革，如豹子般有效率，改革蔚然成风，百姓也转变心意支持改革，但是过度改革会有凶险。

生态原理：体制改革与绿色机制创新

革卦，用火泽相叠，描述割除旧的体制，进行生态体制机制创新之卦，与现代生态经济学中的体制改革与绿色机制创新理论吻合。

革除不生态的经济体制。所谓经济体制，是指资源配置的具体方式与制度安排。从横向来看，经济体制包括生产与再生产的生产管理体制、消费管理体制、交换管理体制、分配管理体制。从纵向来看，有农业管理体制、工业管理体制、服务业管理体制等。以往的经济体制，不利于生态环境友好，如对生态没有补偿、保护缺失等。变革不适宜生态建设的经济体制，是生态体制改革的重要内容。

绿色机制创新。是指政府以生态文明为指导，以生态友好为目标，在既有生态管理机制基础上，对生态保护、生态补偿、绿色消费、绿色建筑、低碳交通、能源储备、森林管理等作出的制度创新。绿色机制创新，是一个从无到有的过程，而体制改革则是割掉坏的，修补完善可用的过程，换言之，是一个帕累托改进的过程。绿色机制创新包括法律、行政、经济、文化、工业、农业等方面的生态管理生态建设创新，包括利益机制、激励机制、竞争机制、经营机制等的创新。

绿色转型。绿色转型指的是经济社会各行各业，都要以可持续发展为原则，以生态文明建设为目标，从原来的资源浪费、高碳排放、高消耗、低效率的发展方式，向低碳、生态、绿色转变的制度安排。绿色转型，包括消费的绿色转型、住宅的绿色改造、城市建设的绿色转型、政府行政的绿色化转型等。在全球发展低碳经济的背景下，中国也在积极通过体制改革机制创新，大力推进低碳、绿色转型。中国"十二五"期间碳减排还面临许多困难。因而，绿色转型任重道远，需要不断进行探索。

革卦的生态解析

革卦的产生背景。古人在长期的生态经济实践中，深刻认识到，制度是社会发展中不可或缺的元素，它可以规范、影响经济行为，使一个国家生态有序发展。然而，一种固定的制度无法满足生态的不断变迁，因此，旧有制度需要改革。古人用兑卦和离卦相叠形成革卦，告诉后人，生态体制不可一成不变，要及时改革创新，推动生态发展。

革卦的改革创新思想。《序卦》："井道不可不革，故受之以革。"井旧了就要革新，坐井观天不能长久，要变革才能走得更远。《杂卦》："革，去故也"，革卦的含义为变革、改革、除旧立新、巨大更改，提出了改革与体制机制创新思想。

改革创新的必要性。首先，出现"二女同居，其志不相得"的情况，即生态系统与经济系统志向不同，必须变革、改革，使体制机制更加完善。其次，"泽中有火"，即水中有火，水火不兼容，急需改革，政府要"以治历明时"，及时修改制定更有效的生态体制机制，使其能够"依时而变"。最后，宇宙万物的运行都会出现变革，变革是宇宙的基本规律，"天地革而四时成"，天地变革才会形成四季，生态体制机制经历变革、改革，才会发挥更有效的作用。

改革创新之道。改革时机未到时，要"巩用黄牛之革"，做好准备，"不可以有为也"；一旦改革时机成熟，就要"巳日乃革之"，大胆改革，才是"革而当"，此时"征吉"，彰显"革之时大矣哉"。但切记，不可"征凶，贞厉"，改革过火；要"革言三就"，才可"有孚"。同时，改革应做到"顺乎天"且"应乎人"，"巳曰乃孚"，才能"革而信之"。在"大人"与"君子"的大力推行下，使得"小人革面"，最终可以"文明以说，大亨以正"，取得"改命之吉"。

启示与对策：绿色消费机制创新

启示：革卦的改革之意正好体现了生态体制机制的改革创新内涵，启示人们：其一，生态体制机制的改革要做到"革而当"，不能操之过急，时机未到，"不可以有为也"；要待时机成熟，再"巳日乃革之"，进行改革。其二，要"革言三就"，反复讨论、多次磨合、精心准备，再改革创新，就能成功。其三，要"顺乎天"且"应乎人"，不仅要以自然界的运行法则为依据，而且还要考虑人的因素。

对策：目前，中国的反生态消费随处可见，在世界生态经济大潮下，严重影响了污染物排放的降低及环境质量的提高。秉承革卦的体制机制改革创新思想，中国应该重视生态消费的体制创新力度。第一，可支配收入增进的驱动机制。在物价水平一定的条件下，城市居民消费的低碳化受到个人可支配收入的影响。因而，应该制定个人可支配收入增进机制，一是加大收入分配制度改革，提高城市居民平均收入水平；二是通过税费改革及相关社会保障制度改革，增加中低收入者收入。第二，价格补贴与低利率的驱动机制。从价格角度激励消费者增加低碳消费，一是对厂商的补贴，能有效降低低碳消费品销售价格，扩大低碳消费市场；二是对消费者的补贴，能够形成更直接的驱动力；三是购买的积分补贴，对购买节能家电的消费者实施低碳积分制度，低碳积分可兑换低碳产品，引起连锁性低碳消费，激励消费者增加低碳消费。第三，低碳环保的偏好驱动。如果消费者拥有强烈的低碳偏好，就会在节约开销中实现低碳转型。为此，应建立低碳偏好培育机制，培育低碳偏好。一是建立电视低碳广告宣传制度；二是设立低碳环保教育制度。

革卦——革旧立新：绿色机制创新

绿色机制创新

改革既要大胆又要谨慎

政府

转型

旧的不去，新的不来

57. 鼎☶——绿色支持：宏观政策

卦辞：鼎。元吉，亨。

象曰：木上有火，鼎。君子以正位凝命。

彖曰：鼎，象也。以木巽火，亨饪也。圣人亨以享上帝，而大亨以养圣贤。巽而耳目聪明。柔进而上行，得中而应乎刚，是以元亨。

爻辞：初六：鼎颠趾。利出否。得妾以其子，无咎。象曰：鼎颠趾，未悖也。利出否，以从贵也。九二：鼎有实，我仇有疾，不我能即，吉。象曰：鼎有实，慎所之也。我仇有疾，终无尤也。九三：鼎耳革，其行塞，雉膏不食。方雨，亏悔，终吉。象曰：鼎耳革，失其义也。九四：鼎折足，覆公餗，其形渥，凶。象曰：覆公餗，信如何也。六五：鼎黄耳，金铉，利贞。象曰：鼎黄耳，中以为实也。上九：鼎玉铉，大吉，无不利。象曰：玉铉在上，刚柔节也。

鼎卦六爻的生态内涵

鼎者，政权，支持也。鼎卦，由离卦与巽卦构成，有鼎器之象。古人用鼎卦阐释政府出台绿色政策，支持生态体制改革与建设的政策卦。

初六：鼎颠趾。如将鼎倾倒过来去除污物一般，先将反生态的制度割除掉，再实施新的生态支持政策，有利于生态保护秩序的建立。九二：鼎有实。政府财政富足，生态建设得到支持，遇难成祥。九三：鼎耳革，其行塞，雉膏不食。方雨，亏悔，终吉。信息失真（革耳），政府支持资金无法到位，生态建设缺乏支持。所幸，外力相助（方雨），政策得以落实。九四：鼎折足，覆公餗，其形渥，凶。政策执行不得力，鼎折了足，资金无法准确用在生态建设上，惹祸上身。六五：鼎黄耳，金铉，利贞。改革得到支持，如鼎配上黄耳金铉一般，改革道路一片光明。上九：玉铉在上，刚柔节也。有了政府的绿色支持，如同鼎有了镶玉的杠子一样，生态文明建设所向披靡，无往而不胜。

生态原理：绿色支持政策

制定并实施政策，是绿色政府的应有之意。鼎卦，所提出的政府管理生态的思想与现代生态经济学中的绿色支持政策理论比较吻合。

绿色支持政策的含义。 在气候变暖的背景下，面对国际经济危机和国内经济增长缓慢双重压力，绿色发展已经成为新型的经济发展模式。绿色发展，需要政府的绿色政策支持。所谓绿色支持政策，是政府为了促进绿色发展，促进生态文明建设，制定的一系列支持保护生态环境的宏观经济政策。绿色支持政策的核心在于要以保护生态环境为主旨，以生态效益与经济效益双赢为目标，促进人与自然和谐相处。

绿色支持政策的内容。 绿色支持政策包括很多内容，有生态补偿政策、土地休耕政策、绿色消费政策、环保生产政策等。第一，生态补偿政策，是使生态影响的责任者承担破坏环境的经济损失，对生态环境保护建设者和生态环境质量降低的受害者进行补偿的一种政策。第二，土地休耕政策，是政府有计划地鼓励土地"休息"，通过让土地适度休息保持土壤肥力。第三，绿色消费政策，政府制定政策引导人们摒弃铺张型、攀比型、污染型等不合理的消费方式，倡导人们崇尚自然，追求经济、简单、实用、健康的绿色消费方式。第四，环保生产政策，政府制定政策引导生产者进行绿色环保生产，大力开发绿色环保产品，构建资源节约、环境友好型的生产方式。

绿色支持政策的实现途径。 提高财政绿色投资规模，增列绿色支出预算科目，建立投资津贴机制，支持绿色发展；政府引导多元化绿色投资，集中社会力量支持绿色发展；政府在财税、金融方面给予优惠，大力支持绿色发展；大力发展环境污染治理行业，积极推行环境污染治理设施的企业化、市场化和社会化运营。

鼎卦的生态解析

鼎卦的产生背景。 自古以来，政权都是维持社会稳定发展的重要工具，一项制度的改革必须得到政权的支持才能成功。因此，古人用离卦和巽卦相叠形成鼎卦，告知后人，政府作为国家政权的象征，应该出台绿色政策支持生态体制改革与建设。

鼎卦阐释的支持政策。 鼎象征政权，自古就有"问鼎"、"定鼎"之说。《序卦》："革物者莫若鼎，故受之以鼎。"最能变革事物的是鼎。《杂卦》：

"鼎，取新也。"鼎卦用政权支持改革，才是彻底的更新。生态体制改革的革旧立新，需要政府的大力支持，需要制定绿色支持政策，促进生态体制改革的实现。

绿色支持的必要性。生态体制改革、生态建设都需要政府的"鼎"力支持。其一，政府"鼎有实"，即政府国库中有生态保护支持资金。有了政府支持，即便体制改革遇到阻力，也会"我仇有疾，不我能即"，最终达到吉祥。其二，有了政府的支持，就算"鼎耳革"，信息失真，出现"其行塞"的情况，"雉膏不食"，也会有"方雨"相助，"终吉"。其三，要是"鼎折足"，就会"覆公餗"，资金无法准确用在生态建设上，惹祸上身，"其形渥"。其四，得到了政府的支持，就如"鼎黄耳，金铉"，"鼎玉铉"，改革道路一片光明，"利贞"，无往而不胜，最终大吉。

绿色支持的途径。政府的绿色支持政策，先应将生态体制"鼎颠趾"，再"得妾以其子"，实施支持政策。同时，要"未悖也""中以为实也"，在不违背常理的前提下以踏实的态度给予绿色支持，"以从贵也"，追随绿色发展。政府要"以正位凝命"，以"巽而耳目聪明"的能力制定支持政策，做到"刚柔节也"。在"柔进而上行"时才可取得"得中而应乎刚"，达到"是以元亨"的状态。

启示与对策：旧建筑的生态改造

启示：鼎卦代表了生态体制改革的政府支持，告诉我们应该通过政府的绿色支持政策来帮助生态体制除旧立新。其一，"鼎黄耳，金铉""鼎玉铉"，得到政府的大力支持，是可喜可贺的，我们应该"以正位凝命"，做好改革之事。其二，支持改革也需谨慎，不可随意，否则会有"鼎耳革，其行塞""鼎折足"的可怕的结局。

对策：目前，在中国建筑行业中，旧建筑所占比例较大，其碳排放也相当高。要想实现建筑行业的生态、绿色转型，关键是要对旧建筑进行生态改造，使其降低排放，减少能源消耗。旧建筑生态改造的政策制定应发挥政府的主导作用和市场的主体作用。第一，政府经济调控机制。旧建筑生态改造成本较高，再加之产权不明晰，易造成市场失灵，政府应发挥看得见的手的作用。一是建立投资津贴机制，包括财政直接补贴和建立风险补偿金。二是建立碳税约束机制，对旧建筑的业主按建筑的碳含量的比例征收碳税。三是建立绿色信贷机制，充分发挥银行的融资能力，以信贷资金鼓励旧建筑的节能减排改造。四是政府直接投资机制，对大型公共建筑的生态改造由政府直接出资。

第二，市场化运作机制。可将国外的市场化节能机制，结合中国国情，用于旧建筑生态改造之中。一是合同能源管理；二是综合资源规划；三是电力需求管理；四是能效标识管理；五是环境自愿协议。第三，行政约束机制。包括政策管制、过程管制和强制性指令。政策管制中一方面是修订建筑节能标准，并强制推广；另一方面，实行旧建筑生态改造事后评估，淘汰一些高能耗的旧设备。过程管制主要是在旧建筑改造过程中锁定部分建筑材料和设备。强制性指令是政府在旧建筑的生态改造问题上，需要实施少量的行政强制性指令。

鼎卦——绿色支持：宏观政策

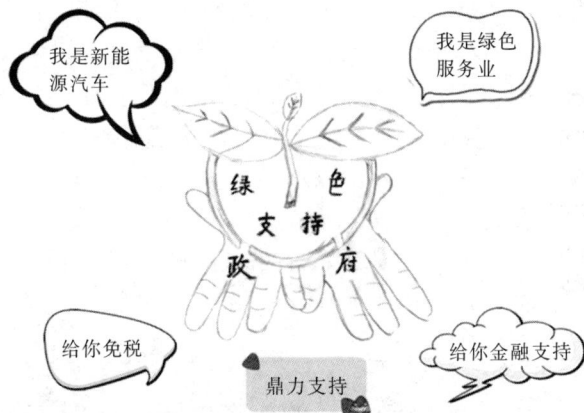

58. 复☳☷——恢复政策：生态补偿

卦辞： 亨。出入无疾，朋来无咎。反复其道，七日来复。利有攸往。

象曰： 雷在地中，复。先王以至日闭关，商旅不行，后不省方。

彖曰： 复亨。刚反动，而以顺行。是以出入无疾，朋来无咎。反复其道，七日来复，天行也。利有攸往，刚长也。复，其见天地之心乎。

爻辞： 初九：不远复，无祇悔，元吉。象曰：不远之复，以修身也。六二：休复，吉。象曰：休复之吉，以下仁也。六三：频复，厉，无咎。象曰：频复之厉，义无咎也。六四：中行独复。象曰：中行独复，以从道也。六五：敦复，无悔。象曰：敦复无悔，中以自考也。上六：迷复，凶，有灾眚。用行师，终有大败，以其国君凶。至于十年不克征。象曰：迷复之凶，反君道也。

复卦六爻的生态内涵

复，恢复。复卦，由坤卦与震卦相叠而成，又曰，雷在地中。复卦，是古人阐释促进生态恢复，实施生态补偿的政策卦。

初九：不远之复，以修身也。生态破坏之初，尚未伤及骨髓，如果能及时实施生态补偿，生态就能得以修复，无大灾害。六二：休复之吉，以下仁也。以仁德之心，减少对大自然的扰动，让大自然充分休息，生态会慢慢恢复生机。休耕，成本更低。六三：频复之厉，义无咎也。以消极心态，实施生态补偿，不会受到社会赞赏，但生态仍能得以恢复，态度不好。六四：中行独复。象曰：中行独复，以从道也。生态破坏中期，实施生态补偿，生态能够得以恢复。六五：在政府的督促下实施生态补偿，生态得以恢复，没有灾害。上六：重度生态破坏，无法修复。自然灾害降临，经济危机到来。这是政府不作为的结果。经济元气大伤，十年之内都难以恢复。

生态原理：生态补偿

在生态遭受损害的情况下，复卦告示后代政府要采取应对措施，促进生态恢复。复卦，符合生态补偿理论。

生态补偿的出处。20 世纪 70 年代美国经济学家塞尼卡和陶希格，基于环境与经济发展的关系提出了补偿发展论。他们认为，当生态环境成为"稀缺物品"时，使用环境和资源的代价会越来越高，应立法通过税赋筹集资金，对环境破坏和资源浪费进行生态补偿，从而实现经济发展与环境改善的良性互动。

生态补偿的含义。生态补偿，是生态投资，即向大自然投资的孪生姐妹。简单地说，生态补偿，就是为了使自然物质内蕴含的自然力得以正常发挥作用，所进行的修复、治理性投资活动。生态补偿是使生态影响的责任者承担破坏环境的经济损失，对生态环境保护建设者和生态环境质量降低的受害者进行补偿的一种经济机制。其以保护和可持续利用生态服务为目的，更详细地说，生态补偿机制是以保护生态环境，促进人与自然和谐发展为目的，根据生态系统服务价值、生态保护成本、发展机会成本，运用政府经济政策与市场手段，调节生态保护利益相关者之间利益关系的公共制度。生态补偿机制的建立是以内化外部成本为原则，对保护行为的外部经济性的补偿，依据是保护者为改善生态服务功能所付出的额外的保护与相关建设成本和为此而牺牲的发展机会成本。

生态补偿的主要内容。一是对生态系统本身保护或破坏的成本进行补偿；二是通过经济手段将经济效益的外部性内部化；三是对个人或区域保护生态系统和环境的投入或放弃发展机会的损失的经济补偿；四是对具有重大生态价值的区域或对象进行保护性投入。

复卦的生态解析

复卦的产生背景。由于人类的过度开采和滥用，资源遭到破坏，大自然无法为人类提供持久的服务。为此，古人用坤卦和震卦相叠形成复卦，告诉后人，大自然遭受损害要及时进行生态补偿，促进生态恢复。

复卦阐释的生态补偿。《序卦》："物不可以终剥，剥穷上反下，故受之以复。"事物走到了终点，又须重新开始，即为"一元复始"的局面，大地重现生机。由此可知，复卦阐释生态恢复的道理，即从损毁到恢复生机的问题。对日益衰竭的自然环境进行生态补偿，才能使之恢复到原始的状态，可以"反复其道"，轮回运行，持久发展。

生态补偿的必要性。天的运行法则就是"反复其道，七日来复"，即"天行也"。当自然界的生物走到尽头、出现危机时，要及时进行生态补偿，使之恢复生机，这是"其见天地之心乎"。政府应该"以至日闭关"，在生态危机来临之前采取行动，使"商旅不行"，禁止人们开采，实施生态补偿。此外，生态补偿政策的制定及实施要"顺行"，顺势前进，顺应自然的发展，才是通达。

生态恢复与补偿的途径。其一，"不远复"。要在生态破坏之初，就实施生态补偿政策，使生态尽快得以修复，才会"无祇悔"，"元吉"。其二，"休复"。以仁德之心，减少扰动，让大自然充分休息，生态会慢慢恢复生机，也会吉祥。这里的休复，就是休耕、休牧的意思。其三，"中行独复"。在生态破坏中期，要及时实施生态补偿，做到"以从道也"，才可恢复生态。其四，"敦复"。在政府的督促下实施生态补偿，自然得以恢复，"无悔"。其五，不应"频复"。不以消极心态实施生态补偿。其六，不可"迷复"。重度生态破坏，使其无法修复，会"有灾眚"，造成"至于十年不克征"的现象。

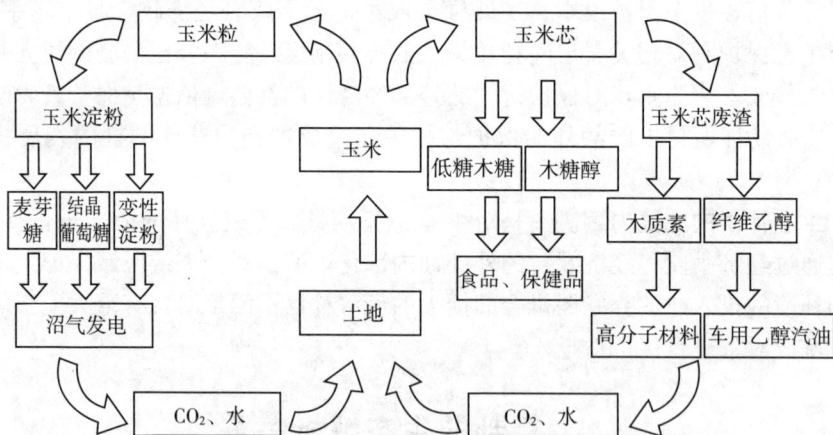

启示与对策：休耕补偿

启示：复卦以恢复思想启示我们，要及时实施生态补偿，修复生态环境。其一，出现生态危机，就应该"以至日闭关"，使"商旅不行"，在危机来临之前采取行动，禁止开采，实施补偿。其二，不管是"不远复"，还是"中行独复"，都要及时"休复"，在政府的"敦复"下，"以从道也"，不可"频复"，

"迷复"，否则会有大灾难。

对策：近年来，中国为了实现粮食高产，农业 GDP 不断提高目标，对土地过度耕种，导致耕地自然力下降，不同程度地出现黄色、橘色与红色预警。因此，要建立休耕补偿机制，实施人退战略，增加土壤自然肥力。这是一种成本比较低的补偿方式。适度休耕，可以增加土壤厚度、增加土地有机质含量、增加生物多样性丰度。一是适度休耕人退战略。适度"人退"，是一种土地自然力免遭人类侵扰，让大自然按照自然规律自我疗伤，土地自然力承载力得以修复，回到有弹性的承载区内的最佳方式。直接休耕，是指耕地短期退出粮食生产系统，闲置不耕种的方式；间接休耕，是指耕地长期退出粮食生产系统，退耕还林、退耕还草的方式；其他休耕方式，包括合理轮作的方式等。二是休耕补贴政策。为弥补农民因休耕而造成的经济损失，财政应设立休耕专项资金账户。设立"休耕补偿基金"，增添公共财政支出项目，引导社会参与，建立起多元化的筹资渠道和市场化运作方式，落实耕地休耕工作。从土地出让收益、建设用地有偿使用费和耕地开垦费、耕地占用税中提取一定比例的资金，建立基本农田保护专项基金，专门用于基本农田保护的补贴。补贴金额要高于当前的退耕还林退耕还草补贴。此外，为使土地休耕工作能够扎实、有序、有效进行，建立监督和检查制度是必要的。

复卦：生态恢复政策

59. 节☲☵——节约政策：循环经济

卦辞： 亨。苦节不可贞。

象曰： 泽上有水，节。君子以制数度，议德行。

彖曰： 节亨，刚柔分而刚得中。苦节不可贞，其道穷也。说以行险。当位以
节，中正以通。天地节而四时成。节以制度，不伤财，不害民。

爻辞： 初九：不出户庭，无咎。象曰：不出户庭，知通塞也。九二：不出门
庭，凶。象曰：不出门庭凶，失时极也。六三：不节若，
则嗟若，无咎。象曰：不节之嗟，又谁咎也。六四：安节，
亨。象曰：安节之亨，承上道也。九五：甘节，吉。往有
尚。象曰：甘节之吉，居位中也。上六：苦节，贞凶，悔
亡。象曰：苦节贞凶，其道穷也。

节卦六爻的生态内涵

节，有节制，节约之意。节卦，由坎卦与兑卦相叠构成，是泽上有水
之象。古人用节卦表述节约使用资源，制定节约制度的政策卦。

初九：不出户庭，知通塞也。由于懂得通与堵的道理，在交通堵塞之
时不出家门，平安无事。引申为，在不触犯节约规制（户庭）的情况下采
取经济行动，不会有差错。九二：不出门庭凶，失时极也。相反，在该建
立节约制度的时候不建立，不出家门，失去时机，有凶险。六三：不节之
嗟，又谁咎也。不节约必遭资源短缺之叹，怨谁呢？六四：安节之亨，承
上道也。按照生态规律，踏踏实实地制定节约政策，吉祥。九五：甘节，
吉。往有尚。心甘情愿地节约资源，形成社会风尚，有利于生态资源储备
安全。这样做符合生态经济之道。上六：苦节，贞凶，悔亡。节约要有度，
节约是为了生态美好，更好地生活，不能做苦行僧，要简约而不简单。否
则，违背了节约的宗旨。

生态原理：循环经济

节约的内涵。节约，就是减少投入，减少消耗。节约，是在保证正常生产、生活质量前提下的节省与俭约。节约的前提是，保证正常的生产生活质量。降低生活标准，苦行僧式的节俭，不符合节约的内涵。节约是避免浪费，避免不必要的消耗。

宇宙飞船理论。节约方式很多，其中一个重要途径是发展循环经济。循环经济来自于宇宙飞船理论。该理论于 1966 年，由美国经济学家鲍尔丁提出。他认为，地球只是茫茫太空中一艘小小的宇宙飞船。人口和经济的无序增长迟早会使船内有限的资源耗尽，而生产和消费过程中排出的废料将使飞船污染，毒害船内的乘客，此时飞船会坠落，社会随之崩溃。唯有循环经济，才能延续飞船的运行时间。

循环经济及其效应。循环经济，是按照清洁生产的方式，对能源及其废弃物实行综合利用的生产活动过程。循环经济把经济活动组成一个"资源—产品—再生资源"的流程；其特征是低开采，高利用，低排放。循环经济以资源的高效利用和循环利用为目标，以物质闭路循环特征，按照自然生态系统物质循环和能量流动方式运行。

节卦的生态解析

节卦的产生背景。随着人口的增加，生活水平的提高，可用矿产资源越用越少，可耕垦的耕地不断减少的现实引发古人的思考。反对浪费，崇尚节约的意识不断滋长。为了形成节约的风气，古人用坎卦与兑卦相叠形成节卦，告示后代政府，要制定节约制度，约束浪费挥霍行为，节约高效地使用资源。

节卦提出节约思想。古人提出"节，亨"，"天地节而四时成"的观点。因为，生态资源数量有限，生态承载力存在递减规律，肆意挥霍浪费，生态资源就会枯竭，经济就难以持久发展，节约符合天道。强调"出门庭"，在出现资源紧缺问题时，践行节约原则。要"节以制度，不伤财，不害民"，即政府要在不伤财、不害民的条件下，制定节约制度，制止铺张浪费行为。政策要不失时机地推出，即"不出门庭"，否则"凶，失时机也"，即失去了自然力恢复的最佳时机。古人反对"苦节",反对苦行僧式的节约方式。认为这将导致"其道穷也",不利于经济社会的健康发展,是大凶的做法。

应有的态度。其一,"安节"。"安节,亨。象曰:安节之亨,承上道也。"所谓安节,就是踏踏实实地厉行节约,不可虎头蛇尾,不可做表面文字。踏踏实实地行节约事,符合生态规律,会受到自然的庇佑。第二,"甘节"。"甘节,吉,往有尚。象曰:甘节之吉,居位中也"。与其愁眉苦脸地节约,不如强化节俭意识,心甘情愿地节约、节俭,减少浪费。其三,不可"苦节"。苦节,是一种违背节约推进经济持续发展宗旨的节俭方式,是不可持续型的。该方式违背了保护与发展良性互动之理,是一种自然主义至上的节俭方式,不被推崇。

启示与对策:生产的 5R 循环原则

启示:节卦通过"节亨","天地节而四时成,节以制度,不伤财,不害民"等启示我们要合理利用资源,节约使用资源,要制定节约的规章制度,缓解资源稀缺对经济发展的压力。一是制定节约政策,发展循环经济"中正以通","议德行",是绿色政府缓解人与生态矛盾的明智之举。二是"节以制度",发展循环经济,能够"不伤财,不害民",高效利用有限的资源,将节约的福利惠及全社会。三是"知通塞",在节约的框架内实现经济发展,亦不可"不出门庭"、不节约,更不可"苦节",违背通过节约实现可持续发展的宗旨原则。

对策:"5R"原则。循环经济是生产者可持续利用自然力的理念和行为模式。作为理念,循环经济包含着:节约经济观、持久经济观和相伴经济观。只有把循环经济理念融入到生产者头脑之中,才能使经济人由不顾及自然力承载、片面追求当前利益的非理性,转化到约束自己的行为在自然力承载范围内,全面关注长久福利得失的理性轨道上。在生产中要走循环经济之路,就必须遵循"5R"原则。一是减量化原则(Reduce),要求用较少的原料和能源投入来达到既定的生产目的或消费目的,进而做到从经济活动的源头就注意节约资源和减少污染。二是再使用原则(Reuse),要求制造产品和包装容器能够以初始的形式被反复使用。三是再循环原则(Recycle),要求生产出来的物品在完成其使用功能后能重新变成可以利用的资源,而不是不可恢复的垃圾。四是再生性原则（Reproduce），是指在资源的使用中，对可再生资源要在能够保证再生的前提下使用，使资源的消耗速度不高于资源的再生速度。五是替代性原则（Replace），是指对不可再生资源应寻求替代性资源，也即开发新的资源。

节卦：循环经济政策

60. 大畜☰——农业政策：绿色畜牧

卦辞： 利贞。不家食，吉。利涉大川。

象曰： 天在山中，大畜。君子以多识前言往行，以畜其德。

彖曰： 大畜，刚健笃实，辉光日新其德。刚上而尚贤。能止健，大正也。不家食吉，养贤也。利涉大川，应乎天也。

爻辞： 初九：有厉，利已。象曰：有厉利已，不犯灾也。九二：舆说輹。象曰：舆说輹，中无尤也。九三：良马逐，利艰贞。曰闲舆卫。利有攸往。象曰：利有攸往，上合志也。六四：童牛之牿，元吉。象曰：六四元吉，有喜也。六五：豮豕之牙，吉。象曰：六五之吉，有庆也。上九：何天之衢，亨。象曰：何天之衢，道大行也。

大畜卦六爻的生态内涵

畜，畜牧，积蓄。大，盛大。大畜，大农业、大的积蓄。大畜卦，由艮卦与乾卦相叠而成，古人用以表述大力发展绿色畜牧养殖业，促进生态资本积聚的途径与意义。

初九：有厉利已，不犯灾也。非生态养殖，易多发疫情。停止非生态做法，代之以绿色养殖机制，无灾祸。九二：舆说輹。不生态的做法，无益。应将车轴主动卸下，让车停下了，即扬弃旧有的畜牧产业体制，代之以绿色体制，才能无忧。九三：良马逐，利艰贞。用具有优良基因的良种马交配繁衍，有利于养马产业的发展。六四：童牛之牿，元吉。给小野牛套上缰绳，即建立制度，有利于规范养牛产业的绿色化转型。六五：豮豕之牙，吉。将野猪束缚住，关在圈里饲养，有利。上九：何天之衢，亨。政府顺天佑民，制定生态农业政策，就能促进绿色大农业的发展，进而积蓄巨额生态资本。

生态原理：绿色农业

古人用大畜卦阐释绿色农业思想，告示后代政府要制定绿色畜牧产业政策。大畜卦蕴含着现代绿色农业的思想。

绿色农业的内涵。广义的绿色农业，是指以可持续发展理论为指导，从注重自然生态平衡、减少环境污染、保护和节约自然资源、维护人类社会长远利益及其长久发展的角度出发，在农业从"田间到餐桌"的整个产业链条中，以绿色科技创新为依托，以"绿色环境"、"绿色技术"、"绿色产品"为主体，生产无公害、无污染、有益于人类健康的农产品的产业，包括粮食种植业、林业、畜牧业、渔业、副业。

绿色农业的作用。一方面，绿色农业是自给自足型的农业，在农业生产过程中实现节约能源、节约资源、节约资金、精耕细作、人畜结合、施有机肥、循环利用，有利于缓解当下的资源紧缺状态。另一方面，绿色农业及与其伴随的绿色食品必须出自良好的生态环境，因此在发展农业的同时，注重对生态环境的保护，弥补了传统农业使生态长期处于能源流出状态的不足，在保护生态的框架下生产，在农业生产中实现对生态的保护与修复，为人们提供了良好的气候、新鲜的空气、丰富的水源、肥沃的土壤等，缓和了人与生态的矛盾。

绿色农业具有积蓄生态资本的巨大作用。生态资本是能够带来经济和社会效益的生态资源和生态环境，主要包括自然资源总量、环境质量与自净能力、生态系统的使用价值以及能为未来产出使用价值的潜力等内容。绿色农业，采用绿肥施用、秸秆还田等措施，对养护生态起到了至关重要的作用。绿色农业意味着森林存量的增加、生物多样性的增加、矿藏开发力度的减少等。意味着生态平衡层次的提高，有利于溢出生态效益，提高经济社会可持续发展能力。

大畜卦的生态解析

大畜卦的产生背景。远处山峦与天相接，良马在草场内奔驰，牛和猪圈养摆脱疫情的困扰。自然生态养殖的种种好处，给了古人以重要的提示。为了减少流行病对畜牧业造成的损失，维护人与动物的健康，实现畜牧业的良性发展，古人用艮卦与乾卦相叠形成大畜卦，告示后人，在发展畜牧业过程中，要警惕不恰当的养殖方式诱发的疫情，采取科学合理的养殖方式，发展绿色大农业。

大畜卦阐述的绿色畜牧业。古人认为，"物畜然后可养"，将动物聚集起来，壮大规模，才能获得更多的生产生活资料，因此有必要发展畜牧业。古人强调"大畜，利贞"。发展畜牧业能为人们提供持续的食物，更能够"利涉大川"，将多余的福利存储起来，以备不时之需。古人认为发展畜牧业不可"舆说輹"，不生态、不科学的养殖方法，会导致"有厉"，易发疫情。因此古人提倡"良马逐"，"童牛之牯"，"豮豕之牙"，遵循生态规律，建立绿色养殖机制，发展绿色畜牧业。

以刚健、笃实、辉光、日新其德之态发展绿色大农业。一是大畜卦中仅有两条阴爻，阴爻为承载、积蓄，这是大畜卦的核心。古人赋予大畜卦"刚健、笃实、辉光、日新其德"的品性，启示人们要注重积蓄和承载。畜牧业的发展不仅要注重养殖规模，更要在发展农业的过程中实现对生态承载力的修复，即发展绿色大农业。二是"有厉，利已"，不恰当的养殖方式会导致疫病，因此要"舆说輹"，扬弃旧有的畜牧产业体制，引入绿色大农业机制。三是"良马逐"、"童牛之牯"、"豮豕之牙"，发展绿色大农业要充分考虑禽畜的天性，不可违背生态规律。四是"何天之衢"，政府应制定绿色农业支持政策以及相应的财政政策，通过发展绿色大农业，增进生态福利，进而积蓄生态资本。

启示与对策：绿色畜牧产业集群

启示：大畜卦通过"刚健、笃实、辉光、日新其德"告示人们，发展绿色大农业能实现经济效益与生态效益的双丰收。一是发展绿色大农业要"应乎天"，遵循自然规律，否则会"有厉"，易发生疫病。二是发展绿色大农业必须"舆说輹"，放弃旧有的不科学的养殖模式，引入绿色发展机制。三是发展绿色大农业应坚持"养贤"，引入循环机制、生态机制，在发展农业的同时实现生态修复，进而积累生态资本。

对策：根据波特的产业集群理念，构建以肉、乳、特色产品为龙头的绿色畜牧产业集群，带动养殖业的发展，增强区域核心竞争力，是实现畜牧业可持续绿色发展的良好路径。中国畜牧业产业拥有比较雄厚的基础，相对机会成本较低，具备形成规模经济收益的优越条件，有进一步上升的巨大空间。更为重要的是，它具备发展产业集群的集中性、地域性、关联性三个主要特征。因此，有必要发挥比较优势，实施具有区域特色的畜牧产业大集群战略——围绕畜牧养殖业，培育绿色肉、乳、特色加工企业集群链，拉动畜牧业，带动相关产业发展。生态绿色畜牧产业集群，是一个具有强大生命力、有鲜明层次的生物有机体。它是以绿色无污染的生态农业基地为背景；以畜牧养殖业为轴心；以肉、乳、特色产品加工业链接众多相关商业服务业的三条产业群为动力，充满生机的大产业集群体。要实现绿色畜牧产业集群良性互动、持久增长，政府的引导作用不可或缺。在循环经济框架下，一要突出"大"字，以大企业为龙头，以大生态基地为依托。二要体现"绿"字，以无污染的绿色饲料基地为基础，不断培育绿色畜牧品牌。三要强调"久"字，产业集群具有持久运行能力和对区域经济的持久带动能力。

大畜卦：绿色畜牧政策

61. 旅☲——出行政策：绿色交通

卦辞： 小亨，旅贞吉。

象曰： 山上有火，旅。君子以明慎用刑，而不留狱。

彖曰： 旅小亨。柔得中乎外，而顺乎刚，止而丽乎明，是以小亨旅贞吉也。旅之时义大矣哉。

爻辞： 初六：旅琐琐，斯其所取灾。象曰：旅琐琐，志穷灾也。六二：旅即次，怀其资，得童仆贞。象曰：得童仆贞，终无尤也。九三：旅焚其次，丧其童仆，贞厉。象曰：旅焚其次，亦以伤矣。以旅与下，其义丧也。九四：旅于处，得其资斧，我心不快。象曰：旅于处，未得位也。得其资斧，心未快也。六五：射雉，一矢亡。终以誉命。象曰：终以誉命，上逮也。上九：鸟焚其巢，旅人先笑后号咷。丧牛于易，凶。象曰：以旅在上，其义焚也。丧牛于易，终莫之闻也。

旅卦六爻的生态内涵

　　旅，有履与在外旅行之意。旅卦艮下离上，呈现日落西山，旅客投宿之象。古人运用旅卦阐释绿色出行的必要性及其实现路径。

　　初六：旅琐琐，斯其所取灾。白日风尘扑扑，夜晚投宿。外出经商，自找罪受。引申为，旅客猥猥琐琐，污染环境，会招灾祸。六二：旅即次，怀其资，得童仆贞。旅客很富有，得到好的生态服务。引申为，坚守绿色出行，则会在旅途中得到他人的帮助。九三：旅焚其次，丧其童仆，贞厉。不珍惜自然资源，生态服务就会被撤走，进而失去生活和生产资料，遭遇自然的报复。九四：旅于处，得其资斧，我心不快。虽然得到他人资助，但由于出行方式不对，心中仍然不快乐。六五：射雉，一矢亡，终以誉命。绿色出行，会错过许多便捷方式，最终得到赞誉。上九：鸟焚其巢，旅人先笑后号咷。丧牛于易，凶。烧了鸟巢，违背了绿色出行方式，先笑后哭，会丢弃宝贵的资源。

生态原理：绿色出行

　　旅卦，是古人揭示绿色出行之道，指导后代政府实行绿色交通管理的卦爻。所蕴含的原理，与现代绿色、低碳出行非常吻合。

　　轮子上的黑色出行。汽车工业的发展为人类带来了快捷和方便，但同时，也引起了能源消耗和空气污染。汽车是增长最快的温室气体排放源，全世界交通耗能增长速度居各行业之首。因此，为了避免汽车带来的弊端，我们应该积极倡导绿色出行。出行要多乘坐公共汽车、地铁等公共交通工具，合作乘车，环保驾车，或者步行、骑自行车等。

　　绿色出行。绿色出行是采用对环境影响最小的出行方式，通过碳减排和碳中和实现环境资源的可持续利用和交通的可持续发展，是一种节约能源、提高能效、减少污染、有益于健康、兼顾效率的出行方式。广义的绿色出行还包括在出行过程中的一些保护环境的行为。道路畅通是绿色出行的核心。道路畅通，一方面是为了提高出行效率，降低社会运行的成本；另一方面是为了减少机动车污染排放。文明开车也是绿色出行。由于现实当中不文明开车的现象太多了，由此引发许多交通拥堵现象。把文明开车纳入绿色出行，更具有现实意义。

　　绿色出行活动。为了倡导绿色出行，各地发起了多种绿色出行活动。第一，公共交通出行，即乘坐地铁、轻轨、公共汽车等公共交通出行。第二，自行车出行。在一些交通拥堵的城市，提倡自行车出行，不仅节约时间，还锻炼身体，同时也为建设和保持我们的家园贡献了力量。第三，开展寻找"绿色出行达人"活动，深入宣传环境保护以及宣传"绿色出行"的理念。第四，开展"无车日活动"，倡导人们以更节约的方式来生存和发展。第五，通过一些大型活动，如"世博会""亚运会"等引导人们绿色出行。

旅卦的生态解析

　　旅卦的产生背景。读万卷书不如行万里路，自古以来，旅行是一种人们放松心情、缓解压力的休闲方式。然而，旅行也给生态环境带来了无形的压力。由此，古人用离卦和艮卦相叠形成旅卦，告知后人要倡导绿色出行，保护生态环境。

　　旅卦提出的绿色出行。《周易正义》孔颖达疏云："旅者，客寄之名。失其本居而寄他方，谓之为旅。"旅卦为旅行、旅游之意。"旅贞吉"，旅行时要顺应时势，不可扰乱自然界的平衡，旅行守正，才可吉祥。即旅卦提出了生态旅游、绿色出行的对策。

倡导绿色出行。出行时，要注意"旅之时义"，关键是要"柔得中乎外而顺乎刚"，出门在外应该顺应自然界，使得刚柔相应，才可"小亨"。旅行中，出现"山上有火"，即为"明慎"之意，警示我们一切皆应"明慎"，不可污染环境，要"止而丽乎明"，依附光明，顺应时势而知进退，绿色出行，做到与自然界和谐相处。如此，就会"得童仆贞"，享受美好的生态环境，得到珍贵的自然资源，是"终无尤也"。抛弃污染环境的旅行"终以誉命，上逮也"，会获得赞誉。

警示污染环境。若在旅行时"旅琐琐"，污染环境，且"志穷"，没有绿色环保的意向，则是"斯其所取灾"，自招灾祸。不倡导绿色出行，不仅会"旅焚其次，丧其童仆"，丧失自然资源，而且"亦以伤矣"，惹祸上身，最终会带来生态危机。即使是"旅于处，得其资斧"，也会因出行方式未居生态之位而"我心不快"。最终由于"鸟焚其巢"而"丧牛于易"，造成"旅人先笑后号咷"的情形。因此，古人告示后人，要绿色旅行。出行要行有益于生态环境之事，要与生态友好，要建立人与自然的和谐关系。

启示与对策：低碳交通建设

启示：旅卦，倡导生态旅游、绿色出行，体现了古人保护环境、爱护自然的心意。其一，出门在外要"柔得中乎外而顺乎刚"，顺应自然界，顺应时势，做到与自然界和谐相处。其二，旅行在外要注意"山上有火"，一切皆应谨慎，不可污染环境。其三，旅行时不可"旅琐琐""鸟焚其巢"，否则会遭到自然界的报复。

对策：在全球能源消耗增量中，约有 20％用于交通。高碳交通，不仅消耗了大量不可再生资源，加快了能源耗竭的步伐，还排放了大量的温室气体，加速全球气候变化。因此，在大力倡导绿色出行的背景下，要加快高碳交通向低碳交通转型的步伐，积极促进低碳交通。低碳交通起源于低碳经济，是交通领域的一种全新的发展理念。低碳交通不仅仅是追求交通碳排放的降低，而且是在满足交通需求不断提升的背景下降低碳排放，是一种以高能效、低能耗、低污染、低排放为特征的交通运输方式。其核心在于提高交通运输的能源效率，改善交通运输的用能结构，优化交通运输的发展方式。低碳交通作为一个内容广泛的可持续发展交通体系，具有出行方式低碳性、重视减排、功能多样性、体系化、综合性等鲜明特点。其牵涉面广，既涉及到公共交通、慢行交通、清洁能源交通体系，又与土地利用、车辆工程技术、基础设施密切联系。目前为止，中国的低碳交通发展已有多种模式，如公共交通减碳模式、私人交通技术创新模式、交通节点能源替代模式、绿色街区吸碳模式，等等。发展低碳交通，要根据不同的情况选择不同的模式。低碳交通还需要很多政策支持，通过广告宣传低碳交通、财政税收的激励、金融政策的支持以及惩罚政策的配合等方式推进低碳交通发展。

旅卦：绿色交通政策

62. 同人☲——联盟政策：碳交易

卦辞：同人于野，亨。利涉大川，利君子贞。

象曰：天与火，同人。君子以类族辨物。

彖曰：同人，柔得位得中，而应乎乾，曰同人。同人曰：同人于野，亨，利涉大川，乾行也。文明以健，中正而应，君子正也。唯君子为能通天下之志。

爻辞：初九：同人于门，无咎。象曰：出门同人，又谁咎也。六二：同人于宗，吝。象曰：同人于宗，吝道也。九三：伏戎于莽，升其高陵，三岁不兴。象曰：伏戎于莽，敌刚也。三岁不兴，安行也。九四：乘其墉，弗克攻，吉。象曰：乘其墉，义弗克也。其吉，则困而反则也。九五：同人先号咷而后笑，大师克相遇。象曰：同人之先，以中直也。大师相遇，言相克也。上九：同人于郊，无悔。象曰：同人于郊，志未得也。

同人卦六爻的生态内涵

同人，有集合、结盟之意。同人卦，上乾下离，有天下有火，火烧云，灿烂之象。古人用同人卦阐释国家之间结成联盟，联合开发、联合治理。

初九：同人于门，无咎。志同道合的人，走出国门联合起来一起解决生态问题，能有效抵御生态灾害。六二：同人于宗，吝。同宗之人结成联盟，引申为，同国之人结成同盟，排斥他国。这种做法，未免过于狭隘，对救助生态没有益处。九三：伏戎于莽，升其高陵，三岁不兴。结成同盟的人们埋伏在草莽之中，积蓄力量，精心准备救治生态的工作。但是，由于生态损害过重，短期内无法恢复，至少要三年以上的时间。九四：乘其墉，弗克攻，吉。同盟之人采取行动，但短期内无法解决生态问题。九五：同人先号咷而后笑，大师克相遇。各国政府出台救治生态的政策。政策实施以后，取得了阶段性胜利，人们破涕为笑。上九：同人于郊，无悔。生态救治还未取得完全胜利，各同盟壮志未酬。要增强信心加大行动力度。

生态原理：碳减排联盟

同人卦，是古人通过志向相同的人，走出国门点上篝火议事之象，阐释国际社会结成同盟保护生态，共同应对生态灾害的理论与对策。蕴含的理论与生态经济学中的碳减排联盟理论相吻合。

全球性的生态灾害。公共自然力按照空间范围可以划分为区域性公共自然力和全球性公共自然力。全球性公共自然力适用于联合国的定义，即能够给所有国家、民族、当代人以及后代人都带来利益的物品中的一类。例如大气、气候、臭氧层、地下水体、公海、外空间等在经济生活中的作用能力。随着 20 世纪 50 年代酸雨的泛滥、70 年代臭氧空洞的发现到当代的气候异常等，说明全球性生态灾害已经爆发。应对气候危机，需要各国政府通力合作，结成联盟联合防治。

国际碳减排联盟。1992 年，在联合国环境与发展大会上，150 多个国家制定了《联合国气候变化框架公约》。公约的签署，意味着国际碳减排联盟成立。该联盟旨在相互督促，减少二氧化碳等温室气体排放，应对国际性灾害——气候变化。

国际碳减排合作。《联合国气候变化框架公约》要求发达国家限制温室气体排放，并向发展中国家提供资金和技术援助，设立碳交易机制，尝试通过市场，进行国际联合减碳。因而，国际碳减排合作有了三种形式：一是碳减排资金上的援助，即发达国家对发展中国家的资金援助；二是发达国家对发展中国家碳减排技术上的支持；三是碳交易合作。碳交易合作主要有三种机制：根据《京都议定书》有"清洁发展机制"，即发达国家如果完不成减排任务，可以在发展中国家实施减排项目或购买温室气体排放量，获取"经证明的减少排放量"作为自己的减排量；此外，还有"联合履约机制"和"碳排放贸易机制"。

同人卦的生态解析

同人卦的产生背景。生态环境是我们美好的家园，但人类的生态足迹过大总会影响生态环境，甚至损害生态环境。古人认识到，有些环境物质属于公共的，需要联合救治，为此先贤用乾卦和离卦相叠形成同人卦，告知后人，应该结成同盟，致力于解决生态损害问题。

同人卦阐释的生态联盟。《序卦》："物不可以终否，故受之以同人。"即一个人、一个国家的力量是有限的，要与他人聚合，与他国结盟，同人卦阐释集合、联手、结盟的原则，表达与人聚合、联手，建立生态联盟，保护生态环境的思想。"二人同心，其利断金"，众人联手，既"利涉大川"，又"利君子贞"，生态损害有望恢复。

建立生态联盟。聚合众人，建立生态联盟，其核心在于"柔得位得中，而应乎乾"，时机要合宜且位置要居中，最重要的是要"应乎乾"，顺应天道，顺应自然界的发展，向着"乾行"，才会"文明以健，中正而应"。先贤告知，"君子正也"，是实现可持续发展的路径。建立生态联盟时，要"以类族辨物"，能够明辨事物，将成员进行归类，并分配好相关任务，各尽其责，着力解决生态问题。此外，生态联盟不可只是"同人于宗，吝道也"，要"出门同人"，广泛地团结一切可以团结的力量，壮大队伍。

联手救治生态。建立生态联盟之后，先要"伏戎于莽"，积蓄力量；且要"升其高陵"，登高观察生态情况。待时机成熟，就可"乘其墉"，行动起来救治生态。由于生态损害过于严重，还是无法"弗克攻"，"三岁不兴"。一旦遇到困难，就应该以"则困而反则也"的原则解决问题。若"大师克相遇"，各国政府出面，共同支持生态救治，则会破涕为笑，"言相克也"，战胜困难，救治好生态环境。

启示与对策：积极参与碳交易

启示：同人卦用聚合众人、建立生态联盟、联手救治生态环境的思想启示我们：其一，建立生态联盟要"柔得位得中，而应乎乾"，以顺应自然规律为核心，旨在联手救治生态环境。其二，建立生态联盟，不可只是"同人于宗"，要"出门同人"，集中更多的力量，采纳不同人的意见，使生态环境得到更好的救治。其三，"大师克相遇"，各国政府出面，共同支持生态救治，呼吁大家拯救环境。

对策：中国要积极参与碳减排联盟，积极参与碳交易。第一，积极发展环境外交。中国应该积极展现国际排污权交易机制谈判中负责任的大国形象，在坚持原则的基础上做出和履行不超出自身能力水平范围的承诺。要让世界认识到中国在应对全球气候变暖方面做出的积极努力和贡献。在国际谈判中，中国应展开全方位的环境外交，改变发展中国家在国际事务中的无权地位，引导国际气候谈判的方向。要巩固发展中国家的谈判阵营，力争提高发达国家对发展中国家资金和技术的援助比例。第二，提高自身能力建设，推进低碳经济发展。只有提高自身的综合国力，才能在国际谈判中提高自身的影响力。无论国际气候谈判的进展如何，各国发展低碳经济的大趋势不会改变。第三，建立国内统一的碳交易市场。目前中国没有统一的碳交易市场，长期以来碳交易被隔离于国际碳交易的主体市场之外，只停留在较为低级的场外交易市场。在未来的国际碳交易过程中，如果中国没有自己的交易体系，就将无法获得相应的定价权。而没有相应的碳交易市场的规章制度，自然也无法建立自己的碳交易市场。所以，建立统一的碳交易市场不但是低碳经济发展的一部分，同时也是促进低碳经济发展的重要推动力，更是中国参与国际排污权交易的重中之重。

同人卦：国际碳同盟政策

63. 遁䷠——遁移政策：减灾防灾

卦辞： 亨。小利贞。

象曰： 天下有山，遁。君子以远小人，不恶而严。

彖曰： 遁亨，遁而亨也。刚当位而应，与时行也。小利贞，浸而长也。遁之时义大矣哉。

爻辞： 初六：遁尾，厉，勿用有攸往。象曰：遁尾之厉，不往何灾也。六二：执之用黄牛之革，莫之胜说。象曰：执用黄牛，固志也。九三：系遁，有疾厉，畜臣妾，吉。象曰：系遁之厉，有疾惫也。畜臣妾吉，不可大事也。九四：好遁，君子吉，小人否。象曰：君子好遁，小人否也。九五：嘉遁，贞吉。象曰：嘉遁贞吉，以正志也。上九：肥遁，无不利。象曰：肥遁无不利，无所疑也。

遁卦六爻的生态内涵

遁：后退，逃离，隐蔽，防范，减损。遁卦，由乾卦与艮卦相叠而成，呈现天下有山之象。古人用遁卦代表减灾防灾政策。

初六：遁尾，厉，勿用有攸往。逃避不及，落在队尾。大灾之时，不积极制定减灾防灾政策，来不及逃离，必面临危险。六二：执之用黄牛之革，莫之胜说。大灾之时，用黄牛皮革之绳，将宏图大志暂先捆扎住，三十六计，退隐为上策。九三：系遁，有疾厉，畜臣妾，吉。不规避，就会遭遇大灾大难。相反，暂时隐退，固守田园，有利于积蓄力量。九四：好遁，君子吉，小人否。顺应规律，该隐则隐，该避则避，是绿色政府之道。而贪恋小利，大灾之时，不退不隐，则是黑色政府之道。九五：嘉遁，贞吉。及时避灾，值得褒奖。上九：肥遁，无不利。政府重视，拨巨额资金，用在减灾防灾基础设施建设之上，必能应对大的灾害。

生态原理：减负等于加正

遁卦告示，人力无法战胜的自然灾害，要采取逃离、隐蔽的政策，也就是现代生态经济学中的减灾防灾经济，与减负等于加正理论吻合。

减负等于加正原理。避害，未雨绸缪，积谷防饥。通过认识自然灾害的性质、特征等，采取措施把自然灾害造成的损失减到最小，从经济学视角研究灾害自然力，就是要千方百计地实施有效规避战略，减轻灾害造成的负面影响。杰文斯说："痛苦是快乐的反对，所以，减少痛苦，即是增加快乐；增加痛苦即是减少快乐"。因而，"减负等于加正，加负等于减正"，可以说，是一条重要的规避灾害自然力的经济学法则。

人为原因引起的灾害。对人为因素引起的自然力灾害，除了正常的救治外，经济学的规避法则，要求把对自然力的利用控制在其承载限度内，避免再度发生正常自然力的不利性质的质变。要充分认识到人与自然的同一性，即"人是环境的产物，环境正是由人来改变的，环境的改变和人的活动是一致的。""人创造环境，同样，环境创造人。""自然界和人的同一性还表现在，人对环境的狭隘关系制约着他们之间狭隘的关系，而他们之间狭隘的关系又制约着他们对自然界的狭隘的关系。"对立面在一定条件下相互转化是一种普遍的规律。因而，在处理与自然力的矛盾中要谨记荀子的话："见其所可欲也，则必前后虑其可恶也者，见其所可利也，则必前后虑其可害也者，而兼权之，孰计也，然后定其欲恶取舍。如是则常不失陷矣。"

自然原因引起的灾害。对于自然原因引起的灾害自然力，尽管在相当大程度上人类理性难以控制，很多巨大灾难难以准确预测，但通过构建规范、有效的危机管理体制及运作模式，以减少灾害中人员伤亡及财产损失，则是相当必要、可行和重要的。

遁卦的生态解析

遁卦的产生背景。当自然灾难即将来临之际，老鼠土遁、猪狗四处躲藏、候鸟搬家。这些现象启示古人，引发了古人对逃灾避灾、防灾减灾的思考。为了挽救劳动果实、保障生命财产安全、降低灾害成本，古人用乾卦和艮卦相叠形成遁卦，用以告示后人，警惕灾害的发生，提前制定应急预案，做好防灾减灾工作。

遁卦阐述的减灾防灾思想。古人认为，"遁而亨也"，灾害发生时及时逃避，避免生命财产损失，有利于积蓄力量，重建家园，是实现可持续发展的必要条件。古人强调不可"遁尾"，若是不甘劳动成果被损毁而落在逃灾队伍的后面，就会"厉"。因此要制定政策该遁则遁，该逃则逃。古人反对"系遁"，反对因小失大的不理智行为，提倡"遁亨"，"好遁"，鼓励"嘉遁"，在灾害发生时，及时避灾，否则"有疾厉"，既不能保证财产安全，又会危及生命。

遁的路径。一是"遁亨"，增强避灾意识，"以远小人"，积蓄力量，才会"不恶而严"，才能最大限度地减少生命财产损失。二是在预测到自然灾害即将发生时，要"固志"，要敢于面对灾害，临危不乱地实施应急预案，及时发布灾害信息，合理有序地进行避灾，将灾害的损失降到最低。灾害发生后，彻底贯彻抢险方案，尽快恢复正常的生活秩序。三是谨防"遁尾之厉"，要尽快逃离灾害现场，不可"系遁"，不可因小失大，贪恋小利。大灾之时，不退不隐，是黑色政府之道，"有疾厉"，引致更严重的损失。四是"好遁，君子吉"，顺应规律，该隐则隐，该避则避，是绿色政府之道。五是"畜臣妾吉"，通过避灾积蓄力量，重建家园。六是"肥遁"，绿色政府应及时进行灾后重建，拨巨额资金用在减灾防灾基础设施建设之上，必能应对大的灾害。

启示与对策：减灾防灾

启示：遁卦通过"遁而亨"启示我们要减灾防灾，不可"系遁"，因小失大，应该及时逃避，不可花费无谓的成本。一是提高减灾防灾的意识，宣扬"遁亨"的减负等于加正的避灾思想。二是绿色政府应坚持"好遁"，顺应规律，该隐则隐，该避则避。三是"畜臣妾吉"，通过及时避灾，积蓄力量。"固志"，敢于面对灾害，积极投入灾后重建之中。四是绿色政府要"肥遁"，以雄厚的人力物力财力支持灾区。

对策：第一，建立有效的灾害自然力预防和管理机制。在政府—行政、市场—企业和公民—社会等多元主体互动、有效制衡的现代社会治理结构下，形成一种以政府为主导，以市场为依托，以公民为根基的危机预防及管理体制。该模式包括建立长效的宣传教育、预防、监测、预警、抗灾救灾、新闻发布等"防灾、抗灾、救灾"的社会公共管理系统。第二，加强对灾害的科学研究，重点是正效用自然力运用中可能引起的负效用自然力的规避技术的研究。例如，核垃圾中放射性物质的危害规避技术、石油运输中的疏漏规避技术；大的生态工程减少可能带来的负效用的规避技术研发与应用研究等。第三，合理投资。能够长期有效地维持稳定的投资是遏制地质环境恶化和有效改善地质环境的关键。将国民生产总值的 2％～5％用于地质灾害防治，可有效遏制地质环境恶化；将国民生产总值的 5％～8％用于地质灾害防治，可有效改善地质环境。第四，加强对建筑物的科学设计，应成为今后规避自然灾害的一项重要工作。第五，生态移民。一方面可以减轻人类对原本脆弱的生态环境的继续破坏，使生态系统得以恢复和重建；二是可以通过异地开发，逐步改善贫困人口的生存状态；三是减小自然保护区的人口压力，使自然景观、自然生态和生物多样性得到有效保护。

遁卦：减灾防灾政策

64. 豫☳☷——防御政策：生态储备

卦辞： 利建侯、行师。

象曰： 雷出地奋，豫。先王以作乐崇德，殷荐之上帝，以配祖考。

彖曰： 豫，刚应而志行。顺以动，豫。豫顺以动，故天地如之，而况建侯行师乎。天地以顺动，故日月不过，而四时不忒。圣人以顺动，则刑罚清而民服。豫之时义大矣哉。

爻辞： 初六：鸣豫，凶。象曰：初六鸣豫，志穷凶也。六二：介于石。不终日，贞吉。象曰：不终日，贞吉，以中正也。六三：盱豫悔。迟有悔。象曰：盱豫有悔，位不当也。九四：由豫，大有得，勿疑，朋盍簪。象曰：由豫，大有得，志大行也。六五：贞疾，恒不死。象曰：六五贞疾，乘刚也。恒不死，中未亡也。上六：冥豫，成有渝，无咎。象曰：冥豫在上，何可长也？

豫卦六爻的生态内涵

　　豫，有御，预防、预备之意。豫卦，上卦为震下卦为坤，有雷出地奋之象。古人用豫卦阐释实施生态储备、建立生态防御机制的思想。

　　初六：鸣豫，凶。只是大吵大嚷、四处嚷嚷，不将资源储备与生态防御工作落到实处，会引发危机。六二：介于石。不终日，贞吉。幸好政府不久就明白了只嚷不作为会误国误民的道理，制定了生态防御战略，避免了危机。六三：盱豫悔。迟有悔。然而，由于政策拖拖拉拉，执行力不强，误了大事，晦气。九四：由豫，大有得，勿疑，朋盍簪。终于，政府实施了生态预防与储备战略，大有收获，大家都感到愉悦。不必再担忧，可以与朋友相聚。六五：贞疾，恒不死。只要采取储备战略，即便有灾祸，也不至于有大的闪失。上六：冥豫，成有渝，无咎。如果准备工作具有盲目性，即便侥幸成功，也不能维持长久。

生态原理：生态防御

生态不安全。目前，中国已经出现了严重资源短缺问题，如煤炭储量不够开采 100 年，石油探明储量只够使用 25 年，而且资源人均占有量与世界相比较低，资源利用率低。其中最严重的是中国的水资源短缺问题。中国是世界上水资源贫乏的国家，人均水资源仅为世界平均水平的四分之一。另外，中国石油资源也存在很大的短缺问题。自 2003 年以来，中国各地陆续出现加油站大面积缺油现象，石油供应短缺矛盾开始在中国经济与社会的发展中凸显。因此，面对如此严重的资源短缺问题，为了防止发生生态危机，要进行生态储备，建立生态防御机制，使资源的利用能够可持续。

实施生态储备战略。生态储备，是指为了防止出现资源短缺，影响社会经济的可持续发展，采取措施储备资源，以备不时之需。有些资源是不可再生的，我们不仅要考虑当前的利用，还要考虑子孙后代的利用，不仅要考虑到正常情况下的经济资源供应，还要考虑到战争或国家安全利益受到威胁条件下的战略资源的供应。因此，要对资源进行必要的战略储备。

实施生态防御。自然界赋予的生态资源是有限的，不是取之不尽用之不竭的。因此，我们要对所拥有的资源数量有所掌握，并且应该制定一条吃水线，当资源的耗用超过该吃水线时，就应该马上进行生态资源储备，建立生态防御，避免出现生态资源短缺。若在未进行生态储备的情况下，已经出现资源短缺，就要实施"走出去战略"，到国外一些资源市场特别是资源丰富的友好国家购买，或者到国外进行资源的风险找矿勘探和开发，建设稳定供矿基地，解决短缺资源的稳定供应。这是保证中国 21 世纪社会经济可持续发展的必然选择。

豫卦的生态解析

豫卦的产生背景。大自然为我们提供的资源是有限的，然而人类社会想要得到持久的发展，就要采取措施延长资源的有限性。但对于不可再生资源来说，只能通过生态储备来避免资源短缺。因此，古人用震卦和坤卦相叠形成豫卦，警示我们要及时实施生态储备，建立生态防御机制，实现可持续发展。

豫卦的生态防御思想。《序卦》："有大而能谦必豫，故受之以豫。"即使有了资源财富，也应该有居安思危的预备之意。豫卦的核心就是"预"，即预防在先。"国无乐，必死气沉沉，乃暗国；而狂娱，必挥霍无度，乃误国。"对于生态资源的使用，要注意过犹不及，要抱有居安思危的思想，提前做好生态防御，否则再多的资源也会被耗尽，最终引发生态危机。

实施生态储备，建立生态防御。"豫之时义"为"天地以顺动，故日月不过，而四时不忒"，因此要"豫顺以动"，顺势而行，保护生态，节约资源，实施生态储备，建立生态防御。生态储备的实行，一定要有"介于石"的意志，"以中正也"，坚守正固，做好生态储备，使资源能够"恒不死"，社会能够持久发展。有了生态储备，就如大地回春一样，"雷出地奋"，春雷轰鸣，大地震动，雷依时出，万物欣欣向荣。而且是"大有得""志大行"，使人们"由豫"，感到愉悦，"勿疑"，不必再有担忧。

生态防御的警示。建立生态防御，就不可"盱豫"，只看不做，也不可"迟有悔"，行动迟缓，否则都会有"悔"；还不可"鸣豫"，只叫唤不储备。若还是"冥豫"，也是"何可长也？"不会长久。因此，要坚定信念，做好生态防御，预防生态危机。

启示与对策：中国的生态储备战略

启示：易经用豫卦警告我们要预防在先，及时实施生态储备，建立生态防御机制。其一，要"豫顺以动"，顺势而行，保护生态，节约资源，实施生态储备，建立生态防御。其二，要有"介于石"的意志，坚持进行生态储备和生态防御，最终走向可持续发展。其三，不可"盱豫""迟有悔""鸣豫"，对于生态储备，要"以中正也"，才会收获"大有得"，感到愉悦。

对策：当前，中国正处于工业化中期，对生态要素及资源有着较大的刚性需求。为了不影响社会经济的可持续发展，应采取生态储备战略，以备不时之需。中国生态资源战略储备应做到：第一，非动物可再生资源的储备。可再生资源在人的时间尺度内可再生、可循环利用，但若使用速率大于再生速率，其存量必减少，例如森林，淡水等。因此，要对其进行生态储备，防止出现短缺。第二，不可再生可替代资源的储备。不可再生资源的非可再生性决定了消耗就意味着存量的绝对减少。因此，一是要节约利用、循环利用；二是通过生态技术，增加可再生资源生产。第三，珍稀动物资源的储备。一是增加生物栖息用地，通过动物自我繁殖能力的恢复，实现其总量的递增；二是人工繁育，也能达到生物储备。由此可见，生态储备与生态防御是破解中国生态危机的新思路。实施了生态储备，建立了生态防御，就可以在发生生态灾难时，启用储备资源，支援生态灾区，全力缓解生态危机。生态储备是保护生态的重要策略。只有针对生态资源建立生态防御机制，精心做好防御资源短缺的准备，才能避免生态危机，保持经济社会的可持续发展。此外，生态储备的过程有利于培养资源环境保护意识，引导全社会节约使用生态资源，促进人与自然和谐发展。

豫卦：生态储备政策

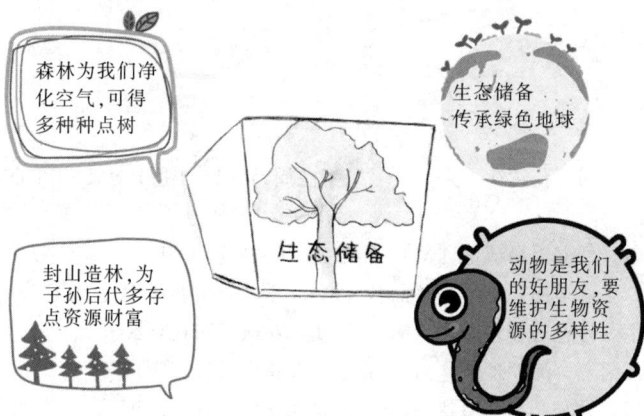

[1] 虞翻，王弼，孔颖达，朱熹．名家集注周易（1—4 册）[M]．北京：印刷工业出版社，2011.

[2] 连诏名．帛书周易疏证 [M]．北京：中华书局，2012.

[3] 张今．用科学揭开易经神秘面纱 [M]．太原：山西科学技术出版社，2008.

[4] 史力生．易经与管理决策 [M]．广州：花城出版社，2007.

[5] 陈传，绍雍．河罗理数 [M]．北京：九州出版社，2010.

[6] 南怀瑾．易经杂说 [M]．上海：复旦大学出版社，2012.

[8] 傅佩荣．我读易经（上）[M]．北京：北京理工大学出版社，2010.

[9] 傅佩荣．我读易经（下）[M]．北京：北京理工大学出版社，2010.

[10] 黄天骥．周易辨原 [M]．广州：广东人民出版社，2008.

[11] 江晓原．天学真原 [M]．南京：译林出版社，2011.

[12] 秦贵森．周易科学探索 [M]．太原：山西科学技术出版社，2009.

[13] 刘文秀．周易与人体生命方程式解密 [M]．太原：山西科学技术出版社，2007.

[14] 田合禄，田锋．周易真原 [M]．太原：山西科学技术出版社，2011.

[15] 金志文．御定奇门遁甲阴遁九局 [M]．北京：世界知识出版社，2011.

[16] 金志文．御定奇门遁甲阳遁九局 [M]．北京：世界知识出版社，2011.

[17] 金志文．御定奇门遁甲奇门宝鉴 [M]．北京：世界知识出版社，2011.

[18] 王春永．成功人生的哲理解析 [M]．天津：天津科学技术出版社，2009.

[19] 曾仕强，刘君政．还自然一个公道 [M]．西安：陕西师范大学出版总社有限公司，2012.

[20] 曾仕强，刘君政．揭开宇宙密码 [M]．西安：陕西师范大学出版总社有限公司，2012.

[21] 沈伟光．生态战 [M]．北京：新华出版社，2011.

[22] 刘静暖．自然力经济学 [M]．长春：长春出版社，2010.

[22] 史新峰．气候变化与低碳经济 [M]．北京：中国水利水电出版社，2010.

[23] Daly，H. E，Farley，J．生态经济学—原理与运用 [M]．徐中民，等．译．黄河

水利出版社，2007.

［24］Mark B. Bush. ECOLOGY of Changing Planet［M］. 北京：清华大学出版社，2007.

［25］马进军. 入世后中国农产品出口遇到的绿色壁垒及其成因和对策［J］. 国际商务研究，2007（1）.

［26］朱京安，杨越. 对绿色壁垒的理性分析及发展走向初探［J］. 国际贸易问题，2005（1）.

［27］张世秋. 环境资源配置低效率及自然资本"富聚"现象剖析［J］. 中国人口·资源与环境，2007，17（6）.

［28］成金华. 自然资本及其定价模型［J］. 中国地质大学学报（社会科学版），2005.

［29］熊娜. 中国三类自然资本的关键性检验与分析：1949—2007 年［J］. 自然资源学报，2011，26（11）：1842—1849.

［30］曲延涛. 生态战："信息战之父"看未来战争［J］. 中国国防报，2012（6）.

［31］林曦. 战争——令人们战栗的生态杀手［J］. 生态经济，2003（4）.

［32］赖尔. 地质学原理［M］. 北京：北京大学出版社，2008.

［33］殷晓蕾. 图腾崇拜与原始石画中的生命意识［J］. 艺术探索，2004（12）.

［34］王仰之. 中国古代的水井［J］. 西北大学学报，1982（36）.

［35］贾东桥. 法治建设的生态学思考［J］，理论法学，2002（2）.

［36］李惠梅，张安录. 生态环境保护与福祉［J］. 生态学报，2013（3）.

［37］李晓明. 人与自然的和解——马克思《1844 年经济学—哲学手稿》的生态人类学灼见［J］. 作家杂志，2011（9）.

［38］刘静暖，纪玉山. 马克思自然力危机思想研究［J］. 经济学家，2010（4）.

［39］刘静暖，纪玉山. 应提倡"5S"消费原则［J］. 经济学家，2008（3）.

［40］刘静暖，杨扬，孙媛媛. 城市消费低碳化转型的机制驱动［J］. 甘肃理论学刊，2013（4）.

［41］刘静暖，代栓平. 对循环经济的再认识——从"3R"到"5R"［J］. 税务与经济，2006（2）.

［42］刘静暖，纪玉山，张怀坤. 土地自然力承载问题探析［J］. 当代经济研究，2009（6）.

［43］刘静暖，杨克升. 土地自然力及其承载力的可持续性问题研究——以吉林省为例［J］. 贵州社会科学，2009（7）.

［44］刘静暖，刘宇. 耕地自然力安全预警理论探索——基于优化国土空间开发格局视角［J］. 社会科学辑刊，2013（2）.

［45］刘宇，高有福. 城市交通的低碳化转型驱动［J］. 经济视角，2013（8）.

［46］张怀坤，刘静暖，赵晓明. 发挥综合优势构建畜牧产业集群——以内蒙古为例［J］. 内蒙古民族大学学报（社会科学版），2009（3）.

［47］威廉·恩道尔. 石油战争［M］. 北京：知识产权出版社，2008.

[48] 美国水荒问题加剧，淡水进口压力增大，中国水利国际合作与科技网 [OL]，http：//www. chinawater. net. cn/CWSNews _ View. asp？CWSNewsID＝23044.

[49] 袁晓玲，仲云云. 中国低碳城市的实践与体系建设 [J]. 低碳生态城市研究，2010 (5).

[50] 夏学銮. 社会发展与代际公平 [J]. 江西社会科学，2006 (11).

[51] 闫林. 后半桶石油——全球经济战略重组 [M]. 北京：化学工业出版社，2007.

　　两个寒暑，我们伏案写作，没有节假日，没有星期天，辛勤耕耘，《易经与生态经济》书稿行将完成。在即将搁笔之际，感慨万千。

　　《易经》是中国古代先贤留给我们后人的一部博大精深、思想深邃的生态经济理论文化遗产，弥足珍贵。我们本应有更高的站位，使《易经》得以充分诠释，以便给我国的生态经济建设以深刻的指导与启示。然而，由于易经的生态经济思想本身太过深邃，可参考的直接性资料又少，再加之我们的知识底蕴不深厚、理解问题深度有限，以至于难以清晰地阐述先祖的生态文明思想，很多生态逻辑没有挖掘出来，甚至可能存在解析不够准确等问题，我们深感内疚。觉得对不住先祖关心后代发展、体恤生态的至高情怀。在写作过程中，很多易学家如傅佩荣、秦贵森、江晓原、田合禄、曾仕强、史力生等的文献给了我们启示。这些大师们在默默提供帮助，让我们豁然开朗。很多生态经济学家对我们的工作持支持态度，著名经济学家卫兴华教授、纪玉山教授、刘思华教授、宋冬林教授等给了我们很多建议。我们的同学高有福教授、刘元胜博士就书稿的框架提出了很多宝贵意见。我们的朋友，郭殿生教授、王洋副教授、孙晓霞副教授也给了我们非常大的支持。吉林财经大学税务学院宣传部王晨、幸荣钊、林嫒、刘金梦、王梦瑶、李爱琳、金香玉和彭泽为本书作了插图。经济学院研究生肖娜、何玮玮为本书的校对立下了汗马功劳。在写作中，腰酸背痛、身体不适是常有的事情，感谢范正新医师，李伟民医师。他们医德高尚，给我解除了很多病痛。在写作中，我们的家人不仅给予我们无微不至的生活照料，甚至还对我们的研究感兴趣，愿意听我们讲解，给我们提修改意见，感激之情无以言表。

由于水平有限，尽管非常努力，但仍然会有很多错误。我们真诚地希望得到读者们的指点，在此深表感激。

刘静暖　孙媛媛　杨　扬

2013 年 10 月 21 日

八 卦 歌

乾三连　坤六断　震仰盂　艮覆碗　离中虚　坎中满　兑上缺　巽下断

卦 象 三 字 经

1. 天父乾　地母坤　水雷屯　山水蒙　　2. 水天需　天水讼　地水师　水地比
3. 风天累　积小畜　天泽履　虎尾惧　　4. 地天泰　民拥戴　天地否　友变敌
5. 天火门　出同人　火天口　出大有　　6. 地山谦　雷地豫　泽雷随　十七备
7. 山风蛊　地泽临　风地观　预警宣　　8. 火雷车　断噬嗑　火山贲　纹饰体
9. 山地剥　地雷复　天雷荡　告无妄　　10. 山天聚　集大畜　山雷颐　为养颐
11. 泽淹木　大过度　次子坎　大水淹　　12. 次女离　火源继　易上经　三十席
13. 泽山咸　和合仙　雷风恒　持久梦　　14. 天山遁　避险峻　雷天傍　生大壮
15. 火地晋　生物印　地火奇　出明夷　　16. 木火盆　暖家人　火泽暌　对立讳
17. 水山蹇　跛足颠　雷水解　矛盾灭　　18. 山泽损　风雷益　泽天夬　疮痍态
19. 天风姤　妖魔叩　泽地萃　牧草贵　　20. 地木升　福祉登　泽水困　牢狱棍
21. 水木井　甘泉命　泽火革　旧制割　　22. 火木鼎　政策行　长兄震　三弟艮
23. 风山渐　演化慢　雷泽悖　嫁归妹　　24. 雷火丰　系民生　火山旅　交通绿
25. 长姐巽　三妹兑　风水涣　能量散　　26. 水泽节　光盘叠　风泽海　中孚载
27. 雷山堕　记小过　水火昵　成既济　　28. 火水厉　成未济　三十四　下经记

　　注：巽为木、为风、为长女。震为雷、为长兄。坎为水、为次子。离为火、为次女。
艮为山、为三弟。兑为泽、为三妹。

64 卦 卦 名 歌

```
1    1 | 5   5 | 6   6 | 5 —    | 4   4 | 3   3 | 2    2 | 1 — |
乾   坤 屯  蒙 需  讼 师         比   小 畜  兮 履   泰 否
5    5 | 4   4 | 3   3 | 2 —    | 5   5 | 4   4 | 3    2 | 1 — |
同   人 大  有 谦  豫 随         蛊   临 观  兮 噬   磕 贲
1    1 | 5   5 | 6   6 | 5 —    | 4   4 | 3   3 | 2    2 | 1 — |
剥   复 无  安 大  畜 颐         大   过 坎  离 三   十 备
5    5 | 4   4 | 3   3 | 2 —    | 5   5 | 4   4 | 3    3 |
咸   恒 遁  兮 及  大 壮         晋   与 明  夷 家   人 睽
1    1 | 5   5 | 6   6 | 5 —    | 4   4 | 3   3 | 2    2 | 1 — |
蹇   解 损  益 夬  姤 萃         升   困 井  革 鼎   震 继
5    5 | 4   4 | 3   3 | 2 —    | 5   5 | 4   4 | 3    3 | 2 — |
艮   渐 归  妹 丰  旅 巽         兑   涣 节  兮 中   孚 至
1    1 | 5   5 | 6   6 | 5 —    | 4   4 | 3   3 | 2    2 | 1 — ‖:
小   过 既  济 兼  未 济         是   为 下  经 三   十 四
```